개신교 선교사들이 본

근대전환공간의
한국종교 I
(1879~1900)

메 타 모 포 시 스 번 역 총 서 03

개신교 선교사들이 본

근대전환공간의
한국종교 I
(1879~1900)

방원일 편역

보고사
BOGOSA

숭실대학교 한국기독교문화연구원은 1967년 설립된 한국기독교 문화연구소를 모태로 하고 1986년 설립된 〈기독교사회연구소〉와 통합하여 확대 개편함으로써 명실공히 숭실대학교를 대표하는 인문학 연구원으로 발전하여 오늘에 이르렀다. 반세기가 넘는 역사 동안 다양한 학술행사 개최, 학술지『기독문화연구』와 '불휘총서' 발간, 한국 기독교박물관 소장 자료의 연구에 주력하면서, 인문학 연구원으로서의 내실을 다져왔다. 2018년 한국연구재단의 인문한국플러스(HK+) 사업 수행기관으로 선정되며 또 다른 도약의 발판을 마련하였다.

본 HK+사업단은 "근대전환공간의 인문학, 문화의 메타모포시스" 라는 아젠다로 문·사·철을 아우르는 다양한 연구자들이 학제간 연구를 진행하고 있다. 개항 이래 식민화와 분단이라는 역사적 격변 속에서 한국의 근대(성)가 형성되어온 과정을 문화의 층위에서 살펴보는 것이 본 사업단의 목표다. '문화의 메타모포시스'란 한국의 근대 (성)가 외래문화의 일방적 수용으로도, 순수한 고유문화의 내재적 발현으로도 환원되지 않는, 이문화들의 접촉과 충돌, 융합과 절합, 굴절과 변용의 역동적 상호작용을 통해 형성되었음을 강조하려는 연구 시각이다.

본 HK+사업단은 아젠다 연구 성과를 집적하고 대외적 확산과 소통을 도모하기 위해 총 네 분야의 기획 총서를 발간하고 있다. 〈메타모포시스 인문학총서〉는 아젠다와 관련된 연구 성과를 종합한 저서나 단독 저서로 이뤄진다. 〈메타모포시스 번역총서〉는 아젠다와 관련하여 자료적 가치를 지닌 외국어 문헌이나 이론서들을 번역하여 소개한다. 〈메타모포시스 자료총서〉는 숭실대 한국기독교박물관에 소장된 한국 근대 관련 귀중 자료들을 영인하고, 해제나 현대어 번역을 덧붙여 출간한다. 〈메타모포시스 대중총서〉는 아젠다 연구 성과의 대중적 확산을 위해 기획한 것으로 대중 독자들을 위한 인문학 교양서이다.

동양과 서양, 전통과 근대, 아카데미즘 안팎의 장벽을 횡단하는 다채로운 자료와 연구 성과들을 집약한 메타모포시스 총서가 인문학의 지평을 넓히고 사유의 폭을 확장하는 데 기여할 수 있기를 바란다.

2021년 1월

숭실대학교 한국기독교문화연구원 HK+사업단장

장경남

개신교 선교사와 한국종교의 만남

이 책은 근대전환공간에서 활동한 개신교 선교사들이 한국종교에 관련해 남긴 주요 문헌들을 모아 번역한 자료집이다. 조선이 1876년에 일본, 1882년에 미국과 외교관계를 수립한 이후, 전에 없던 많은 외국인 방문자들이 한반도를 방문하게 된다. 이에 따라 상대적으로 미지의 나라였던 조선에 관한 영미권 책들이 출판되기 시작하였고, 1880년대, 1890년대에는 서양인이 한국을 직접 경험한 내용을 담은 책들이 폭발적으로 등장하였다. 이 책들은 지리, 역사, 언어, 인종, 문화 등 조선에 관한 다양한 정보를 담고 있는데, 종교는 그중 가장 흥미로운 주제였다. 많은 저자가 다양한 관점에서 한국의 종교를 서술하였다.

개항 이후 형성된 근대전환공간, 서양 근대와 전통이 만나는 접촉지대(contact zone)에서 외교관, 군인, 상인, 여행가, 언론인, 학자 등 다양한 주체들의 활동과 저술이 전개되었지만, 그 관심의 깊이나 경험의 밀도 면에서, 그리고 양적인 면에서 한국종교를 다룬 가장 중요한 저술을 남긴 이들은 바로 선교사였다. 이 책은 1880년대 이후 한국에서 활동한 개신교 선교사들의 저술을 중심으로 그들의 한국종교 인식이 변화한 양상을 볼 수 있는 주요 자료들을 모아 번역한 결과물이다. 한국종교에 관한 선교사 저술 모음을 분량상 1900년을 기점으로 두 권으로 나누어 출간하게 되었다. 첫 번째 책은 개항 이후 1900년에 이르는 시기의 글을 모은 것으로, 〈메타모포시스 번역총서〉 제3권으로 출간되는 이 책이다. 이 책에는 개신교 선교사와 한국종교의 예비적 만남과 첫인상의 기억이 담긴 글들이 수록되어 있다. 두 번째 책은 1900년부터 1910년의 자료를 모은 것으로 〈메타모포시스 번역총서〉 제4권으로 출간될 예정이다. 두 번째 책에는 선교사의 한국종교 연구가 본격화된 시점의 글들이 수록될 것이다.

이하에서는 이 책의 구체적인 내용, 자료 모음의 의의, 번역의 특징 등을 간단히 소개하고자 한다.

• 책의 내용

『(개신교 선교사가 본) 근대전환공간의 한국종교 I(1879~1900)』은 개항 이후 1900년까지의 주요 선교사 문헌 중 한국종교에 관한 의미 있는 내용을 담고 있다고 판단되는 것들을 가려 뽑고 번역한 책이다. 책은 1890년대 이전 자료를 모은 제1부와 1890년부터 1900년까지의 자료를 모은 제2부로 구성된다. 제1부와 제2부의 자료들의 대략적인 흐름을 소개하고자 한다. 우선 "제1부 한국종교의 첫인상"에 수록된 자료는 다음과 같다.

제1부 한국종교의 첫인상: 1890년 이전
로스, 『한국사』 제11장 종교(1879)
그리피스, 『은자의 나라 한국』 제37장 종교(1882)

다우스웨이트, 『한국에 관한 메모』 중에서(1884)
그리피스, 『한국의 안팎』 제15장 종교(1884)
한국을 위한 기도 시간(1885)
울프, 한국 방문(1885)
로웰, 『고요한 아침의 나라 조선』 제19장 종교의 부재(1886)
로스, 유교에 대한 우리의 자세(1887)

　1880년대는 조선과 서구 열강의 만남이 막 시작되는 시점이다. 조선에 관한 영미권 책이 처음 출간되는 시점이고, 1884년 이후 입국한 개신교 선교사들이 제한된 정보를 갖고 미지의 나라에 들어오기 시작한 시기였다. 이 시기에 초기 방문자들에 의해 한국종교에 대한 첫인상을 담은 기록들이 생산되었다.

　위에 열거한 저작 중에 존 로스(John Ross)와 윌리엄 그리피스(William Elliot Griffis)의 글은 한국종교와의 예비적 만남을 대표한다. 그들의 저서는 조선에 입국하지 못한 상태에서 생산된 한국에 관한 지식이다. 로스는 만주 선교사로 재직하면서 의주 출신 조선인들과의 공동 작업을 통해 최초로 한글 신약성서 번역을 완성한 선교사로 유명하다. 그는 만주에서 한국에 관해 얻을 수 있는 정보를 모아 부족하나마 한국 역사서 안에 종교에 관한 독립적인 장(章)을 서술하였다. 그리피스는 일본에서 교육가로 활동하는 동안 한국 관련 정보와 문헌을 수집하고, 미국에 돌아간 후 『은자의 나라 한국』을 출판하였다. 이 책은 한국을 방문하는 이들에게 오랫동안 필독서가 되었다. 로스와 그리피스 모두 한국을 방문하지 못한 상태에서 이웃 나라에서 수집한 정보로 한국종교를 서술하였다. 그러나 그들이 끼친 영향은 절대로 적지 않아, 이후 한국에서 활동한 선교사들의 저작에서 이들의 시각을 발견하는 일은 어렵지 않다.

　개항 이후 한국을 직접 방문한 서양인들이 서둘러 자신의 경험을 보고하였고, 여기서 한국종교에 대한 그들의 첫인상을 읽을 수 있다. 중국에서 활동하던 선교사 다우스웨이트(Arthur William Douthwaite)가 1883년에, 성공회 선교사 울프(J. R. Wolfe)가 1885년에 짧은 기간 한국을 방문하였다. 미국수호통상사절단을 도운 인연으로 조선 정부의 초청을 받아 수개월 간 조선에 머무른 아마추어 천문학자 퍼시벌 로웰(Percival Lowell)은 『고요한 아침의 나라 조선』을 저술하게 된다. 이들이 한국과 만난 첫인상은 한국이 종교 없는 나라라는 것이었다. 이들의 견해는 이후의 서양 방문자의 기록에서 재생산되어 1900년 이전에 한동안 한국의 '종교 없음'이 서양인들 사이에서 공론으로 자리 잡는 출발점이 되었다.

　1890년대는 한편으로는 다양한 서양인 방문자들의 저술이 생산되고, 다른 한편으로는 한국과의 만남이 본격화되어 한국종교에 대한 첫인상을 넘어서는 경험이 반영된 시기였다. 이 책의 "제2부 실제적인 만남"에 수록된 글은 다음과 같다.

알렌, 한국의 풍속: 무당(1896)

하디, 한국의 종교(1897)

뒤집어진 산타클로스(1897)

게일, 『한국 스케치』 중에서(1898)

스크랜튼, 은혜의 결혼식(1898)

게일, 한국인의 믿음(1900)

게일, 한국인의 하나님 관념(1900)

1890년대에는 더 다양한 서양인들이 한국종교에 관한 저술을 남겼다. 1884년에 최초로 내한한 개신교 선교사 호러스 알렌(Horace Newton Allen), 1886년에 육영공원 교사로 내한한 윌리엄 길모어(George William Gilmore)의 글이 이 시기에 출간되었다. 여배우라는 독특한 이력의 여행자 밀른(Louise Jordan Miln)도 한국을 방문하고 1895년에 책을 출판하였다.

개신교 선교사를 포함한 서양인 집단은 한국에 종교가 없거나 있더라도 부정적인 형태로 존재한다는 공론(公論)을 형성하였고, 그 공론은 1890년대까지도 지배적이었다. 하지만 개신교 선교사들이 한국 정착이 본격화되고 한국종교와의 실제적인 만남이 이루어지면서 종교문화의 구체적인 면모에 주목한 서술들이 등장하기 시작한다. 1888년에 내한한 북장로교 선교사 대니얼 기포드(Daniel L. Gifford)는 조상숭배와 장례에 주목한 한국종교 서술을 1892년에 발표하였다. 1890년에 내한한 감리교 선교사로 훗날 대부흥운동에서 큰 역할을 하게 되는 감리교 선교사 로버트 하디(Robert A. Hardie)가 1897년에 발표한 글에서는 한국종교를 종합적으로 개관하면서도 그가 '귀신예배'라고 부른 무속이 한국종교 기층에 놓인 가장 중요한 현상으로 서술된다.

1890년대에는 한국문화에 조예가 깊은 개신교 선교사들의 활동이 시작된 시기이기도 하다. 1890년에 입국한 최초의 성공회 선교사 중한 명인 랜디스(Eli Barr Landis)는 한국종교의 의례적 측면에 주목한글들을 집중적으로 저술하였는데, 이 책에는 굿에 관한 그의 글을 수록하였다. 또 1900년대 이후 한국종교에 관해 가장 깊이 있는 저술을내놓게 될 감리교 선교사 조지 허버 존스(George Heber Jones)와 장로교 선교사 제임스 게일(James Scarth Gale)의 초기 저작들이 이 시기에등장한다. 특히 게일은 한국종교의 존재를 인정하고 한국종교 연구를 유일신 관념 탐색이라는 신학적 과제와 연동함으로써 동료 신학자들에 영향을 끼치는 저작을 내놓기 시작한다. 선교사들의 한국종교 연구가 더 큰 열매를 맺는 1900년대 이후의 작업에 대해서는 〈메타모포시스 번역총서〉 제4권 『(개신교 선교사가 본) 근대전환공간의 한국종교 II(1900~1910)』에서 다루게 될 것이다.

• 자료집의 의의

최근 들어서 근대에 한국을 관찰한 서양인의 기록을 둘러싼 관심이 늘고 있다. '푸른 눈으로 본 조선'에 대한 높아진 사회적 관심에부응하여, 전에 소개되지 않았던 다양한 자료들이 번역 출판되었고학계에서는 관련 논문들이 계속 생산되고 있고 학술 프로젝트도 활발하게 진행되고 있다. 이러한 상황에서 이 자료집이 갖는 의미는무엇일까?

첫째, 이 자료집은 근대전환공간에서 한국종교에 관련해 발언한서양인 관찰자들의 주요 자료들을 수집하여 제공한 결과물이다. 이자료들은 단행본, 보고서, 선교잡지 기사, 학술지 기고문 등 다양한 출처를 갖는다. 이중 단행본 자료는 이전에 번역 소개된 것도 상당수 있지만, 다른 자료는 그 중요성에 비해 제대로 소개되지 않은 것이 대부분이다. 이 자료집을 통해 개신교 선교사와 다른 서양인 방문자들의 한국종교 이해에 대한 자료들이 폭넓게 공유되어 학술적 분석이 활발해질 것을 기대해본다.

둘째, 한국종교에 관한 서양인의 발언들은 "모아놓고 보아야" 이해되는 측면이 크다. 선교사들의 한국종교 서술을 개별적으로 보면 그 특징이 잘 드러나지 않는다. 어떤 면에서는 한국문화에 대한 이해의 한계가 보이기도 하고, 어떤 면에서는 꽤 수긍이 가는 지적을 하기도 하고, 어떤 면에서는 신기한 이야기를 언급하기도 하지만, 전반적으로는 비슷하게 들리는 그저 그런 서술로 보이기도 한다. 그러나 19세기 말 한국에 관련된 서양인들은 한국에 대한 공유된 판단, 일종의 패러다임을 갖고 있었다. 특히 문화적 가치판단이 개입된 종교 분야의 경우 공유된 판단을 벗어나기 쉽지 않았다. 한국에 종교가 없다는 초기의 언급들은 그 예가 된다. 자료를 모아놓고 볼 때 이러한 공론이 무엇인지가 쉽게 드러난다. 또 선교사 개인의 저작이 어떠한 점에서 공론에서 벗어나 개성 있는 관점을 보여주는 것도 모아놓고 볼 때 분명히 평가될 수 있을 것이다. 이 책에 실린 단행본 자료 중에 기존의 번역서에 실린 것이 있음에도 함께 모아 번역한 것에는 이러한 이유가 있다.

셋째, 개항기 서양인 자료를 번역할 때 관건이 되는 것은 서양인이 어떠한 언어를 사용하여 한국을 이해하였는가이다. 이런 종류의 문헌에는 한국에 관한 정보가 낯선 언어로 기술되어 있다. 한국에 대한 부정확한 정보, 잘못된 지명이나 언어 표기가 드물지 않게 발견되기도 한다. 그러나 명심해야 하는 것은 우리가 이런 문헌을 통해 얻고자 하는 것이 19세기 말 한국에 대한 정보만은 아니라는 점이다. 오히려 더 중요한 것은 그들이 어떠한 시각으로 한국을 보았느냐이고, 이것은 상당 부분 그들이 사용한 언어에 담겨있다. 번역에서 늘 쟁점이 되는 직역이냐 의역이냐의 문제가 여기서도 중요하다. 이런 종류의 문헌을 번역하다 보면 그들의 이야기를 우리가 아는 한국 이야기로 환원하고 싶은 유혹에 시달린다. 종래의 번역에서 아쉬운 것이 바로 그런 점이었다. 우리에게 익숙한 이야기로 환원된 나머지 서양인의 이해 방식이 감추어진 번역도 종종 있었다. 그러나 이 자료집에서는 다소 서툴게 보일지라도 최대한 그 당시의 표현을 존중하고자 노력하였다.

이 자료집에서는 특히 종교 분야에 집중하여 당대의 개념, 언어의 문제에 유념하였다. 이 책에 수록된 개신교 선교사와 서양인 방문자들은 서양 개념 종교(religion)를 한국에 적용하는 데 곤란을 겪거나 적용하려고 애쓴 사람들이다. 종교라는 언어 자체가 특수한 문화적 맥락을 갖는 당대의 언어임을 잘 보여주는 사례이다. 이들은 19세기 말에 유행한 종교학의 전문용어들, 때로는 기독교 전통의 언어들을 한국의 현상에 적용하였다. 예를 들어 그들은 무구(巫具)나 민간신앙의 대상을 주물(fetish)이라고 불렀고 그 믿음의 체계를 주물숭배(fetishism)라고 불렀다. 조상이나 하늘에 지내는 제사는 예배(worship)라고 표현했다. 무엇보다도 그들이 보기에 가장 중요한 한국의 신앙 대상인 '귀신'은 데몬(demon)이라고 부르기도 하고 정령(spirit)이라고 부르기도 했다. 이러한 용어의 사용 하나하나가 종교학적인 비교의 인식을 보여준다. 이 책은 이러한 종교 용어 번역에서 일관성을 유지하고자 노력했다는 점을 강조하고 싶다.

19세기 말이라는 근대전환공간에서 개신교 선교사가 바라본 한국 종교의 기록을 모은 이 책은 그 둘의 첫 만남에 관한 이야기이다. 인간관계도 마찬가지이지만 첫인상은 이후의 관계에서 매우 중요한 역할을 하고 의외로 많은 정보를 전달해준다. 개신교 선교사와 한국 종교의 첫 만남은 강렬한 경험이어서, 우리가 처음 간 여행에서 그러하듯 지적으로 고양된 상태에서 활발한 비교의 인식을 촉발하였다. 그들이 근대전환공간에서 펼친 비교의 사유는 종교학의 일부를 이룬다는 점에서 중요하다. 이 책에 모인 자료들이 한국에서 종교에 대한 담론이 어떻게 시작되었는지, 즉 종교학의 역사가 어떻게 시작되었는지를 이해하는 데 도움이 되리라 희망한다.

사실 구한말 서양인의 기록, 선교사 문헌에서 종교학적 사유를 발견하는 시야는 순전히 필자의 지도교수인 김종서 선생님을 통해 얻은 것이다. 선생님은 미국과 한국의 도서관에서 먼지 쌓인 문서들을 손수 복사하여 모은 자료들을 서울대학교 종교학과 대학원 수업을 통해 제자들에게 아낌없이 베풀어주셨다. 필자는 그때 선생님이 열어준 보물창고의 황홀함에 도취하여 박사논문을 쓰고 공부를 이어가고 있다. 이 부족한 자료집이 선생님의 가르침을 이어가는 데 보탬이 되기를 감히 바란다. 필자가 숭실대학교 "근대전환공간의 인문학, 문화의 메타모포시스" 인문한국플러스(HK+) 사업단에 합류하면서, 그간 틈틈이 번역해두었던 원고가 책으로 탈바꿈하는 계기를 맞이하였다. 사업단장 장경남 선생님은 원고의 가치를 단박에 알아보시고는 과감하게 이 자료와 번역을 〈메타모포시스 번역총서〉 3권과 4권으로 출판하도록 결단해주셨다. 동료 선생님의 지원은 원고가 책의 형태를 갖추게 된 결정적인 계기가 되었다. 김지영 선생님은 물심양면으로 지원을 아끼지 않았다. 윤영실 선생님과 오선실 선생님은 번역TF를 꾸려 어마어마한 집중력으로 원고를 말 그대로 하나하나 뜯어고쳤다. 두 선생님과 어색하기 짝이 없었던 초고를 조금이라도 더 읽을 수 있는 글로 바꿔나가는 과정은 골치 아프면서도 학문적 도움이 무엇인지를 만끽한 달콤한 시간이었다. 전민수 인턴은 책 후반부의 원문 입력을 도와주었다. 보고사 편집진은 살인적인 일정 속에서도 출판 시일을 맞추어주기 위해 최선을 다해주셨다. 많은 분의 도움을 받았지만, 늘 시간 핑계를 대는 필자의 부족함 때문에 한국 땅을 밟은 초기 개신교 선교사들이 낯선 선교지에서 자극받고 생각한 내용을 이 책을 통해 제대로 전달하였는지 두려울 뿐이다.

2021년 1월

방원일

차례

제3부
원문 자료

제1부

한국종교의 첫인상
: 1890년 이전

- 로스, 『한국사』 제11장 종교(1879)
- 그리피스, 『은자의 나라 한국』 제37장 종교(1882)
- 다우스웨이트, 『한국에 관한 메모』 중에서(1884)
- 그리피스, 『한국의 안팎』 제15장 종교(1884)
- 한국을 위한 기도 시간(1885)
- 울프, 한국 방문(1885)
- 로웰, 『고요한 아침의 나라 조선』 제19장 종교의 부재(1886)
- 로스, 유교에 대한 우리의 자세(1887)

로스, 『한국사』 제11장 종교

John Ross, *History of Corea: Ancient and Modern, with Description of Manners and Customs, Language and Geography*, London: Elliot stock, 1891[1879], chap.11.

| 해제 |

존 로스(John Ross, 1842~1918)는 1872년부터 1910년까지 만주에서 활동한 스코틀랜드 장로교회 선교사이다. 그는 만주 지역 선교를 하면서 한국 선교에 관심을 갖고 성경 번역 작업을 하였다. 그는 한국에 입국하지 않은 상태에서 1875년부터 의주 출신 한국인들을 만나 언어와 문화를 배우며 공동으로 번역을 준비하였다. 그 결과 1884년에 최초의 한글 복음서 번역 「예수셩교 요안네복음젼셔」를, 1887년에 최초의 신약성서 번역 『예수셩교젼셔』를 간행하였다.

    복음서 번역 출간이 시작되기 전인 1879년에 저술된 『한국사』는 만주에서 수집된 한국 관련 자료를 바탕으로 서술되었다. 이 책의 '종교' 장(章)은 영미권에서 종교라는 주제를 독립적으로 다룬 최초에 가까운 서술이다. 로스는 제한된 자료를 갖고 불교와 유교에 관해 서술하였기 때문에, 부분적으로 부정확하거나 불필요한 정보도 포함되어 있다. 가장 중요한 내용은 한국인의 지고신 하느님을 언급한 앞부분이다. 이 내용은 그가 왜 'God'의 번역어로 하느님/하나님을 채택했는지를 알려 준다.

• 지고 존재

한국인들은 지고신(the Supreme Being)을 일컫는 고유한 이름과 한문에서 빌려온 이름을 갖고 있다. 전자는 '하늘'에서 나온 '하느님'(Hannonim)이고 후자는 '상제'(Shangde)이다. '하느님'이라는 이름은 뚜렷이 구분되고 매우 보편적으로 사용되고 있기 때문에, 앞으로 번역이나 설교를 할 때, 이 주제에 대해 중국 선교사들 사이에서 오래전에 벌어졌던 꼴사나운 말다툼을 할 걱정은 없을 것이다. [한국의] 천주교는 중국에서 사용하는 이름을 도입했지만 말이다. '하느님'이란 용어에 담긴 관념은, 중국에서 전능자이자 무소부재하며 보이지 않는 존재를 대중적으로 일컫는 '천노야(天老爺, Tien laoye)' 관념과 매우 흡사하다.

• 불도

불교와 함께 중국을 양분하고 있는 도교는 한국에는 잘 알려져 있지 않다. 유교는 도덕 체계이지만 엄밀한 의미의 '종교'는 아니다. 그러므로 불교는 경쟁상대가 없었던 셈인데, 최근 3세기에 걸쳐 많은 신자를 확보한 로마교(Romanism)[천주교]가 경쟁자로 여겨질 수 있을 것이다.

한국인은 불도(佛道) 혹은 불교를 깊이 신앙하고 있고, 독신자인 중 혹은 승려 혹은 사제들의 수는 많다. 그들이 남성 인구의 4분의 1을 차지한다고 말할 정도이다. 수도에만 해도 대단히 많은 수가 있다고 한다. 가장 중요한 신상(image)인 부처(Boote, 佛)는 청동으로 되어 있다. 둘째로는 돌로 새긴 미륵(miring)이 있다. 중국 신상처럼 진흙으로 된 것은 없다. 승려들은 중국에서보다 더 크게 존경을 받는다. 그들은 머리를 민 남자들로 중국보다는 한국에서 높은 계급이다. 왜냐하면 그들은 자주 국가 장관이 되고, 지방 행정관이나 군사령관이 되며, 중요한 행정직을 맡기 때문이다. 오늘날까지도 숭배를 받는 승려 사명당(Samiungdang)은 3세기 전 일본의 침략 때 총사령관이었다. 1877년 평양 총사령관(총도Tsongdo)도 승려였다. 행정직에 있는 승려는 중이라고 불리지 않고 대사(Desa: '그는, [큰] 절'이라는 의미)라고 불린다.

• 승려

승려의 복장은 검은색이거나 회색이다. 일반 백성의 바지가 흰 데비해 그들의 바지는 일반적으로 검은색이다. 그들의 공식 복장, 가사는 예배 때 입는 것으로 중국 것과 비슷한 모양이어서, 오른 어깨 위를 지나 왼쪽 팔 아래로 드리워져 있다. 그들은 염불할 때 구부러진 지팡이를 사용한다. 염주는 108알로 이루어져 있는데, 기도할 때 정성스레 숫자를 센다. 독특하게도 그들은 로마교의 다양한 성직 계급, 일상적 형태, 의식들과 놀라울 정도로 닮아있다. 너무 비슷한 나머지 사제들은 악마가 거룩한 어머니 교회의 의식들을 훔쳐다가 불교에 가르쳐주었다고 비난한다. 승려들은 채식과 정절의 엄격한 규율을 어기는 것이 적발되면 심하게 얻어터진다. 이 점에서 그들이 중국 승려보다 우월하다고 생각된다.

불교 신자들이 나라 전역에 같은 비율로 존재하는 것은 아니다. 어떤 곳에서는 삼분의 일이 승려를 따르고 어떤 곳에서는 거의 모든 사람이 따른다. 열성적인 신자들은 열심을 내어 절에 자주 간다. 다른 신자들은 한 달에 한 번, 혹은 일 년에 한 번, 아니면 큰 행사가 있을 때 간다. 불교보다는 산신(山神)[산신령]을 믿는 신자가 더 많다.

이 신은 산을 대표하며, 그의 사당은 산꼭대기 가장 가파른 곳에 있다. 이 신은 일 년에 한 번 모셔진다. 가족들은 그를 모시러 소풍을 간다. 제사 칠일 전, 그리고 칠일 후까지는 고기를 먹어서는 안 되고 가능한 한 가장 깨끗한 종류의 곡식과 채소만을 먹어야 한다. 쌀은 평소보다 더 신중하게 여러 번 빻고 채소는 일곱 번 씻어야 한다. 사람이나 집에 관한 모든 것은 흠이 있어서는 안 된다. 이 점에서 인도의 폰갈(Pongal)[1]과 같다. 제사 양식은 중국과 전반적으로 다르지만, 우리가 생각하기에 산신 관념은 중국에서 온 듯하다. 중국에는 고대 그리스와 마찬가지로 산신이 오래 전부터 존재해왔기 때문이다.

산신 신자들은 모두 비의 신 용왕(Loongwang)을 믿는다. 용왕을 믿는 사람은 불교 신자를 모두 포함하고 거기에 불교를 믿지 않는 사람들도 다수 포함된다. 전쟁의 신은 수도에서만 숭배된다. 수도에는 그를 모신 사당이 둘 있다. 반면에 중국에서는 도시마다 그의 사당이 있다.

공자에게는 일 년에 두 번, 봄과 가을에 제사를 지낸다. 도시를 관장하는 관리만이 제사를 드릴 수 있다. 왕은 수도에서 제사를 지낸다. 공자의 제자 몇몇에게도 제사를 드린다. 모든 경우에 관리들은 돌로 지은 사당에서 양으로 희생제의를 드린다. 한국에는 양이 없다. 그래서 희생에 쓰이는 양들은 '고려문(高麗門)'에서 중국인들로부터 구입하는 것이다.

---

1 원문에 'Pongol'로 표기되어 있으나 'Pongal'로 수정. 폰갈은 인도 남부에서 1월 14일에 행해지는 추수감사 축제이다.

• 영혼불멸

영혼불멸의 교리는 중국적 형태의 불교가 번성하는 곳에서는 필연적으로 신봉된다. 왜냐하면 승려, 중, 혹은 채식하는 신자들의 큰 꿈은 금식과 부지런한 염불공양에 의해서 '신'-로마 가톨릭의 성인에 해당하는 개념으로, 매우 비슷한 방법으로 성취된다-이 되는 것이기 때문이다. 그러나 불교의 가장 궁극적인 이상은 영혼이 정말로 소멸됨을 뜻하는 니르바나, 즉 무(無)로 용해되는 것이다. 영혼이 독립된 개체로 존재하기를 멈춘다는 것이다. 하지만 모든 사람의 영혼이 불멸한다는 것이 보편적인 믿음은 아닌 것 같다. 다시 말해 모든 한국인에게 실질적인 믿음은 아니다. 필자가 처음 접했던 한국인은, 모든 사람이 끝없이 존재하는 영혼을 갖고 있다는 생각을 비웃었다. 승려들과 신심이 돈독한 사람이나 그렇게 살 수 있다는 것이었다. 사실 그는 매우 무지한 젊은이이긴 했다. 하지만 지금 나와 함께 있는 한국인 학자도 나의 권면을 받아들이기 전에는, 아편을 먹고 타지인들 사이에서의 가난한 생활을 끝장내려고 하고 있었다. 그런 행동을 할 수 있는 사람에게 영생은 허구일 수밖에 없다.

앞서 기록한 대로, 망자에게 드리는 제사와 축문은 불멸에 대한 믿음을 암시하는 것으로 보일 수도 있다. 그리고 불교가 유행한 곳에서는 반드시 죽음 이후의 영의 존재에 관한 믿음이 어렴풋이 있다는 것을 부인할 수 없다. 죽은 조상에 제사를 지내는 곳에서, 망자의 혼령이 살아있는 사람들의 길흉에 영향을 미칠 수 있다고 믿는 곳에서 특히 더 그러하다. 우리는 동아시아 사람들의 자구책이 아직 육체를 벗어난 상태의 본성이라는 관념 가까이 도달하지 못했다고 생각한다.

앞서 살펴본 매장 의례에서 분명하게 나타나듯이, 죽음은 사람의 최고 상태와 친지들 사이의 영원한 단절이라고 여겨진다. 남은 이들이 친밀한 망자를 위해 비통하게 우는 것은 그가 '영원히' 떠남을 망자에게 고하는 어두운 절망의 순간에 필연적으로 동반되는 일이다. "우리는 당신의 얼굴을 다시 볼 수 없을 것입니다"라고 말하는 동양의 철학과 종교는 "죽은 것이 아니라 먼저 간 것이다"라고 말하는 기독교와 비교할 때 얼마나 대조적인가. 잘못된 믿음이라고 생각할지 몰라도, 죽음이 생전에 우리와 친밀했던 이와의 일시적인 분리에 불과하다는 믿음에는 살아있는 이들을 달래주는 위로가 가득하다. 우리는 "생명과 영생을 밝혀주신" 그분께, 설령 그 이상 인류에게 해주신 것이 없다 하더라도, 깊은 감사를 드리지 않을 수 없다. 우리는 다른 동아시아 국가들과 다르지 않은 한국의 상황을 통해 다음과 같은 사실을 알 수 있다. "육신으로 행한 일"에 의해 결정되는 사후의 영원한 존재에 대한 믿음[윤회]을 제외하고는, 가장 일반적인 도덕성의 발판은 존재하지 않는다.

• 네 분파

다음 내용은 종교에 대한 한국인의 논문에서 번역한 것이다.

한국에는 네 분파가 있다. 첫째, 이성의 종교(religion of reason)[도교道敎]. 그 가르침은 두 단어로 요약된다. '깨끗함'[淨][2]과 '비어있음'[空][3]. 이

---

2 마음, 개인, 사원의 '깨끗함'.[원주]

종교는 사도(師徒)들에게 오만하지 말고 겸손하라고 가르친다. 하지만 평판이 좋지 않은 품성을 지닌 이가 사도의 일원이 되면, 그는 (사람을 치유할 수 있는) 기도와 음악을 멈추고 자비와 올바름을 저버릴 것이다.

둘째, 요왕(堯王, Yao Wang)의 두 신하 휘(Hü)와 호(Ho)에서 유래한 풍수지리.[4] 지적인 능력이 있는 사람이 들어오면, 사람들을 어떤 일을 할 때 행운의 기회가 있는지, 무엇을 하지 말아야 하는지를 규정한 규율에 따라 행동하도록 한다. 무능한 사람이 들어오면, 인간 행위 규범을 포기하고 귀신(gweishun)-'데몬과 신들'-혹은 미신을 섬기는 자가 된다.

셋째, 법관 혹은 법가(法家, Law Sect)는 백성을 다스리는 관리로 임명된 사람들로 이루어진다. 원칙과 법에 따라 착한 이에게 상을 주고 악한 이를 벌한다. 그러나 탐욕스러운 사람이 직위에 있을 때는 백성을 교화하는 것을 멈추고 자비와 사랑을 멀리 한다.

넷째, 묵가(墨家). 묵(墨)은 모든 사람이 지식을 얻는 수단이다. 그러므로 묵은 소중하고 높이 존중받는다.[5] 이 파의 창시자는 맹자와 동시대인으로, 스스로를 묵자(墨子, Modsu[먹의 아들])라고 부르며 묵교(Mojiao)를 창시하였다. 그는 가난한 집이나 산의 동굴을 고유의 집으로 삼았다. 그들의 교의 중 하나는 젊은 사람들이 5경(오전 2시)에 일어나 세 어른(아버지, 어머니, 어른 손님)을 모시는 것이다. 그들은 모두를 '사랑'하라고 가르친다. 그러나 편협한 사람이 이 파에 가입하면, 그는 보편적인 사랑의 교리를 너무 논리적으로 받아들인 나머지 가장 가까운 친척과 바깥세상을 구분하지 않는다.

---

3 선하건 악하건 어떤 종류의 욕망이나 생각도 비움. 모든 생각의 완전한 소멸에 따른 결과로 완전한 마음의 평온에 이르는 것이 완전함이기 때문이다. 고로 달란트를 낭비하지 않고 수건에 보관해두는 사람이 좋은 사람이 된다는 것이다. 그러므로 개별적 개인으로 존재하기를 멈추는 것이 행복의 완성이다. 여기서 도(道)라고 불리지만, 그 이름과 묘사는 사실 불교에 속한 것이다.[원주]
4 이 설명에 따르면 풍수지리는 중국의 복희보다 훨씬 후대이다.[원주]
5 영국인들이 '펜과 칼'에 대해 생각하는 것과 비교해볼 것.[원주]

어느 저자는 이렇게 말한다. "그러나 하늘 아래 진실한 가르침은 오직 하나 있고, 나머지는 그릇된 것이다. 진실한 사람은 그의 진리에 따라 다루어져야 하고 거짓된 사람은 그의 거짓됨에 따라 다루어져야 한다."

다음과 같은 주석이 달려 있다. "이것은 어린아이의 말이다. 누가 불평등한 것을 평등하게 만들 수 있단 말인가? 백 명의 사람 중에 도둑 한 사람이 있다고 하자. 하지만 누가 도둑인지 알지 못할 때 99명을 정직한 사람으로 대하는 것이 가능한가? 수탉이 하나 울면 백 마리 암탉이 뒤따른다. 바람처럼 가볍고 번개처럼 재빨라서 사람은 서 있을 자리가 없다. 잠시라도 근거 없는 의심과 비방의 대상이 되어보지 않은 사람이 이 세상에 있을까? 이것은 참기 힘든 일이다. 문중서(?, Wun Joongdsu)가 말하기를, 행동을 바로잡으려면 마음이 한 방향으로 변함없이(즉, 여론을 신경 쓰지 않고) 향해있어야 한다. 이것은 극도로 중요한 언급이다. 지식이 쌓일 때까지 이 말을 계속 명심하고 항상 실천해야 한다. 각 문장은 그 전 문장보다 더 많은 의미를 낳는다. 가지는 가지로부터 나오고, 싹은 싹 위에 움튼다. 참기 힘든 말을 들을 때, 당신은 은을 훔쳤다고 고발당한 부이(Boo Yi)를 기억하고, 회계 부정 혐의를 받은 보연(Bo Yen)을 기억해야 할 것이다. 그들은 수레 수백 대 분량의 비난이 가해질 때도 자신의 자리에 계속 충실했던 사람들이다. 화살에 다친 적이 있는 새는 이후에 굽은 막대만 보아도 두려워한다. 햇볕에 고생했던 소는 달이 떠올라도 울부짖을 것이다."

한국인 설교자의 이야기는 여기까지 들어야겠다. 진실과 거짓을 가려내기가 얼마나 힘든지 알았을 것이다. 다만 우리는 '스스로 기독교인이라 부르는' 사람들이 이 정도의 진실한 앎을 가지고 이 정도의 자제심을 기를 준비가 되었으면 하고 바랄 뿐이다.

그리피스, 『은자의 나라 한국』 제37장 종교

William Elliot Griffis, *Corea: The Hermit Nation*, 6ʰ ed. New York: Charles Scribner's sons, 1902[1882], chap.37.

| 해제 |

윌리엄 그리피스(William Elliot Griffis, 1843~1928)는 일본에서 활동한 교육가이자 동양학자였다. 그는 1872년부터 도쿄제국대학에서 교수로 일하면서 동아시아에 대한 자료를 수집하였고, 한국에 대해서도 큰 관심을 가져서 1882년에 『은자의 나라 한국』(Corea: The Hermit Nation)을 출판하였다. 이 책은 개항 이후 한국을 방문한 서양인과 선교사들의 필독서로서 그들의 전(前)이해를 형성하였다.[1] 아래의 번역은 1902년 출판된 제6판 내용이다. 1882년 초판의 기본 논지는 유지되지만 상당한 정보가 추가되었다.

　종교에 관한 그리피스의 서술은 한국에서 활동한 선교사의 종교 서술에 깊은 영향을 주었다. 샤머니즘을 한국종교의 기초로 제시하고 정령으로 가득한 나라로 묘사한 대목, 유교를 종교가 아니라 윤리 체계로 규정한 점, 불교의 쇠퇴를 강조하고 이를 바탕으로 선교의 기회를 역설하는 구도는 이후 선교사들의 서술에서 반복적으로 나타난다.

1　책의 전체 번역으로는 다음을 참고할 것. W. E. 그리피스, 신복룡 역주, 『은자의 나라 한국』, 집문당, 2019.

한 나라의 산, 강, 계곡, 동굴이나 땅과 지형의 다른 자연물에 붙여
진 공공의 이름을 주의 깊게 연구해보면 사람들의 원시적 믿음이나
숨은 믿음의 많은 부분을 드러낼 수 있다. 한 민족이 유년기를 보낸
그 나라의 자연물에 주어진 원시의 이름보다 더 오래된 언어는 없다.
관습, 문화, 혹은 종교의 변화에도 불구하고 이 이름들은 그 자리를
여전히 지키면서, 변형되거나 사라진 고대의 신앙을 반영한다.

한국의 산, 강과 다른 장소들의 지역 명칭을 주의 깊게 검토해보면
한반도의 고대 거주민들이 굳게 지켰던 믿음에 대해 꽤 분명한 윤곽
을 그릴 수 있을 것이다. 그 교리들은 불교 교리와 영향력에 대항해서
사람들의 마음속을 지배했으며 지금도 그들 믿음에 가장 깊이 자리
잡고 있다. 고대 중국 기록, 일본 기록, 프랑스 선교사 기록들은 샤머
니즘이 한국인의 신앙의 기초이며 특히 북쪽 사람들이 더 그러하다
고 일관되게 말해준다. 부여, 고구려, 삼한에 대한 첫 역사 기록에서
우리는 하늘과 땅, 공중의 보이지 않는 힘, 자연의 정령(spirit)에 대한
숭배, 산과 강, 땅과 곡식, 동굴, 심지어는 호랑이의 신령(genii)에 대
한 숭배를 찾아볼 수 있다. 그들은 특히 샛별을 숭배했으며, 하늘에
소를 바치는 희생 제의를 드렸다. 고대 한국, 특히 북부 지역에 대한
간헐적인 언급을 통해서 우리는 불교가 도입되기 전의 사람들의 숭
배에 대해 어느 정도 알 수 있다. 네덜란드, 일본, 프랑스의 최근의
진술을 담은 보고서와 언어 증거를 살펴보면, 불교가 있었음에도 불
구하고 우리는 샤머니즘이 한국 미신의 본성이자 오늘날 사람들의
실제적인 종교(actual religion)으로서 2천년 동안 근본적으로 변하지
않았음을 확신하게 된다. 하늘과 땅, 강과 산, 동굴, 샛별의 정령에
대한 숭배는 자연물의 이름에 여전히 남아 있고, 양과 소 희생과 함께

오래 전과 마찬가지의 형태로 지속되고 있다.

산신(god of the hills)이 아마 가장 인기가 많은 신격일 것이다. 사람들은 적어도 일 년에 한 번은 반드시 그에게 예배드리러 나간다. 그들은 오랫동안 종교에 먹고 마시는 일을 뒤섞어서 경건한 여행을 피크닉으로 만들어왔다. 오늘날 미국인들이 산이나 바다에서 해수욕과 정화(sanctification)를, 크로켓과 야외 부흥회를 연결하는 것과 매우 비슷하게, 한국인들도 그런 식으로 경건과 즐거움을 연결하는 것이다. 참배객(pilgrim)이 선업(善業)을 쌓으러 찾아가는 산꼭대기에선 산신에게 봉헌된 성황당이라고 불리는 돌무더기를 볼 수 있다. 참배객은 산 아래서 꼭대기까지 돌을 갖고 올라온다. 이들은 경건함으로 인정받을만한 사람들이다.

다른 인기 많은 신들도 많다. 나무의 정령(genii), 목신(木神, mok-sin), 비의 신, 추수의 신이 모두 모셔진다. 하지만 축복받은 좋은 식성을 지닌 건강한 한국인은 특히 부엌의 수호신 조왕님(Cho-an-nim)을 경배한다. 한국인에게 공기는 비어있는 것이 아니다. 정령들(spirits)과 보이지 않는 존재들이 가득 들어차 있다. 이들 중 일부는 상상의 산물인데, 한국인들이 동물의 살과 피에 부여하는 부가적인 선악의 힘에 대해서는 신화적 동물을 다룬 전 장(章)[33장]에서 이야기했다. 산들바람조차도 정령의 숨이 되고 "폭풍(devil's wind)"은 불행을 일으키려는 데몬(demon)이 일으키는 회오리로 이해되었다. 누가 갑자기 죽으면 사람들은 심장병을 생각하지 않는다. 악령의 화살에 맞았다고 생각한다. 주술로 초자연적인 힘을 획득하고자 하는 마법사들도 적지 않다. 그들은 적에 대항해서 주술을 사용하거나 단골의 적에게 원한을 풀라고 정령들에 명하기도 한다. 마법사들은 사회적으로 주변인이고 가장 비천한 사람들로 여겨진다.

　매달 나쁜 징조의 수 5가 들어간 불운한 날이 5, 15, 25일 사흘이 있다. 특수한 경우에 사람들이 많이 참석하는 떠들썩한 제사, 의식, 기도가 있다. 주된 제사는 하늘, 땅, 왕이나 상제(중국어로 Shang Ti)[2]에게 드린다.

　중국어로 펑쉬(Fung Shuy), 한국어로 풍수(風水)라는 용어를 아는 사람이라면, 안 좋은 방위, 집 짓는 자리나 땅의 입지, 장지(葬地)에 따른 길운이나 불운에 관련된 다양한 미신들을 잘 이해할 수 있을 것이다. 이 미신 체계에는 수백만의 신자가 있을 뿐 아니라 이를 전문적 직업으로 삼는 사제나 전문가들이 존재한다. 이 사기꾼과 그들의 일에 관련된 한국 어휘들은 대단히 풍부하다. 적당한 길한 장소에 작은 무더기를 쌓고 거기에 장대를 꽂고 종이나 징을 달아놓는 것은 한국에서 흔히 볼 수 있는 장면 중 하나이다. 이것들이 바람에 울리면 선한 정령들(good spirits)에게 빌어 악령(demon)의 나쁜 영향을 물리쳐줄 것이라고 생각한다. 동일한 생각은 탑과 절에 달아놓은 풍경들에서도 볼 수 있다. 풍수는 글자 그대로는 '바람과 물'을 의미한다. 그러나 광의적으로는 자연에 관한 관념들의 조야한 관념들의 집합체에 해당하며, 풍수와 자연과학의 관계는 점성술과 천문학의 관계에 해당한다. 이러한 관념은 신비를 추구하는 이들의 풍부한 어휘뿐 아니라

――――

2　한국에서 이 단어는 약간 다르게 발음된다. 제임스 레그 박사의 『중국의 종교』에서, 그리고 많은 개혁 기독교 선교사들이 상제를 하느님(야훼, 테오스)의 번역어로 사용했지만, 로마 가톨릭 선교사들은 이를 사용 금지하였다. 레그 박사는 상제가 중국어에서 신격을 일컫는 가장 오래된 명칭이며 원시 유일신론을 유지하던 시절에 조상들이 사용한 명칭이라고 주장한다. "천지 제단에서 지낸 의례에서 그들은 하느님을 섬겼다" (공자).[원주]

일상의 언어까지 색을 입힌다.

이 체계 위에, 아마 이 체계와 거의 동시에 시작한 것이 고래로부터 중국계 아시아에 존재해 온 조상숭배 의례일 것이다. 공자가 편찬한 고대의 종교 문서를 통해 잘 알려져 있듯이, 공자는 조상숭배를 그의 가르침의 기초로 삼았다.

한국의 조상숭배 의례는 중국과 근본적으로 구분되는 특성을 보이는 것 같지 않다. 정해진 때에 공적인 의례가 조상에게 드려지고, 잘 사는 집마다 망자의 이름이 새겨진 번쩍이는 검은 명패가 있다. 명패 앞에서 날마다 향을 올리고 제사를 지낸다. 절에도 개별 가정의 안녕을 위해 여분의 신주를 보관하는 방이 있다. 조상 공경과 제사에 대한 믿음은 혈관 속의 철분처럼 한국인의 영혼에 아로새겨져 있다. 기독교 선교사들이 만나게 될 것 중에 그들의 교리와 진전에 이 실천보다 더 큰 장애물은 없을 것이다. 이것은 가장 진실한 개종자마저도 추문, 타락, 단념에 빠져들게 할 수 있는, 무엇보다도 강력한 원인이 될 것이다.

중국의 윤리 체계인 유교는 간단히 말해 효도라는 근본 관념의 연장이다. 그것은 관계에 근본을 둔 의무이다. 중요한 다섯 관계[五倫]를 기본으로 다수의 모든 삶의 의무가 뒤따른다. 다섯 관계는 왕과 신하(왕자와 고관), 부모와 자식, 부부, 형제, 친구 간의 관계이다. 완벽한 인간인 공자의 가르침에 따라 다음과 같은 핵심 가치가 자리 잡고, '가치의 다섯 요소' 혹은 변함없는 가치가 나타난다. (1)자비, (2)마음의 올바름, (3)행동의 적절함, (4)앎이나 깨달음, (5)좋은 믿음, 혹은 애정, 정의, 존중, 지혜, 신뢰.

중국의 윤리와 함께 철학이 도입되었는데, 이것은 한국에서 음양

(陰陽)(긍정과 부정, 능동과 수동, 남자와 여자)으로 표현되는 우주의 이원적 체계에 기반을 둔다. 천지인(天地人) 만물은 음(남성이나 능동적 원리)과 양(여성이나 수동적 원리)이 상호작용한 결과이다.[3] 땅의 금속과 광물조차 음양을 통해 생산되고 식물과 동물처럼 자란다고 믿어진다.

봉건 국가와 권력자에게 잘 맞는 유교 윤리는 한반도에서 적합한 토양을 찾아 이미 고구려 때부터 뿌리를 내렸다. 유교 윤리는 효도 정신을 길렀고, 아버지나 주군을 살해한 이와는 같은 하늘 아래 살지 못하게 하여 봉건적이고 피의 복수를 부르는 개인적 충성을 길렀다. 중국의 윤리와 조상숭배는 붓다의 교리와 우월한 도덕의 존재에도 불구하고 특히 한반도 북부에서 깨달은 존재의 종교[불교] 외부에서 사람들이 실천하는 바의 기초를 제공하였다. 마치 평균적인 기독교인이 예수의 정신과 산상수훈에도 불구하고 유스티니아누스 법전에 자신의 행위와 법적 절차의 기반을 두는 경향이 강한 것처럼, 한국인도 붓다를 믿으면서도 공자의 규율을 좇아 실천한다.

공적인 희생 제의(sacrifice)는 정부에 의해 규제되고 국가 행사에서 공적으로 봉헌된다. 중국인들 사이에서 유행하는 규제된 복종의 형태가 조선에서 조상을 모실 때 널리 받아들여졌다. 고위 관료는 삼대(三代) 조상에 제사 지내고, 양반은 아버지와 할아버지에게만 제사 지내며, 평민은 아버지에게만 제사 지낸다. 모든 지방, 수도, 그리고 대무관(大廡官)으로 지정된 도시에는 공자와 32 제자의 상이 있는 건물이 있는데, 이는 정부의 지출을 통해 유지된다.

유교는 한반도 전역에 널리 퍼졌다. 그러나 불교가 지배하던 4세

---

3 저자는 음(陰)과 양(陽)의 속성을 반대로 알고 있다. 원문 그대로 번역했다.

기부터 14세기까지는 오직 유식 계층만이 유교를 충분히 공부하고
실천했을 것이다. 15세기 이후인 현재 왕조 아래서는 중국의 종교가
조선의 공식적이면서도 대중적인 숭배(cult)가 되었고, 오래지 않아
독선, 무관용, 박해를 행하는 지경에 이르렀다. 도교는 거의 연구되지
않는 것 같다.

한국인의 입에서 붓다는 불(佛)이 되고, 그의 '길'이나 교리는 불도
(佛道)나 불지(佛智)가 된다. 인도에서 온 새로운 신앙이 백제에는 4세
기에, 신라에는 6세기에 소개되었고, 한반도 남반부를 정복했으나 이
교(heathenism)가 더 융성한 북부 일부는 남겨두었다. 한국 불교의 전
성기는 고려시대(905~1392)였다. 선교 사업이 동반되었고 왕조 통치
자들이 그 신앙의 전문가이자 변호인이었기에 4세기 동안 불교는 국
가의 종교였다. 이 화려한 시대로부터 전해지는 몇몇 기념물들로는
거대한 탑, 승원(僧院), 절이 남부 지역에 특히 많다. 절의 수익을 위
해 할당된 땅, 그 경계와 임대료, 그리고 승려와 사제의 특권과 관련
된 언어가 법적 용어와 사찰 용어에 풍부하게 남아 있는 것은, 아마
과거의 유물, 한때 과일과 씨앗이었던 것이 언어적인 껍질과 겨로 남
은 결과일 것이다.

15, 16세기까지 일본 불교인들은 사찰 사업에 영적이고 금전적인
도움까지 받았기 때문에 조선을 "서쪽 보물 나라"라고 부르며 바라보
았다. 유명한 일본 사찰, 서고, 장서, 그림, 제단 조각 등의 많은 특징
은 한국에서 온 것이다. 이것은 교토의 오래된 신앙 터전에서 두드러
지게 볼 수 있다. 금 불상, 금박 목재, 청동, 그리고 어떤 방열재ー아
마 백금ー가 잘 알려져 있고, 다른 도시의 진짜 문서로 충분히 확증된
다. 가마쿠라 한 건물의 회전 서고에 있는 불경은 사네토모가 13세기

에 한국에서 얻어온 것이라고 한다. 이백년 후 가마쿠라의 아시카가가 보낸 편지 내의 기뻐하는 문장들에는 일본 사찰 보수에 도움을 받을만한 기부처가 한국의 왕이라는 암시가 있다.

한국 불교 사찰과 승원의 입지와 일반적 환경은 중국이나 일본과 대단히 유사하다. 사찰은 흔히 언덕 위에, 솟아오른 땅에, 심지어는 높은 산에 위치해 있고, 참배객에게 경외와 숭상을 불러일으킬 것만 같은 높고 인상적인 나무들로 둘러쳐져 있다. 보통 사찰 앞 면 곳에 압도적인 출입문이 거대한 구부러진 기와지붕에, 윗부분 꼭대기가 석고 기와로 구성된 벽돌 담을 두른 모습으로 지어져 있다. 현관 윗부분에는 절의 이름이 큰 한자로 새겨져 있다. 가끔은 산스크리트 문자나 합성글자(monogram)가 보이기도 한다. 전면의 지붕 있는 헛간 아래에는 중이 기도시간이나 정시에 울리는 북이 달려 있다. 반대편에는 신자의 돈을 담는 금고나 독실한 참배객이 손을 씻는 우물이 있다. 사찰에 돈을 기부한 이들의 이름이 적힌 판자가 주변에 걸려 있고, 신참자[사미승(沙彌僧)]와 중의 초가집이 근처에 있다.

한국 사찰의 우상은 아시아 불교 국가에서 발견되는 것들과 동일하다. 으뜸이 되는 이는 종교의 창시자인 석가모니, 붓다이다. 여러 나라의 형상 조각가들은 불교 판테온의 중심 존재인 붓다를 조각하거나 예술적으로 다룰 때 전통을 엄격히 고수하기에 붓다 형상이 크게 다양하지 않다. 열반에 든 현인은 발바닥이 얼굴 쪽을 향하게 한 채 가부좌로 앉아있다. 그의 손은 엄지가 엄지에, 손가락이 손가락에 닿아 있는 모양이다. 옷의 주름, 이마의 구슬 같은 카스트 표지, 붓다가 자기 머리를 햇빛 피할 장소로 삼게 해주었다는 전승에서 비롯한, 왕관 위의 달팽이, 그리고 축 늘어지거나 구멍이 뚫린 귀는 인도, 시암, 티베트의 우상에서 볼 수 있는 것과 근본적으로 똑같다. 눈은 꼭 살짝 비스듬하고 귓불은 살짝 납작하게 만들어져, 중국 아시아 숭배자들의 기호를 충족한다. 바닥 주위에 꽃잎이 있고 종자 구멍이 열린, 영원의 상징인 만개한 연꽃 받침으로 만들어진 자리도 똑같다.

지역 신격을 표상할 때는 예술가가 애국심을 발휘하여 자신의 취향을 드러낸다. 불교가 지배한 다양한 국가에서 해당 지역의 영웅, 현인, 신들이 "진정한 종교"의 스승이 오기 전에 그 나라에 나타난 붓다의 현현(顯顯)이나 화신(化神)으로 불자에 의해 받아들여지고 개명되었다. 또 불교 회화 내에 그려진 성인 중에는 숭배받는 주요 인사나 그 밑의 재력가가 있는데, 예술가는 그들의 모형을 자유롭게 만드는 데 거리낌이 없다. 우리는 중국, 한국, 시암, 일본에서 제작된 우상을 같은 이름에도 불구하고 쉽게 분별할 수 있다. 조선의 전쟁 신은 양날 검을 들고, 술이 달린 줄에, 중국식 한국(Chino-Corean) 갑옷과 투구를 입고 있다. 머리에 두른 광채는 회전하는 난폭한 세 뇌운(雷雲)이다. 1871년에 미군이 입수한 전쟁 깃발에는 전투하는 이들을 보호하는 신들이 그려지거나 수놓아져 있었다. 이 신들은 붓다이거나 아니면 단군이나 기자와 같은 지역 신격일 가능성이 더 큰데, 신기하게도 왜소한 얼룩박이 함경도 조랑말을 타고 있다. 이 말은 고대에도 과일나무 아래에서 탈 수 있었을 것이다. 압살롬에게는 숲이 우거진 팔레스타인보다는 한국이 분명 더 안전했을 것이다.[4]

---

4 압살롬은 구약성서에 나오는 연합 이스라엘 왕국의 2대 왕 다윗의 셋째 아들이다. 아버지 다윗에 대항하여 압살롬의 난을 일으켰으나 패배하였다. 그는 노새를 타고 도주하다가 머리채가 상수리나무에 휘감겨 공중에 매달린 채 잡혀 살해당했다.(〈사무엘기하〉 18:9~15) 저자는 한국의 조랑말은 높이가 낮아 나무에 걸릴 위험이 없다는

왜소한 얼룩박이 말에 탄 수호신은 특별한 날개가 있는 두건과 주름 잡힌 깃을 단 옷을 입고 있어, 15세기 전부터도 함경도 땅을 여행한 사람들은 그를 알아볼 수 있다. 그의 갑옷은 비늘로 되어있고, 한국 예술의 특징인 '물결 문양'으로 짜여 있다. 그의 신과 안장은 중국식이다. 그는 관습적으로 표현된 구름을 타고 다니는데, 현지 기술로 인해 중국이나 일본의 구름과는 다르다. 현지 예술가들은 붓다와 석가모니 성현은 엄격한 정통 규범에 따라 묘사하지만, 토착 신격을 다룰 때는 예술적 허용과 지역색을 자유로이 누렸음이 분명하다. 사원 작업의 예술가와 조각가 대부분은 사제와 승려이다. 주요한 우상은 놋쇠, 청동, 금박 목재로 만들어지지만, 더 낮은 부류는 석재로 만들어진다. 사제들은 일본 승려와 정확히 똑같은 옷을 입는다. 그들은 병자나 죽어가는 이들을 돌보지만, 한국인이 살아서도 죽어서도 노예처럼 매달리는 풍수 미신의 만연 때문에 사자의 매장과는 관련이 없다. 이 강력한 정신적 질병은 한국 불교를 크게 타락시켜서, 가장 조잡한 사유가 한때 순수했던 믿음 위에 접붙여지거나 기생충처럼 번창하고 있다.

한국 불교는 그 발전 과정에서 국가 영역에 자주 강한 영향력을 행사했고, 승려의 권력이 때로는 너무 강력해서 정부를 실질적으로 지배하고 왕의 명을 취소할 정도였다. 부여 종족에서, 즉 조선과 일본에서, 불교 역사는 결정적으로 군사적인 특색을 갖는다. 불교가 한반도를 장악한 첫 세기에 가장 유능한 지식인과 인력이 불교에 의해 길러지고 배출되었기 때문에, 불교는 한국 문명에서 가장 강력한 요

뜻으로 압살롬을 언급하였다.

인이었다. 불교 사제들은 여러 번 거듭해서 정치적, 사회적 변혁을 주도하였고, 자신들이 은둔자이자 연구가일 뿐 아니라 선동자이자 전사임을 보여주었다. 그들은 소유한 지식을 바탕으로 궁궐에 필요한 인물이 되었다. 그곳에서 그들은 서기, 법률가, 상담가, 서기였다. 그들은 흔히 애국심의 수호자가 되었다. 이마를 깎은 승려는 우리가 보게 될 한국 역사의 모습에서 표준적 인물이었다.

이 영향력이 항상 좋은 쪽으로만 행사된 것은 아니다. 일단 궁궐에서 영향력을 확보하면, 승려들은 자기 종단을 확대하려는 목적으로 영향력을 사용하는 것에 주저하지 않았기 때문이다. 전하는 바에 따르면 고위 관리들은 궁궐의 쾌락에서 벗어나 격리된 승원 생활을 얻게 되었고, 심지어 한국의 왕비들은 비구니의 서원을 받들어 배우자 왕과의 잠자리를 거부한다고 한다. 일본과 마찬가지로 잦은 전쟁으로 인해 승군(僧軍)이 형성되었는데, 그들은 요새화된 승원에 주둔하고 방어하는 역할을 넘어서서, 그들의 공훈의 위력과 식량 보급의 힘을 통해 전세(戰勢)를 바꾸는 역할도 했다. 승려에겐 세 계급 혹은 등급이 존재하는 것으로 보인다. 학승(學僧)은 배우고 연구하고 책과 불교 의례를 편찬하는 데 몰두한다. 대사(大師)가 수도원장에 해당한다. 중은 탁발하며 돌아다니는 승려로, 사찰 유지와 사원 건립을 위해 시주와 보시를 이끌어낸다. 군사적인 승려(승군)는 수비군으로 활동하고 무기를 제작하고 정돈하고 전투 연습을 한다. 많은 승원이 높은 산 정상이나 비탈에 세워져 있어, 거기에 가려면 바위투성이 좁은 길로 고생해서 도달할 수밖에 없다. 이 요새는 신앙을 가진 왕족과 귀족들이 박해의 시기에 도망쳐 들어가거나, 신심이 깊은 왕이 재위 후 은퇴하여 지내는 곳이 된다. 전쟁 시기에는 승원이 피난민을 보호하는 역할을 한다. 1866년에 프랑스 해병대가 큰 손실을 입고 물러났던 것도, 강화도에 있는 이러한 요새를 공격하던 와중이었다.

이 나라에 있는 많은 사찰은 오래 전 고려의 왕들이나 귀족들에 의해 특정 사건을 기념하거나 신앙심을 드러내기 위해 지어졌다. 현재 왕조에서도 큰 비용이 들고 정부 재정이 아닌 지원이 이루어진 이러한 건물이 지어지는 일이 간혹 있으니, 1865년에 섭정이 승려의 영향을 받아 건축한 경우가 이에 해당한다. 그는 전례 없는 장엄한 양식으로 사찰을 재건축하고 공적 재원으로부터 다른 절에 막대한 양의 선물을 주었다. 승려들은 이러한 왕의 하사품과 대중이 끊임없이 기부하는 푼돈을 모아, 사원 건축물, 대지, 이로부터 나오는 수익에 이르기까지 방대한 재산을 모았다. 산에 있는 사원 중 어떤 것은 크고 위엄이 있어, 풍부한 고서, 원고, 의례용 가구, 그리고 돈과 대지를 지니고 있다. 경상도와 전라도 사이에 있는 통도사라는 큰 사찰은 온전한 성전을 간직한 서고로 유명하다.[5] 이 미개척 지역에서 미국이나 유럽 학자들이 산스크리트 원고 형태로 진귀한 보물을 발견할 확률은 높다. 이 나라는 이제야 기독교 국가의 교육을 받은 사람들에게 개방되고 있기 때문이다. 일반적으로 승려 집단은 절의 세 등급별로 10명, 20명, 혹은 30명을 넘지 않는다. 하멜은 승려들이 잘 살고 쾌활한 사람들이라고 말한다. 하지만 그의 견해에는 편견이 좀 있는데, 그는 "종교에 관해 말하면 한국인들에게는 종교가 거의 없다……그들은 설교나 신비를 알지 못하고, 그래서 종교에 대해 논쟁하지 않는다."라고 하기 때문이다. 그다지 존중받지 못하면서 지내는 수행자들

---

5 해인사를 통도사로 잘못 기록한 것으로 보인다.

도 많다. 그[하멜]는 축제를 시끄러운 것으로, 수행자들에 대한 사람들의 행동이 활기차다고 묘사한다. 향, 혹은 '우상'을 위한 향료가 매우 유행했던 것 같다. 하멜은 고위층이 자연경관을 즐겼다는 것과 유명한 절이 좋은 곳에 입지했음을 증언한다.

현재에도 불교 사제들은 정부의 고위 관리, 지방 수령, 군사적 조언자가 된다. 일본과 마찬가지로 불교는 동물에 대해 큰 동정심을 심어준다. 그것은 윤회 교리의 논리적 결과로 일체의 살생을 금지한다. 비록 사람들은 쇠고기, 돼지고기, 양고기를 게걸스럽게 먹지만, 정육 거래는 모든 직업 중 가장 천한 것으로 여겨지고, 백정과 무두장이가 일본의 에타(Etas)[6]처럼 사람 중 하층 계급을 이룬다. 그들은 노비보다 아래에 있다. 그들은 다른 사람들과 떨어진 마을에 살아야 했고, 다른 사람 손으로 물, 음식, 불을 넘겨받거나 오두막을 인수하는 것이 금지된다. 이러한 한국의 천민 계층 형성과 이들이 인정받는 사회의 경계 바깥으로 추방된 것은 승려의 가르침의 직접적인 결과이다. 중국과 마찬가지로, 그리고 일본 승려와는 다르게, 열성 신자는 흔히 축제의 광란 속에서 자신의 몸을 절단하여 거룩함을 얻거나 서원(誓願)을 성취하려고 한다. 이러한 승려 중 한 명이 기독교인과 공개적으로 논쟁하도록 지방관에게 임명받은 적이 있는데, 그는 명성을 얻기 위해 네 손가락을 잃은 상태였다. '불탔다'(pul-tatta), 즉 '불을 얻음'의 의식은 사제직 서원을 올릴 때 행해진다. 뜸쑥, 즉 원뿔형의 타는 부싯깃을 사람의 팔 위에 올리고, 그 후에 머리를 민다. 작은

---

6 에타(eta, 穢多)는 일본 전근대사회의 최하층민 부라쿠민(部落民)을 일컫는 과거의 경멸적 명칭이다.

덩어리에 불이 붙고 살 속으로 천천히 타들어 가면서 화끈거리는 고통을 남기는데, 그 흉터가 거룩함의 표시로 남게 된다. 이것은 입문식의 역할을 한다. 그러나 서원이 파기되면 그때마다 고통이 반복될 것이다. 종교 공동체의 규율은 이런 식으로 유지된다.

비구니 승원에는 두 종류의 여성 종교인이 있다. 머리를 깎은 이와 머리를 유지하고 있는 이. '보살'은 머리카락을 깎지 않으며, 서원은 덜 엄격하다. 하멜은 서울의 두 수도회를 언급하였는데, 그중 하나는 귀족 태생의 부인들의 모임이고 다른 하나는 낮은 사회 계급의 여성을 위한 것이었다.

군사적 측면을 제외한다면 한국 불교는 일본보다는 중국 불교에 수렴한다. 중국과 조선에서 모두 불교의 역사는 진보보다는 퇴화의 역사이다. 석가모니는 조선과 일본에 나타난 불교의 모습에서 자신이 세운 신앙을 찾기 어려울 것이다. 철저한 선교 정복이 조선에서는 이루어지지 못했고 일본에서는 완결되었다. 유교 가르침이 우선시되고 백성에 철저하게 보급된 점, 중국에 가깝고 중국의 예법, 관습, 물질주의 정신이 유사하게 반복된 점, 그리고 아마도 토착 종교가 일본 신도보다도 한층 강력하게 존재했던 점 때문에, 조선에서 불교는 일본에서만큼 지식인을 강하게 확보하고 영향을 주지는 못했다. 그럼에도 불교가 항상 널리 믿어져 왔고, 특히 유교가 단순히 윤리 체계이고 엄밀한 의미의 종교가 아니라면, 한국은 불교 국가로 분류될 수 있을 것이다. 역사의 놀라운 일 중에는 1876년에 일본 불교의 개혁 종단 정토진종(淨土眞宗)이 포교와 개종을 위해 한국에 선교사를 보낸 사실이 있다. 그 정복 결과로 1878년 한 유능한 젊은 한국인이 교토에 와서 개혁 불교를 공부하고 한국에 돌아가 자기 민족에 포교를

계획하기도 있다. 1880년에는 다섯 명의 더 젊은 한국인이 교토의
정토진종 신학교에 입학했고, 아미타불을 모시는 화려한 새 정토진종
사원이 원산에 건립되었다. 이 활력이 넘치는 종단은 기독교가 일본
에서 지위를 이루며 생긴 상실을 만회하는 것에 그치지 않고, 한반도
에서 기독교 선교 수행을 미연에 방지하려 하고 있다. 다음이 앞으로
의 질문이 될 것이다. "조선은 불교 국가가 될 것인가, 기독교 국가가
될 것인가?"

다우스웨이트, 『한국에 관한 메모』 중에서

A. W. Douthwaite, *Notes on Corea*, Shanghai: Shanghai Mercury Office, 1884, p.47.

| 해제 |

다우스웨이트(Arthur William Douthwaite, 1848~1899)는 중국 옌타이에서 활동한 중국내지선교회(China Inland Mission) 소속 의료선교사이다. 영국 출신으로, 1874년부터 중국에서 활동하였다.

그는 개신교 선교가 개시되기 전인 1883년 가을에 한국을 방문하여 선교 가능성을 타진한 것으로 보인다. 서울과 개항장을 몇 주간 둘러보고 1884년에 상하이에서 한국에 관한 보고서를 출판하였다. 이 책의 종교 항목에서 그는 한국에 서구적 의미에서의 종교가 존재하지 않는다고 보고하였다. 이 진술은 한국에 종교가 없다는 서양인들의 공론이 형성되는 데 큰 역할을 하였다.

• 종교

서양 국가에서 일반적으로 '종교'라는 말을 통해 이해되는 내용은 한국에 존재하지 않는다. 이 점에서 한국은 아시아 다른 나라들과는 다소 차이가 있다. '국가 종교'(state religion)라고 불리는 것은 유교 윤리 체계이다. 그러나 이것은 어떤 의미에서도 종교가 아니다. 위대한 중국 성현의 가르침은 이론적으로는 관료와 유식 계층들에게 지지를 받고 있지만, 대다수 사람의 심성에 대해서는 거의 아무런 영향력도 미치지 못한다.

불교는 한국에 4세기에 도입되어 급속히 반도 전체로 퍼졌으며 일본에도 전해졌다. 불교는 몇 나라에 걸쳐 왕국의 국교가 되었으며 승려는 조정에서 큰 영향력을 가졌다. 그러나 약 5백 년 전에 건국된 최근 왕조의 경우에 불교는 강력한 탄압을 받았으며, 유교가 이 나라에서 가르칠 수 있는 유일한 '도'(교의)로 선포되었다.

불교는 중국이나 일본에서처럼 한국인의 마음에 단단한 지배력을 획득하지 못한 것 같다. 혹은 너무나 철저하게 파괴되었거나 쉽게 파괴될 수 있을 정도의 지배력만을 가졌던 것으로 보인다. 영혼의 윤회 교리처럼 약간의 흔적은 남아 있지만, 일부 미신적인 사람들이나 믿을 뿐이다. 뛰어나고 유명한 공공의 은인 중 몇몇은 죽은 후 신격화되어 사람들에 의해 숭배된다. 그리고 불교와 유교에서 공통으로 세계적으로 행해지는 조상숭배가 기독교의 진전에 가장 큰 장애가 될 것이다.

그리피스, 『한국의 안팎』 제15장 종교

William Elliot Griffis, *Corea, Without and Within*, 2nd ed., Philadelphia: Presbyterian board of publication, 1885[1884], pp.161~171.

| 해제 |

그리피스는 1882년에 『은둔의 나라 한국』을 출판하고 2년 후인 1884년에 한국에 관련된 자료들을 모아 『한국의 안팎』을 출판하였다. 이 책에는 『하멜 보고서』의 영어번역본이 수록되어 있고, 그 앞뒤로 한국에 관한 추가적인 정보를 서술하였다. 이 책의 15장에서 종교가 다루어진다. 『은둔의 나라 한국』의 종교 장(章)에 비해 분량은 적지만 내용이 간결하게 정돈되어 있다. 이후 선교사들의 저술에 등장하는 주제들이 제시되었다는 점에서 중요하다. 간단히 소개하면 다음과 같다. 그리피스는 한국종교를 샤머니즘이 기층에 있고 유교와 불교가 위에 놓인 복합체로 서술하였다. 종교 건물의 부재나 소박함을 강조하였다. 다양한 귀신의 존재를 나열하였다. 유교의 형식성을 강조하였다. 불교의 쇠퇴를 강조하였다.

• 종교

"종교에 관해 말하면, 한국인들에게 종교는 거의 없다." 이것은 17세기 네덜란드 개신교인의 증언이다. 1883년 가을 서울과 개항장에 몇 주 머물렀던 스코틀랜드 성직자도 하멜에 동의하는 것처럼 보인다. 그는 다음과 같이 말한다. "서양 국가에서 일반적으로 '종교'라는

말을 통해 이해되는 내용은 한국에 존재하지 않는다. 이 점에서 한국
은 아시아 다른 나라들과는 다소 차이가 있다."[1] 그곳에 오래 머물렀
던 프랑스 천주교 선교사들도, 다양한 여행객 방문자들도 같은 이야
기를 한다.

그러나 비록 시암이나 일본처럼 근사한 의례 체계나 방대한 경전
문헌이나 수련하는 사제들이 있는 것은 아니지만, 한반도에는 슬프게
도 정도(正道)에서 벗어난 타락한 종교가 존재한다. 나라의 지식인들
은 얽혀있는 미신들 속에 빠져 있다. 이 미신들은 수백만 영혼들을
창조주로부터 떨어뜨려 놓아서 지적인 노예상태, 무지의 공포와 흑암
속에 묶어놓는 해로운 종교(re-ligion)[2]를 형성한다. 한국인들에게 그리
스도의 설교는 정말 "그들을 속박하는 감옥으로부터의 해방"이 될 것
이다.

거주민들의 신앙 기저에는 역사적 순서대로 세 층의 관념들이 존
재한다. 그것은 원시 주물숭배(fetishism)와 샤머니즘 – 가시적 대상의
숭배와 비가시적인 상상의 영향력에 대한 숭배 –, 유교, 그리고 불교
이다.

암흑 속에 있는 한국인의 신앙의 이 세 층은 모두 자신을 대표하는
'사원'을 갖고 있다. 그러나 중국이나 일본에 있는 성스러운 건축물들
의 규모와 화려함에 익숙해져 있는 사람들에게는 한국의 경우 '사원'
이라는 말이 거의 의미를 갖지 않는다. 대부분의 마을과 도시에서

---

1 Notes on Corea, by A. W. D., Shanghai, 1884.[원주] 이 책의 46쪽.
2 그리피스는 종교를 특별히 're-ligion'이라고 표기하였다. 종교(religion)의 라틴어 어원
   은 '다시 묶는다'는 의미의 're-ligare'인데, 그리피스는 이 어원을 상기하고자 하였다.

사원들은 놀라울 정도로 작고 조악하고 썰렁하다. 서울에선 일반적인 주거지보다 큰 불교 사원은 거의 없다. 일반적으로 이 건물들은 단지 처마 주위에 패인 홈이나 조각, 혹은 특별한 현관을 통해 인식될 뿐이다. 마을에서 '사원'들은 초가집보다 나을 게 없다.

새로운 개항장인 인천에서 멀지 않은 한 마을의 사당은 다음과 같이 묘사된다. 중앙에는 낮은 솔숲이 있고, 아홉 채로 된 마을로부터 200야드 떨어진 언덕 위에는 성스러운 구조물이 있다. 이것은 일본의 신도(神道, 신들의 길 혹은 가르침)와 비슷한 토착 종교의 상징이다. 이 건물은 꼰 지푸라기로 만든 원뿔 초가지붕에, 9피트의 높이와 같은 직경의 바닥으로 이루어져 있었다. 바닥엔 출입을 위해 네모난 구멍을 내어 오래된 벌집 모양을 하고 있었다. 이 한국 사원의 입구는 3피트 높이의 삼각형이고 동쪽을 향해 있었다. 안에는 우상, 향, 그림이 없었다. 천정은 가로놓이고 뒤쪽으로 기울어진 거친 들보로 짜여 있고, 후면으로부터의 평균 높이는 4피트 가량 되었다. 입구를 향하면서 서까래에 붙어있는 뒤쪽 벽에는 흰 종잇조각들의 묶음이 걸려있었다. 이것은 틀림없이 일본 사원의 고헤이(ごへい)[3], 즉 흰 종이가 달린 나무막대기에 해당하는 것이다. 이 종잇조각에는 신들의 영이 거한다고 생각된다. 보통 사람이 이 사당에 들어가면 죽는다고 믿는다.

1832년에 귀츨라프는 어떠한 우상숭배의 흔적도 발견하지 못했으며, 종교 의례의 수행도 목격하지 못했다. 그가 언덕 위의 마을 사당

---

3 고헤이[御幣]: 일본의 신도(神道)에서 신에게 바치는 종이 또는 옷감으로 된 제물. 수직 막대에 지그재그로 접은 종잇조각이나 천을 붙여 늘어뜨려 놓은 것이다. 접은 수, 접는 방식, 색깔, 조각의 재질 등에 따라 여러 가지 양식이 있다. 어떻게 보면 고헤이는 가미[神]를 상징하며 신이 신사(神社) 안에 있음을 나타내는 것이기도 하다.

에 들렀을 때, 그 사당은 종이로 둘러쳐진 한 칸짜리 집으로, 가운데
에는 절인 생선이 놓여있었다. 우상은 보이지 않았다. 조그만 금속
용(龍)이 땅 위에 놓여있었다. 기부자의 이름들이 금액과 함께 정성스
레 적혀 있었다.

일본에서는 흔한 길가 사당들이 한국에서는 비교적 드물게 보인
다. 하지만 언덕이나 산 위의 무덤, 위에 기괴한 사람 얼굴을 새긴
이정표, 색색의 천이 경쾌하게 달린 신목(神木), 정해진 장소나 사물
옆에 쌓여있는 돌무더기, 집 돌담이나 초가지붕에 거주하는 뱀이나
도마뱀의 해를 피하거나 먹이를 주는 것, 이 모든 것들이 원시 종교
(the primeval religion)에서는 중요하다.

사원 입구와 안뜰

풍수(風水)라고 불리는 중국 미신은 한국 전체에 퍼져 있어서, 백성들의 돈으로 살찌우는 무당, 점쟁이, 지관(地官) 등에 직업을 마련해준다. 한국인은 반드시 이들과 의논하여 집을 짓거나 정원이나 무덤터를 정한다. 귀신의 영향력은 항상 존재한다고 믿어진다. 언덕 위에 고정되어 있는 기둥이나 바람에 울리는 작은 종이나 쇳조각이 있는 집들이 귀신의 해로운 기운을 물리치기 위해 있는 것은 어디서나 흔히 볼 수 있는 광경이다. 벌써 미국에서 온 빈 석유통이 잡귀를 물리치기 위해 사용된다. 풍수는 수많은 선생이 백만의 말 잘 듣는 학생들을 가르치는 거대한 국가 미신 학교이다.

한국인에게 허공은 비어있는 것이 아니다. 허공에는 살아있는 악령들이 가득하다. 모든 나무, 산, 수로, 심지어는 부엌이나 굴뚝까지 터주(tutelary genii)들이 있다. 그들은 기도, 선물, 또는 모종의 참회를 통해 달래져야 한다.

문자 계층에 의해 공적으로 선언되는 신앙은 고대 중국의 고전들에서 나온 공자의 윤리와 체계에 기초한다. 성인을 모신 사당들이 한국의 대도시에 있다. 엄격하게 말하면, 유교는 도덕과 정치의 체계이지 종교가 아니다. 유교에는 진보의 요소가 결여되어 있으며, 다만 인간의 지성을 전형화하고 문명을 불변의 반복적 일상으로 화석화하기 위해 계산된 사유와 행위의 양식이다. 유교는 중국의 무기력과 지체된 발전에, 그리고 한국의 은둔자 같은 격리와 바보 같은 자만심에 대한 책임이 있다. 유교는 항상 기독교의 완고한 적이었고, 앞으로도 그럴 것이다. 그것은 진보의 싹을 갖고 있지 않은 이교적 불가지론이다. 그 영향력은 모두 보수적이다. 유교의 교의는 "다섯 관계"[오륜(五倫)]의 교리로 요약된다. 즉 임금과 신하, 부모와 자식, 남편과 부

인, 형과 아우, 친구들 간의 관계가 그것이다. 관계가 표현되기 위해
서는 의무가 뒤따른다. 이러한 훌륭한 점에도 불구하고, 유교는 무신
론적이다. 유교는 모든 관계 중 최상의 관계, 즉 하느님에 대한 인간
의 관계를 예비하지 않기 때문이다. 한국에서 진리, 진보, 그리고 영
적인 종교의 주적(主敵)은 유교인이었고, 앞으로의 세대에서도 그러
할 것이다. 기독교는 인간의 교만을 낮추어주는 그 본성을 통해 양반
들의 비천함을 일깨워야 한다.

특정한 시기에는 관리들에 의해 돼지, 양, 염소의 국가적 희생 제
의가 행해진다. 그 의식은 중국인들이 천지신령을 기릴 때 행하는
것과 매우 비슷하다.

유교보다 오래되었지만 유교와 긴밀하게 연결된 것이 조상숭배이
다. 조상들을 기리는 것, 향을 태우고 신주를 배향하는 것은 중국뿐
아니라 한국에서도 일반적이다. 이 체계는 너무 뿌리 깊게 박혀있어
한국인의 정신에 총체적 변화가 있지 않고서는 뿌리 뽑을 수 없다.
효도와 숭배는 이론적으로도 실천적으로도 하나가 된다. 조상숭배는
거대한 나무이다. 그 뿌리는 원시 역사의 지층까지 뻗어있고, 울창하
게 자라난 미신의 산물은 모든 집에 그늘을 드리우고 있다. 그것이
사라지기 전까지는 기독교의 도끼가 그 나무에 강하게 수없이 내리
쳐져야 한다. 십계명 제5계[4]의 말과 정신을 그 자비로운 약속과 함께
지키는 것은, 중국이 오래 유지되는 것에서 볼 수 있듯이 국가를 보존
하는 소금인데, 이것을 지키는 것이 한국에 있는 예수의 선교사들이
풀어야 할 문제이다.

---

4 "네 부모를 공경하라."

불도(佛道) 또는 불교(佛敎)는 아마도 티베트와 몽골을 거쳐 4세기에 한국에 처음 들어왔으며, 6세기에는 중국으로부터 직접 들어왔다. 불교의 황금기(960~1392)는 고려왕조 시기였다. 불교는 한반도에 전파되고 왕실의 후원을 받아서 국교가 되었다. 이 시기 승려의 수는 많았고 영향력이 있었으며 식자층이었다. 수도원들이 많았고 사치스러웠으며 절들도 크고 화려했다. 교육과 예술이 육성되었고, 한국의 문화 수준은 지금보다 높았다.

이씨 왕조가 계승하여 왕국을 통치한 이후, 불교의 국교 지위는 폐지되었고 신앙은 타락하였고 승려들은 무식해지고 훌륭한 사찰들은 대부분 폐허가 되었다.

작년에 영국 신사가 방문한 마을의 사원은 솔숲 안에 있는 것으로 묘사된다. 이것은 6제곱피트짜리 오두막으로, 측면은 나뭇가지와 지푸라기로 이루어져 있고, 줄에 달린 두터운 돗자리가 문을 이루고 있었다. 평범한 자세로 앉아있는 3피트 높이의 조야한 불교 성인 석상과 전면에 놓인 구리 동전이 담긴 돌이 "절" 안에 있는 전부였다. 그러나 불교가 도성 주변에서는 낮은 지위를 갖고 있지만, 어떤 지방에서는 강력하게 번창하고 있다. 어떤 인근 지역 사람들은 불교를 깊이 믿는다. 그런 곳에서는 승원과 절이 오래되고 부유하고, 머리를 민 사람들의 숫자가 더 많으며, 사원의 토지에서 산출되는 수입이 넉넉하다. 산속에 있는 유명한 사찰에는 매년 많은 참배객이 방문한다.

우상들에는 청동, 석조, 목조라는 세 등급이 있다. 이들 중 일부는 예술적으로 뛰어난 솜씨를 지닌다. 지금 일본 사원에 있는 부처와 그 제자들의 조상(彫像) 중 많은 것들이 원래 한국에서 온 것들이다. 한국은 일본 정토종 승려들에게 오랫동안 '서방의 보물나라'였다.

불교는 인간적인 도덕 체계이고 고매한 성품에 대한 열망이기 때문에, 사람들로 하여금 자신의 구원과 동료들의 이득을 위해 선한 일을 하도록 자극을 준다. 그래서 불교는 문명을 일으키는 역할을 한다. 불교는 초기 에너지와 신선함으로 한 국가를 혜택으로 채우고, 예술을 배양하고, 교육을 전파하고, 길을 닦고, 휴식처를 세우고, 이득을 증진하고, 수천 가지 형태로 위안을 늘려준다. 우리가 보기에 불교는 한국에 많은 것을 했다. 얼마 지나지 않아 비관용적이고 완고하고 편협하게 되어버려 모든 진보를 멈추게 한 유교에 비해 훨씬 많은 것을 했다. 한국 문명의 최고 수준은 불교 아래서 성취되었다.

그러나 지금 이야기된 좋은 면에도 불구하고, 불교는 무신론 체계이고, 모든 숭배(cult)와 마찬가지로 활력을 앗아가는 기생적 미신의 먹이가 되었다. 한국에서 불교의 힘은 거의 소진된 것으로 보인다.

한국 농민의 심성은 부패한 것이 혼합된 토탄 늪과 닮았다. 그에게 한때 영향을 주었던 신앙은 구분되는 생명력과 형태들을 갖고 있다. 신앙들의 틀과 내용물은 이제 사라졌지만, 한국인은 모든 신들을 모시고 모든 미신을 믿는다. 그러나 의심할 것 없이 그 역시 영혼과 인간의 심성을 갖고 있으며, 그 둘을 모두 채워주는 종교를 열망하고 있다. 우리는 한국인이 처음 본 기독교의 형태를 얼마나 열정적으로 붙잡았는지를 뒤의 내용을 통해 보게 될 것이다. 그가 앞으로 얼마나 열정적으로 그리스도의 순수한 신앙을 받아들일지는 아직 드러나지 않았다.

한국을 위한 기도 시간

"The Hour for Korea", *The Foreign Missionary* 44, 1885, pp.153~156.

| 해제 |

1885년에 선교잡지 『외국 선교』(The Foreign Missionary)에 실린 글로, 저자는 미상이다. 초기 선교사의 보고서 중에는 한국 선교의 필요성을 강조하기 위해서 한국종교의 상황을 부정적으로 묘사하거나 종교가 부재한 상황으로 묘사하는 경우가 종종 있다. 이 글도 한국종교는 부패한 상태이고 한국인은 미신들에 종속되어 있으므로 기독교가 선교 될 때 큰 장애가 없을 것이라고 주장하는 내용을 담고 있다.

"그들은 교회의 전송을 받고 떠나서, 페니키아와 사마리아를 거쳐 가면서, 이방 사람들이 회개한 일을 이야기하였다. 그리하여 그들은 그곳의 모든 신도들을 매우 기쁘게 하였다." (〈사도행전〉 15장 3절)

옛 로마 세계에서 그랬던 것처럼, 기독교가 모든 고대 신앙들이 부패한 상태에 놓인 시기에 한국에 들어가고 있는 것은 크나큰 섭리이다. 최근에 이 나라를 여행한 사람들을 모두 놀라게 했던 한 가지 사실은, 이 나라에는 이상하게도 하나의 두드러진 주도적 종교가 존재하지 않는다는 것이다.

기독교 반대편에 형성되어 있는 주된 종교는 의심할 여지없이 유교일 것이다. 유교는 유식 계층과 관료들의 종교이다-종교라고 할 수 있다면. 이들 계층의 자부심이 유교에 기초해 있다. 그러나 유교는 기독교가 강점인 면이 취약하다. 유교는 하느님에 의존하지 않는다. 사람들의 심성에 호소할 가짜 하느님조차도 제시하는 일이 없다. 유교는 규율의 체계이다. 심성에 호소하는 면이 없을 뿐만 아니라 그리스도 탄생하시기 500년 전에 죽은 옛 철학자들에 대한 기억 말고는 아무런 동기도 없는, 신앙이라기보다는 법령의 체계이다.

명목상 대중들의 종교는 불교이다. 마을과 산, 그리고 먼 지방에, 유명한 사찰 부근에는 불교 신앙의 힘이 아직 많이 남아있다. 그러나 나라 전체로 보면 약화되었고 또 분명히 그렇게 될 것이다. 현재의 왕조는 오래 전부터 불교의 해체를 선포하였다. 실제로 도성과 관청이 있는 구역에서는 불교가 금지되었다. 어떤 지역에서는 절이 헛간보다 나을 게 없다. 승려들은 무식하고 경멸받는다.

사람들의 진정한 종교는 그들의 조상에 대한 숭배이다. 사람들은 또한 반은 주물숭배(fetichism)이고 반은 심령주의(spiritualism)인 수많은 미신들에 종속되어 있다. 도깨비(goblin)와 신선(genii)이 뒤범벅이 되어 있는 이 미신은, 서양 학문과 기독교의 계시라는 종합적인 도구 앞에서는 물론이고 초등학생 수준의 과학 앞에서도 유지될 수 없는 것들이다. 무지, 나태, 비도덕성, 퇴화, 이들이 선교에서 극복되어야 할 진짜 장애물이다. 그러나 이들이 위력적이라고 해도, 인도의 심오하고 설득력 있는 철학이라든지 이슬람 세계(Moslem lands)의 거만하고 포악한 광신에 비한다면 기독교에 큰 장애는 되지 못한다.

현재 한국의 빈곤함을 충분히 설명하기는 쉽지 않다. 중국, 타르타

르인, 일본의 침입을 연달아 받은 것, 기술자들의 강제 이동, 현 왕조
의 가혹한 수탈의 결과가 함께 이 빈곤함에 영향을 미쳤다.

5백 년 전에 불교가 왕국의 발전을 도모하던 시대가 있었다. 당시
불교의 인간적이고 문명교화적 힘은 신선하고 강력한 것이었다. 건
축, 농업, 유용한 공예가 발달해 4, 5세기 동안 정점에 달해 있었다.
실제로 한국은 일본에 종교, 문자, 예술을 전해주었다. 목제품, 다양
한 면직물, 보석 세공품, 금은 갑옷, 각종 놋그릇, 자기, 향로, 촛대,
동종, 불상, 깃발, 나팔, 북, 나막신 등이 빼어난 모양의 도자기와 도
공들과 함께 일본으로 전해졌다. 페르시아와 아라비아에서도 한국
예술의 흔적을 쉽게 찾을 수 있다. 그러나 초기에 문화적 상상력과
물질적 발달의 자극이 되었던 불교의 영향은 결국 소진되었다. 불교
는 제 역할을 다 했고, 유교가 들어왔다. 중국과 마찬가지로 이곳에서
도 유교는 모든 발전의 적이었다. 발달은 멈추었고 이내 부패가 시작
되었다.

이와 더불어, 유능한 한국인 기술자 가족과 부락들이 일본으로 이
주하도록 설득 당하거나 강제되었다. 우리가 듣기로는 "학자, 교사,
천문학자, 승려, 의사뿐 아니라 뛰어난 기술의 남녀 도공, 예술가, 도
예가"[1]들이 중세 후기에 한국을 떠나 일본에 정착하였다. 프랑스 위
그노파가 인접 국가나 영국에 기들의 기술을 전달한 것처럼, 한국인
도공과 기술자, 그리고 재단사와 원예사까지 일본 도시에 정착해서
일본인들이 거의 처음 배우는 것들을 전해주어 일본을 거듭나게 해
주었다. 그러므로 현재 한국인들의 빈곤과 퇴보는 인종의 열등함이

---

1 "Korean, Without and Within", William Elliot Griffis.[원주]

나 타고난 지능과 힘의 부족 때문이 아니다. [한국에서 활동하는] 초기
선교사들이 일본에서 볼 수 있는 문명을 찾을 수 없다는 것은 사실이
다. 헵번 박사(Dr. Hepburn)가 말했듯이 그들은 일본의 초기 선교사들
이 겪어야 했던 것보다 더 많은 불편을 겪도록 요구된다. 그러나 그들
은 구세주가 목숨 바친 민족을 대표해서, 지적 능력과 가망성이 가득
하고 일본보다도 육체적으로 우월한 민족을 위해 일하면서, 동아시아
기독교의 공격력을 배가할 수 있음을 느낄 수 있을 것이다.

헵번 박사는 한국인의 민족적 정서가 일본보다는 중국에 가까울
것이라는 염려를 말한다. 즉 오랫동안 존재했던 강력한 반외국인 정
서와 보수적 경향이 있다는 것이다. 그러나 그는 특별히 지금 일본에
있는 한국인들에 대해 언급한다. 그들은 자유정신과 진보적 개념을
가진 이들로, 돌아가 정부의 신뢰를 회복할 수 있다면 선교 발전과
국가 진보를 위한 좋은 친구가 될 수 있을 것이다.

그들은 망명자로, 권력을 지닌 정파에 의해 한국에 재입국이 금지
된 상태이다. 그들 중 셋은 이미 미국에 가기 위해 일본을 출발했다.
그들은 모두 고위 관료들이다. 이 일이 환영받을 만한 것이 못 되고,
한국의 한 정파를 편드는 것처럼 보여 우리 선교 사업에 해로운 일처
럼 보이기는 하지만, 그래도 이 사람들이 미국에서 친구들을 만나 우
리의 교육이나 정치, 그리고 무엇보다도 기독교에 대해 진정으로 알
게 되도록 도움을 받았으면 한다. 우리는 최근에 한국을 방문한 영국
선교사의 이야기를 읽다가 다음과 같은 특징들에 대한 언급들을 거
듭해서 만나게 되었다. "이 민족은 대단히 친절하고, 내게 도움을 주
려는 착한 성품을 지녔다." "그들은 모두 너무나도 예의가 발라, 항상
밭에서 나와 내게 인사를 했다." "마을 사람들은 매우 친절했고, 그들

한국 지도

의 호의를 표현할 수 있는 모든 것을 해 주었다." "이 민족은 매우 예의바르다. 거리에서 한 양반을 만나 길을 가르쳐 달라고 부탁했다. 그는 매우 친절하게도 내가 원한 모든 것을 해주려고 했고, 친절하게도 내가 찾는 장소까지 걸어서 데려다 주었다." 아무 것도 모르는 상태에서 굶어 죽을 것 같은 나귀를 타고 진흙탕 길을 터벅터벅 길을 가고 있는, 헤매는 외로운 방랑자에게 어느 누가 한국인처럼 도와줄 수 있을까? 미국에서 외로운 중국 사람이 그런 곤궁에 처했다면 이웃 사람들에게 그런 대접을 받을 수 있을까?

그러나 한국 망명자들이 미국에 가게 될 때면, 그들이 부유한 귀족이건 절박한 추방자이건 간에, 우리는 그들을 따뜻하게 맞아들이고 기독교인의 여러 관심과 도움을 받을 수 있는 숙소를 제공할 것이라고 확신한다.

울프, 한국 방문

J. R. Wolfe, "A Visit to Korea", *The Foreign Missionary* 44, 1885, pp.161~163.

| 해제 |

울프(J. R. Wolfe)는 중국 푸조우에서 활동한 CMS(Church Missionary Society) 소속 성공회 선교사이다. 그는 한국 선교의 가능성을 타진하기 위해 성공회 선교사로는 최초로 1885년에 서울을 방문하였다. 1886년에는 부산에 임시 선교본부를 개설하고 중국 신자와 함께 활동하다가 1887년에 철수하였다. 울프의 활동은 공식적인 성공회 선교 개시인 1890년보다 5년 앞서 시작되었지만, 소속 선교회의 차이 때문인지 이후 한국 선교와의 연결성은 보이지 않는다.

　이 글은 1885년 서울 방문 경험을 바탕으로 1885년 말에 저술되었다. 그는 서울에서 종교 건물을 볼 수 없음을 지적하면서 한국에 실질적인 종교가 없다고 주장하였다. 이는 초기 서구인 관찰자들이 한국에 '종교 없음'을 주장한 주요 근거가 되었다.

　도시 서울은 계곡에 자리 잡고 있고, 그 아름다움과 사랑스러움은 표현하기 힘들 정도이다. 서울은 깊고 넓은 한강 덕분에 비옥하다. 동편 산에서 흘러나온 한강은 귀중한 광물을 많이 함유하고 있기에, 현지인들은 흐름이 갈라지는 곳 강바닥에서 그것을 채취한다. 서울의 경계를 이루는 산들은 모든 방면에 나무가 빽빽이 덮여있고, 들판과 정원에는 밀, 수수, 쌀, 콩과 다른 채소가 잘 재배되고 있다. 이 나라에는 사냥감이 풍부해서, 나는 서울 계곡에서 엄청난 규모의 야생 거위 떼가 사람을 무서워하지 않으며 가까운 벼 작물 위에 앉을 태세로 맴도는 모습을 보았다.

도시 자체는 잘 지어지지 못했다. 집들은 매우 열악한 모습이고 거주자들의 극도로 가난한 환경을 보여주는 듯하다. 그러나 모든 이들이 화사하게 차려입고 거리에는 걸인이 거의 없는 것으로 보아, 실제로는 그렇게 가난하지 않은 것 같다. 군사 훈련을 보여주는 행진에 모여든 군중은, 다양한 옷 색깔과 한국인들이 명(明) 왕조에서 계승한 특별하고 우아한 복장으로 화사하고 즐겁고 아름다운 광경을 연출한다. 거리에서 걸어 다니는 여성들을 자주 만나기는 하지만, 그들은 모두 긴 장옷을 덮어쓰고 이를 위로 바짝 끌어당겨 자기 생김새를 남성의 시선에 드러나지 않도록 한다. 그러나 늙은 여성만은 여기서 자유를 누린다. 매우 가난한 경우를 제외하고 젊은 여성은 공적으로 거의 보이지 않는다. 우리 서양인들이 생각하기에 가난한 계층의 여성은 나이 들거나 젊거나 간에 얼굴을 가리지 않고 자유로이 활보하는 특권을 갖는 것 같다.

도시 서울에서 통행금지 종이 매일 아홉 시에 울린다. 그 이후 시간에 모든 남자는 문 안에 머물러 있어야 한다. 이를 어기려면 죽음을 각오해야 했다. 지금도 이 법은 유효하지만 도시에 사는 중국인이나 다른 국적자에게는 적용되지 않는다. 통행금지 종이 울리고 남자들이 물러난 다음에, 여자들이 밖으로 나와 신선한 공기를 쐰다. 나는 통행금지 종소리가 전 도시에 크고 분명하게 울리는 것을 들었다. 그러나 도시 여성들이 신선한 공기를 쐰다는 것을 증언하기 위해 규정을 어기고 밤 9시 이후에 산책하러 나갈 만큼 호기심이 강하지는 않았다.

중국의 혐오스럽고 잔인한 전족(纏足) 풍습은 한국에는 통용되지 않는다. 중국계 이주민(Celestials) 사이에서 흔하고 널리 퍼져 있는 유아 살해 범죄도 한국에서는 죽음으로 처벌받는 범죄이고 거의 행해지지 않는다.

관세청장이자 한국 왕의 장관인 묄렌도르프(Möllendorff) 씨에 따르면 서울 인구는 40만 명이다. 그가 추정하기에 나라 전체의 인구는 1500만을 넘지 않을 것이다. 서울 사람은 외국인에 매우 친절하다. 한번은 길거리에서 두 한국인을 만나 멈춰선 적이 있는데, 그들은 잉크 그릇과 연필을 꺼내어 내 공책에 한문으로 다음과 같이 써주었다. "당신을 보는 것은 일 년에 한 번만 찾아오는 친구를 보는 것 같다. 마치 단풍나무의 빨간 가을 잎사귀처럼." 나는 한국의 지식인들이 중국인들만큼이나 한문에 능통하고, 고전 글자를 쉽고 수려하게 쓸 수 있다고 말하고 싶다. 한국인은 건장하고 활달한 민족이다. 그들의 체격은 중국인이나 일본인보다 훨씬 우월하다. 일본인은 한국인 옆에 서면 피그미 부족처럼 보인다.

나는 이 나라 어디에도, 혹은 서울 내의 어디에도 우상이나 우상을 모신 사원을 볼 수 없다는 사실이 놀랍고 흥미로웠다. 사람들은 우상에 대한 애정을 갖고 있지 않은 것 같았고 신들을 위한 사원을 세우지 않는 것 같았다. 도시 전체에 사원이 없었다.[1] 한국인은 실질적으로 종교 체계가 전혀 없다. 불교는 왕국의 멀고 격리된 지역 이곳저곳에

---

1 다른 전문가들에 의하면 이러한 진술은 너무 광범위한 면이 있다.[잡지 편집자의 주]

흔적이 남아 있긴 하지만 금지된 종교이다. 지난 5백 년간 지배 왕조
는 불교를 폭력적이면서도 성공적으로 억압해서 불교에 대한 사람들
의 애정과 동정심을 완전히 제거했다. 유교는 종교 체계는 아니지만
사(士) 계층과 관료들의 지지를 받는다. 그러나 대중에게는 영향력이
거의 없다. 그러나 한국인들은 매우 미신적이고 정령을 무서워하는
(spirit-fearing)[2] 사람들이다. 그들은 죽은 영웅이나 사회적 은인들을 신
격화하여 숭배하며, 죽은 조상에 대한 숭배를 전국적으로 행한다. 중
국에서 문명화의 노력을 마비시켰던 풍수 미신 역시 한국인들의 마
음과 행동에 광범위하고도 유독한 영향을 미치고 있다. 집, 담장, 벽,
길을 짓거나 만들 때는 반드시 이 비의적 미신의 부적이나 풍수가에
의뢰해야 한다. 주물숭배(fetichism) 역시 광범위하게 행해진다. 그들
이 좋아하는 나무와 돌들이 숭배되며, 신에게 바치기 위해 나뭇가지
위에 헝겊을 올려놓고 나무에 절하는 모습을 길가다가 흔히 볼 수
있다. 어떤 이들은 죄의 용서를 구하기 위해 산꼭대기에 둥근 돌을
가져와서는 돌이나 돌에 들어있다고 생각되는 정령(spirit)에 절을 한
후 그곳에 돌을 남겨두고 온다. 유령과 귀신에 대한 공포 역시 가난에
찌든 사람들에게 만연해 있다. 그들은 무서움을 없애거나 귀신을 쫓
아내기 위해 가장 유치한 방법에 의탁한다. 사람들이 잘 가지 않는
산길과 외딴집에 교수대 비슷한 틀을 세우고, 거기에 딸랑거리는 종,
방울, 등유 깡통을 달고, 이 소리가 귀신을 쫓아내고 치명적인 두려움
을 일으킨다고 믿는다. 누군가가 죽을 때는 숨이 다하기 전에 머리가

---

2 'spirit'은 의미상 '귀신'이라고 번역하는 것이 자연스럽지만, 당시의 종교 용어를 보여주
   기 위해 책 전체에 걸쳐 '정령'이라고 통일하여 번역하였다.

서쪽을 향하게 한다. 낡은 옷을 벗긴 후 새 옷을 입힌다. 죽어가는 이의 네 친구가 시신에 손가락을 올려놓는다. 그리고 집 밖으로 나가서 지붕 위에 서서 떠나는 영혼에게 돌아오라고 큰 소리로 외친다. 부인의 임종 시 남편은 있어서는 안 되고, 남편의 임종 시에도 부인이 있어서는 안 된다. 망자를 위한 애도 기간은 중국처럼 3년이다. 이 기간 동안 애도자들은 반쯤 접은 우산 모양의 큰 대나무나 버드나무 모자를, 얼굴과 상체를 가리기 위해 어깨까지 내려오게 써야 한다. 그들은 또 삼베옷을 입어야 하고 외출할 때는 얼굴을 삼베 부채로 가려야 한다. 또한 슬픔을 상징하는 복장을 한 사람들에게 말을 거는 것은 예의 바르지 못한 행위로 간주된다. 몇 년 전 한국에서 로마 가톨릭이 무시무시하게 박해받던 시절에는, 사제가 이 풍습을 이용해서 조문 복장을 하고 감시를 피한 일도 있다. 그리고 신앙 때문에 많은 형제와 한국인 개종자들이 무참히 살육당했을 때는 정말로 애도한 것도 있을 것이다. 신앙을 가진 사람들이 수년 동안 이 방법으로 이 나라에서 감시를 피해 남아있었으며, 폭풍이 지나갈 때까지 박해받던 개종자들을 돌볼 수 있었다.

이들 고귀한 사람들의 신실함, 자기희생, 자기부정의 정신을 존중하고 부러워하지 않을 사람은 없을 것이다. 그들은 선교지에서 도망가거나 이교도로부터 개종시킨 사람들을 버리지 않고 가장 잔혹한 고통과 죽음 앞에 자기 생명을 기꺼이 열정적으로 내놓았다. 나는 로마 가톨릭의 치명적인 잘못을 알고 증오한다. 또 교황 제도가 인간 영혼에 치명적인 독소로 가득함을 잘 안다. 그러나 나는 선교 사역을 포기하지 않고 서울에 자기 생명을 바친 이 고귀한 영웅들의 업적을 조금이라도 폄하하려고 하는 비난에 절대로 힘을 보태지는 않을 것이다. 한국에서의 그들 노력의 기록은 고귀한 영웅적 행위의 기록이며, 창시자의 손에서 나온 기독교가 그리스도를 위한 정복인 동시에 죽음을 맞이한 시절의 기록만큼이나 의미가 있다. 아, 그토록 고귀한 신앙이 완전히 그릇된 체계를 위해 쓰이다니! 그러나 그들에게 영광이 있을지니라. 현재 한국에는 일곱 명의 로마 가톨릭 선교사들이 헌신적인 주교의 지휘 아래 일하고 있다. 그들은 선배들이 그랬던 것처럼 필요하다면 성직과 더불어 죽을 각오가 되어 있다.

로웰, 『고요한 아침의 나라 조선』 제19장 종교의 부재

Percival Lowell, *Chosön, the Land of the Morning Calm: A Sketch of Korea*, Boston: Ticknor and U.E. company, 1886, chap.19.

| 해제 |

퍼시벌 로웰(Percival Lowell, 1855~1916)은 명왕성 발견의 토대를 제공한 미국 천문학자로, 대학 졸업 후 1883년에 일본에 갔다가 때마침 미국으로 가던 조선 미국수호통상사절단을 만나 그들의 미국 방문을 보좌했다. 그는 고종의 국빈 초대를 받고 1883년 12월에 조선을 방문해 약 3개월간 서울에서 체류하였다. 그 경험을 정리한 것이 2년 후에 출간된 『고요한 아침의 나라 조선』(Chosön, the Land of the Morning Calm)이다. '고요한 아침의 나라'라는 표현을 널리 알린 이 책은 선교사를 비롯한 한국 방문자들에게 널리 읽혔다.

한국종교에 대한 그의 서술은 잠에서 덜 깬 상태의 한국이라는 전체 책의 구도와 호응하는 것이었다. 이 책의 19장의 제목은 "종교의 부재"(the want of a religion)로, 종교 건물을 볼 수 없다는 이유에서 한국을 종교가 부재한 나라로 규정하고 그 이유에 대한 자신의 가설을 제시하였다.

서울 도성 위에 서서 당신 앞에 펼쳐진, 바다의 파도와도 같은 지붕들 위로 시선을 이리저리 던진다면, 틀림없이 매우 눈에 띄는 부재(不在)에 놀랄 것이다. 그것은 주변 건물 위로 높이 솟은 건물 형체의 부재이다. 광범위한 똑같은 건축물들에 감각적으로 충격을 받고, 발밑 광경의 일반적인 인상에 압도되어서, 당신은 처음에는 그 원인이 무엇인지 정확히 깨닫지 못할 것이다. 이런 종류의 파노라마에는 일반적으로 있어야 할 어떠한 특성이 여기에는 빠져 있는 것이다. 자기 감각을 곰곰이 따져본다면, 당신은 그것이 균일함의 효과임을 알게 될 것이다. 당신 앞에는 몇 평방마일의 초가와 기와들이 땅의 자연적인 굴곡 외에는 시야에 변화를 주는 것 없이 펼쳐져 있다. 당신의 눈은 시선을 고정하고 나머지 영역에 대한 출발점이 될 만한 더 높은 구조물을 헛되이 찾을 것이다. 이 광경에는 억양이 존재하지 않는다. 이 광경은 사람들 사이의 단일성이 주거지의 놀라운 균일성으로 나타남을 시사하는 것 같다. 누군가는 이것을 극도로 과장된 사회주의 이상의 실현까지는 아니더라도 발달한 민주주의의 표현이라고 생각할 수도 있다. 그러나 그렇게 근거 없는 생각도 없을 것이다. 그런 추정에 이처럼 완벽하게 반대되는 나라도 전세계에 없을 것이다. 정부가 인민에 의해 통치되는 것도 아닐뿐더러 인민을 위한 통치라는 개념 자체가 없다. 이 나라는 권력이 소수의 손아귀에 있는 만큼 소수의 이득을 위한다. 모든 것의 꼭대기에는 전제적인 왕이 앉아있다. 그렇다면 무엇이 부재한 것인가? 그것은 종교이다. 사유를 하늘로 이끄는 첨탑이 존재하지 않는다.

조금만 생각해보면, 우리는 도시가 건축적 기념물의 대부분을 종교에 빚지고 있음을 깨닫게 될 것이다. 종교가 기독교든, 이슬람이든, 불교든 다른 것이든 결과에는 차이가 없다. 그 사실은 로마나 런던에서처럼 교토나 델리에서도 적용된다. 모든 종교는 건물에 관한 한 일반적으로 땅주인인 통치자보다도 우선하는 권력을 갖고 있다. 그

조직의 방대한 확장과 열망은 대단해서 추종자 지역의 모든 이들의 자원을 동원하는 데 이른다. 그리고 종교 조직의 건축적 결여는 그것의 자원의 규모에 따른 것이다. 모든 시기 모든 민족에서 종교 조직이 건축가들의 가장 훌륭한 재능을 독차지하는 것은 놀라운 일이 아니다. 그러므로 이러한 후원이 날아가면, 압도적인 구조물도 대부분 단번에 사라질 것이다. 이것이 한국에서 일어난 일이다. 서울 전역에는 단일한 종교 건물이 없을뿐더러, 어떤 사제도 도성 문 안에 발을 들여놓을 수 없다. 서울의 상황은 전국 모든 도성에서도 마찬가지이다.

이 사실은 매우 흥미롭게도 독특한 결과로 이어진다. 중국이나 일본은 이 사안에서 일반적으로 유럽 관습과 다르지 않다. 두 나라는 모두 종교 건물이 우리와 마찬가지로 도시에 특성을 부여하며 산재해 있다. 외양상 세부의 차이는 분명히 있지만, 이것은 어떤 주된 이유의 변화 때문이 아니라 건축상의 차이 때문이다. 어느 나라 사람도 건축적으로 대단하지는 않고, 생산물의 규모는 매우 작다. 다만 일본은 특별히 상대적으로 탑이 없어서 종교 건물이 우리의 첨탑이나 대성당처럼 눈에 두드러지지 않는다. 그럼에도 불구하고 종교 건물들은 있다. 그 건물들은 작은 지식과 관심을 지니고 멀찍이 파노라마로 보아도 어디서나 분명하게 드러난다. [그러나] 한국은 이러한 정황과는 괴리된 추론의 세계에 있다.

이러한 전적인 결핍은 눈에 보이는 것 이상의 무언가가 있음을 암시한다. 그것은 현재를 증언하는 것뿐 아니라 과거에 대해 말해주기도 한다. 그것은 한때 위세를 떨쳤던 종교의 갑작스런 추방을 암시한다. 이름값을 하는 어떤 종교도 모든 민족이 원시 단계에 감정적 사유의 산물로 형성한 토착적 미신을 대체하지는 못하기 때문에, 그 미신은 종교 뒤편에 자신의 기념물을 남겨놓기 마련이다. 그러나 한국의 사례에서는 이런 종교적 풍경의 흔적이 위의 원칙을 입증할 정도로 많지 않다. 이 나라 곳곳에 몇몇 사당, 성스러운 나무, 기념 건축물이 발견되는 것은 사실이다. 그러나 그것들은 생생하고 모든 것을 포괄하는 미신의 충분한 발달을 표시해줄 정도로 충분히 일반적이지도 않고 충분히 인상적이지도 않다. 특히 우리가 지금 찾아가는 도시[서울]에는 종교 기념물이 드물다. 그러므로 우리는 과거 어느 시점에, 기존의 신앙을 일거에 완전히 날려버린 사회적 대격변이 존재했을 것이라는 추정에 이르게 된다. 그러한 대격변이 한국에 실제로 일어났고, 이 나라는 지금까지도 그 영향에서 벗어나지 못했다.

대격변이 일어난 방식에 관해 한국인은 다음과 같이 설명한다. 대격변 시기는 3백 년 전 일본의 대대적인 침략 때였다. 그 시기까지 한국은 이웃 나라와 같아서 종교적 믿음에 관용적인 편이었다. 보통 동시에 두세 개의 종교적 믿음을 간직하였고, 이들은 이 민족의 잔잔한 마음속에서 평화롭게 공존하였다. 침입은 정확히 16세기에서 17세기로 넘어가는 때에 일어났다. 1598년에 가토와 고니시가 일본에서 바다를 건너 이웃 왕국을 복속시키기 위해 출발하였다. 섬과 대륙만 맞바꾼다면 정복왕 윌리엄이 노르망디에서 출발한 일과 매우 유사한 사례이다. 그들은 노르망디와 영국 사이를 건너 페번시(Pevency)에 도달한 것과 비슷한 거리를 지나서 부산에 상륙했다. 분명 정복을 향한 군단 내에는 여느 군대보다도 위압적인 기운이 있다. 그들이 자연과 인간 모두를 용감하게 대면하는 대담성은 감동적이다. 바다는 스스로 감동하여 일본군을 무사히 지나가도록 하였다. 그렇게 해서 바다로부터의 진격이 시작되었다. 영국에는 (오늘날 보기에도 경이

로운 전술로) 적을 차례대로 꺾고 바다를 향해 진격해 프랑스를 막아
낸 용맹한 해롤드(Harold)가 있었지만, 조선에는 그런 이가 없었다.
한국은 그들 행동의 대담함에 얼어붙었다. 한국은 상황을 파악하지
도 못한 것 같았다. 한국의 고립 상태는 바깥세상의 행동들을 불가능
한 꿈으로 인식하게 하였다. 일본 군대는 자연재해와도 같은 불가역
적인 힘으로 전진했다.

　당시의 침략자들도 지금의 일본처럼 용맹했다. 그렇지만 한국 기
록에 따르면 그들은 전술을 무시하지도 않았다. 두 장군이 라이벌이
되어 다른 길을 통해 수도로 경주하듯 진격하였고, 동양 역사에서 처
음으로 시간이 중요해졌다. 누구도 라이벌이 앞서가게 할 수 없었기
때문에 멈춰 서거나 포위 공격을 할 여유가 없었다. 그래서 공격으로
는 취할 수 없었던 성에 들어가기 위해, 일본군은 이미 준비된 위장술
을 채택하였다. 그들은 얼굴을 완전히 가리기 위해 챙이 넓은 불교
승려의 모자를 쓰고 측면을 급습했다. 그들은 걸어 다니는 버섯 모양
이었다. 그렇게 탐지에서 벗어난 채 침략자들은 견고한 성에 출입할
수 있었고 수비군을 칼로 공격했다.

　선량한 승려들은 양의 옷을 입은 늑대의 약탈로 인해 고난을 겪어
야 했다. 일본군이 물러나고 30년이 지난 후, 한국 정부는 앞으로 안
전을 위해 어떤 승려도 어떤 이유에서든 도성 문 안으로 발을 들일
수 없다고 선포하였다. 승려들의 추방은 자연스럽게 건물의 점진적
감소로 이어졌다. 종교의 본체인 건축물은 허물어져 먼지가 되고 종
교의 정신은 박해를 피해 산중의 안식처로 들어가 버렸다. 이렇게
해서 한국의 종교는 죽었다.

　이상이 하나의 설명이다. 그러나 이 설명에는 의심이 드는 중대한

이유가 있다. 이 설명에는 한국이 상실한 모든 것이 파괴된 근원을 혐오스러운 승리자 일본에 돌리고자 하는 욕망이 강하게 풍긴다. 한국 역사에 등장하는 설명은 이보다 평범하지만 보다 믿을만하다. 이 설명은 한국인 특징의 한 면, 자신과 타자 사이의 사안에 대한 전적인 불신이라는 면이 보여 흥미롭다. 그 흥미로움은 불교가 영원히 승리한 듯 보였지만 곧 물러나게 되는 투쟁 과정에 관한 설명에서 더 두드러진다.

역사적 설명에 따르면 몇 세기 전에 나라에 두 당파가 있었다. 한쪽은 유교와 결합했고, 마찬가지로 다른 쪽은 불교와 결합했다. 불교주의자들은 극히 타락했다. 두 당파 간에 투쟁이 벌어졌고, 불교 지지자들이 패배하여 그들의 추방이 선포되고 실행되었다.

불교는 사라졌다. 그 이후로 불교는 나라 깊은 곳에서만 살아남았다. 게다가 불교는 엄밀히 말해 부분적으로 파괴되었을 뿐 아니라 소멸했다. 도시에서 불교의 생존은 종결되었다. 그러나 불교의 생명은 항상 두 부분으로 이루어진다. 불교 교회(Church)는 사람과의 소통뿐 아니라 자연과의 교통(communion)을 추구한다. 나라 곳곳에 흩어져 있는 승원(monastery)은 대도시 군중을 모여들게 하는 사원(temple)만큼이나 불교에서 필수적이고 중요한 영역이다. 선포의 결과 한국의 사원은 사라졌지만 승원은 전처럼 유지되었다. 승원은 법률에 직접적인 영향을 받지는 않았지만 간접적인 영향으로 어려움을 겪었다. 도성 출입금지는 두 결과를 낳았다. 첫째, 폐지는 대중에게 종교적인 문제를 완전히 망각하게 하였다. 둘째, 권력의 자리에서 종교를 몰아냈기 때문에 귀족 계층이 사제 전문직을 선호하지 않게 되었다. 고위층 가족 구성원들이 불교에 입문하지 않으려 했고, 그 결과 승려들은 덜 교육받은 계층에서 충원되었다. 이것이 불교를 더욱 악화시켰다. 기부금은 수적으로나 양적으로나 더 줄어들었다. 불교는 그나마 승원이라는 절반을 유지했지만 일본처럼 생명력을 가진 강력한 기구가 되는 대신에 축소되어 은둔자로만 남게 되었다. 도시로 가까이 갈수록 족쇄는 강해진다. 그래서 이제는 먼 산속에서나 옛적의 영화가 남아있는 것을 볼 수 있다. 그 특징에 대해서는 내가 서울 북쪽 어느 승원에 간 답사를 묘사할 때 언급할 기회가 있을 것이다.

한 나라의 생명력은 특히 도시를 통해 나타난다는 점에서, 우리가 지금 마주하고 있는 공동체는 상위 계층에게는 유교 도덕이, 하위 계층에게는 낡은 미신의 잔재가 자리 잡은, 종교가 없는 공동체이다.

기념물이 건축되는 재료도 불교의 소멸에 더욱 영향을 주었다. 극동 전역에서 목재는 사원 건축에 사용되는 주된 물품이다. 때로 석재나 더 지속성 있는 재료가 사용되기도 하지만, 사원이나 탑 전체나 부분이 그렇게 지어지는 일은 드물다.

돌로 지어진 이러한 예외적인 경우 중 하나가 서울에 여전히 남아있는 유일한 탑이다.[1] 이 구조물은 진정한 탑은 아니다. 형태만 탑일 뿐, 어떤 사람의 뒷마당에 있는 방치된 장식물에 불과하다. 그러나 이 탑은 외로운 생존뿐 아니라 그 아름다움 때문에라도 언급할 가치가 있다. 이것은 25피트를 넘지 않기 때문에, 낮은 자리에서는 두드러져 보이지 않는다. 탑을 둘러싼 낮은 한국 가옥들보다도 지붕이 약간 더 올라온 정도라서, 그곳을 찾아가는 사람은 이상하게 길을 헤매며 당황하게 된다. 탑은 중앙 시장에서 멀지 않은, 도시의 거의 한가운데

---

1 현재 서울 탑골공원에 있는 원각사지 10층 석탑을 말한다.

있다. 멀리서 얼핏 본 모습이 가까이서는 보이지 않는다. 멀리서는 눈에 띄는 물체였는데, 가까이 다가가면 사라진다. 다시 먼 거리를 되돌아가면 다시 나타난다. 반면에 이 거리의 다른 지점에서는 거의 보이지 않는다. 나는 호기심이 발동해 체면이고 뭐고 그것을 찾아내어 무엇인지 보겠다고 결심했다.

예상했던 대로 다가갈수록 몇몇 좁은 골목을 지나야 했고, 결국에는 제대로 관리되지 않은 작은 마당 한가운데 서 있는 버려진 외로운 탑 앞에 도달했다. 내가 서 있던 골목길에서는 탑의 전경(全景)을 제대로 볼 수 없었기 때문에, 나는 한국에서 의례적으로 성스럽게 여겨지는 영역인 남의 집 지붕을 침범하고자 허락을 구해야 했다. 이웃집 대들보를 오르는 것보다 무도한 침입은 없기 때문이다. 이 행동이 무단침입이라서가 아니라―내가 허락을 구했기에 해당 사항이 아니다―, 지붕에 오르는 것은 한국인에게 법령과 관련되어 중대한 사안이기 때문에 비난받을 일이다. 이웃에 공식적인 의사를 밝히지 않고 자기 집 지붕을 올라가는 것조차 법으로 금지되어 있다. 법의 목적은 여성이 의도치 않게 외간 남자의 눈에 띄는 것을 막는 것이다. 여성의 거처는 집안 뒤편에 있는데, 지붕처럼 높은 위치에서는 여성이 마당에서 즐기는 모습을 넘겨다 보기 쉽다.

내가 허락을 구했던 건물의 주인은 친절하게도 자기 집 지붕에 오르도록 허가해주었고 그가 할 수 있는 최선의 방법을 제안하였다. 설명하기 힘든 모종의 나무 구조물과 가족 및 친구들의 능숙하기보다는 열성적인 도움 덕에, 우리는 모두 카메라를 들고 가까스로 올라갔다. 소중한 동역자인 착한 김 씨는 한국 사람을 위해 천재적인 기술을 선보였다. 그러나 관습의 힘 때문에 집주인을 포함한 다른 한국인은 밑에 남았다. 그러나 그들은 우리 모습을 매우 재미있는 구경거리라고 생각했다. 골목길에 물러나 모여있는 구경꾼들의 위를 쳐다보는 얼굴들이 위에서 보면 리본처럼 보일 정도였다. 나는 집주인이 이웃에게 내 의도를 알리는 것을 깜빡했다고 생각한다. 옆집 뒤뜰에서 빨래를 너는 여성을 볼 수 있었기 때문이다. 그 여성은 아깝게도 내가 사진을 찍을 만큼 길게 머물지 않고 정숙한 날렵함으로 지붕 밑으로 재빨리 숨었다.

로웰이 촬영한 원각사지 10층 석탑

그 탑은 전경을 찍기 위해 고생한 보람이 있을 정도로 훌륭했다. 8층 높이였지만 전체는 석재 두 조각으로 구성되어 있었다. 그것은 엄밀히 말하면 진짜 탑이 아니라 탑의 형태를 한 장식 구조물이었다. 각 층에는 진짜 건물 형상이 조각되어 있고, 각 층 옆면에는 유명인의 조각이 정교하게 새겨져 있다. 하얀 화강석은 세월에 약간 색이 바랬지

만, 이전의 순결함은 충분히 남아있어 주변 집들의 침울한 회색과 효과
적인 대조를 이루고 있었다. 탑이 서 있던 마당은 허름하고 슬픈 느낌
의 작은 구석으로 20제곱피트를 넘지 않았다. 탑과 다른 모든 것이
있는 이 장소 전체가 한국인에게는 말 그대로 완전히 잊힌 듯했다.

우리가 내려오자마자 착한 주인은 소박한 오후의 차를 권했다. 현
지인의 친절함은 일의 진행 과정에서 크게 흥미로운 것 중 하나였다.

탑이라는 관념은 인도의 것이다. 중국은 불교와 함께 탑 관념을
받아들였는데, 인도의 탑 형태는 베끼지 않고 그 관념만을 취해 독자
적인 표현을 성취했다. 한국이 중국의 선례를 계승할 때는 탑의 관념
과 형태 모두를 취했다.

내가 형태와 구분되는 관념에 관해 언급한 점은 구조 자체를 볼
때 다시 나올 것이다. 면밀하게 검토해본다면 탑은 한 가지 특이하고
근본적인 측면에서 다른 크고 가느다란 구조물과 같지 않음을 알 수
있다. 그것은 단일체가 아니라 하나의 복합체이다. 탑은 하나의 온전
한 전체이기보다는 일반적인 중국식 건축물을 하늘을 향해 차례로
한 층씩 쌓아 올린 것이다. 그 의미는 우연이 아니라 의도된 결과이
다. 탑마다 층수는 다르지만, 탑의 각 층은 불교의 하늘 관념을 유형
화한다. 그 층들은 영혼이 반드시 겪어야 하는 정화를 향해 나아가는
연속적인 단계들을 표상한다. 이것이 탑으로 표현된 관념이다. 그렇
다면 이것은 많은 부분 중국이 받아들인 것이다. 그러나 각 층의 표현
들은, 중국에서 불교를 기리며 건립한 사원과 마찬가지로 한국 나름
의 유형을 이루었다. 이러한 반복의 의도가 이 탑에서 서양인에게
신기하다고 여겨진 부분을 의심의 여지없이 설명해준다.

극동에서 종교 주제와 긴밀하게 연결된 것이 형식화된 공식적 오

락이다. 교회는 발전의 연속선상의 첫 단계이고 오락은 마지막 단계
이다. 무대 연행의 기원은 불교 사원에서 행해진 특정한 종교 공연이
었다. 이 공연은 처음에는 엄격하게 종교적이었으며 사실상 불교 의
례의 예배인 단순한 찬송 행렬이었다. 공연은 이 성스러운 기원에서
점차 세속화되고 분리되어, 역사적 사건을 전시하는 엄숙한 찬가로
변모했다. 매우 느린 몸짓에 맞는 매우 느린 음악을 사용하며, 무대
배경은 따로 없다. 일본의 노[能] 무용에는 이 시기가 여전히 생생히
간직되어 있다. 이것을 진지하게 보는 것은 장난스러운 것을 반대로
심각한 것으로 만드는 것이다. 적당히 뻣뻣한 동작을 한 정지 자세는
변하지 않는 단조로운 목소리와 함께 조화를 이룬다. 그들은 형태의
경직성을 위해 경이롭게 풀을 먹인 옷을 입어 화려한 자동장치처럼
보인다. 그러나 일단 상황에 익숙해지면, 관객은 그 자체로 예술적인
위엄에 압도되지 않을 수 없다.

그다음에 희곡이 쓰이고 모체로부터의 독립이 완성되었다. 이 시점
부터 무대는 다른 곳과 마찬가지로 멀고 비자연적인 것으로부터 일상
적이고 손에 닿는 것으로, 우리 식으로 말하면 추상적인 것으로부터
구체적인 것으로 발전한다. 일본에서 그 결과는 세계적으로 가장 훌륭
한 무대의 탄생이었다. 사실 도쿄의 위대한 극장 신토미자(しんとみざ)
의 지위는 프랑스 대극장(Théâtre Français)[2]에 조금도 뒤떨어지지 않으
며, 모든 극장과 견줄만하다.

---

2 뉴욕에 있었던 14번가 극장(Fourteenth Street Theatre)의 옛 이름. 1866년 개관 당시의
   이름이 "Théâtre Français"였고, 1880년대 중반부터는 14번가 극장이라는 이름으로 불
   렸다. 1938년에 건물이 철거되었다.

그러므로 이런 고대적 연결의 관점에서 볼 때, 한국에서 과거의 종교 철폐가 끼친 결과가 현재의 무대 부재로 나타나는 것은 놀라운 일이 아니다. 한국에 엄밀한 의미에서의 극장은 존재하지 않는다. 이 민족의 선천적인 역사적 재능이 무엇이든 간에, 그들은 재능을 선보일 장소를 가질 기회를 얻지 못했다. 성공에 이를 수 있는 어떠한 전문직도 존재하지 않는다. 무대는 한 작품에 이중의 긍정적인 영향을 끼친다. 그것은 연기자가 그 자신의 환상 속에서 믿음을 갖도록 격려하고 그럼으로써 그가 되고 싶은 것을 보이게 만들어준다. 다른 한편으로 그것은 청중에게는 다른 매력의 요소를 더해준다. 연기자에게는 굳이 말하자면 청중의 비판 대상이 되는 절반의 영역이 있지만, 나머지 부분에는 자신만의 창조의 영역이 남아있다.

이러한 도움이 한국에는 결여되어 있다. 역사적인 예술은 이곳에서 유목민 단계 이상으로 발전하지 못했다. 공연을 위한 도움을 받지 못한 유치한 단계로서 거리를 돌아다니며 연기하는 이들이 유일한 대표적인 전문직이다. 이는 그들이 환상을 만들어내는 타고난 능력에 관해 많은 것을 시사한다. 한반도의 예술이 우리가 언급한 규제를 받지 않았다면, 그리고 다른 이유로 방해받지 않았다면, 그것이 일본 예술에 상대도 안 되는 이유를 설명할 수 없다. 과연 그런 환경에서 서울 생활이 얼마나 즐겁고 활기찰 수 있을지, 한국의 수도에서 겨울을 지내본 사람이라면 충분히 알 것이다.

이들 공연자 무리에는 연기자 이외에도 비슷한 직종들이 함께 있다. 그들은 시종일관 음악하는 이들이다. 그들의 악기는 큰북과 작은 북―이 북은 모래시계처럼 생겼고 손바닥으로 친다―, 두 줄로 된 바이올린, 몇 가지 피리들로 구성된다. 그것들은 한국과 일본의 사찰에

서 사용되는 것과 같은 악기이다. 음악의 성격도 종교 예식 음악과
비슷하다. 그래서 한국의 세속 음악은 일본과는 다른 변화를 겪었다.
한국에서 음악은 성스러운 시절의 모습으로 남았다. 일본에서는 시
간의 흐름에 따라 악기와 공연 형식이 원래의 관념에서 완전히 변했
다. 그 변화는 좋은 쪽으로 두드러지는데, 한국 음악은 구슬프게 들리
기 때문이다. 그 음악적 대비와 변주는 수수한 음악에 슬픔 느낌을
준다. 음악가들은 보통 절의 승려처럼 마루에 앉아서 연주한다. 그러
나 악기를 내려놓았다가 적당한 순간에 재개하는 세레모니도 없고
예배를 야외극으로 전환하는 다른 공식들도 없다.

　연기는 원칙적으로 한 사람에 제한된다. 그가 유일한 스타는 아니
고 다른 이들도 있지만, 그들은 대개 필수적인 조연에 불과하다. 그는
유식하지는 않지만 다재다능한 천재성에 따라 즉흥연기를 뛰어나게
잘 해낸다. 한국인 생활의 모든 사건, 도시와 국가 성격의 모든 유머
스러운 특징들을 그의 잘 준비되고 뛰어난 마임에서 발견할 수 있다.
그는 청중들뿐 아니라 그의 제자 배우들에게 즐거움을 제공하는데,
그러면 그들은 점잖은 얼굴을 유지하기 어렵게 된다.

로스, 유교에 대한 우리의 자세

John Ross, "Our Attitude toward Confucianism", *The Chinese Recorder* 18-1, 1887, pp.1~11.

| 해제 |

존 로스(John Ross)가 만주에서 선교한 경험을 담은 글이다. 그는 『만주 선교 방법론』(Mission Methods in Manchuria, 1903)에서 동아시아 문화를 이해하고 선교에 활용해야 한다고 제안하였다. 이 글도 유교와 관련해 그러한 태도를 보여준다. 유교 경전을 이해하고 기독교와의 접점을 찾는 그의 태도는 저명한 중국종교 연구자이자 선배 선교사인 제임스 레그(James Legge)와 통하는 부분이 많다.

로스는 이 글에서 유교는 종교가 아니라 도덕 체계이기 때문에 기독교와 양립할 수 있다고 보고 있다. 그러나 그는 유교를 이해하려는 전향적인 면도 있지만, 한편으로는 기독교와 유교의 위계를 확실히 설정하고 유교 지식을 선교 도구로 사용하는 태도도 보여준다.

"모든 것이 나에게 허용되어 있습니다. 그러나 모든 것이 유익한 것은 아닙니다."(〈고린도전서〉 6:12)

"나는 모든 종류의 사람들에게 모든 것이 다 되었습니다. 그것은, 내가 어떻게 해서든지, 그들 가운데서 몇 사람이라도 구원하려는 것입니다." (〈고린도전서〉 9:22)

우리는 위의 말씀들로부터 자기 일을 가장 훌륭하고 성공적으로 수행한 선교사들이 따른 원칙들을 알 수 있다. 그[바울]의 삶, 연설, 서한을 검토해보면 그 진정한 의미가 드러날 것이다. 바울은 『구약성서』를 잘 알고 존중하는 유대인들에게는 구약에 기초해 설교했고, 바로 그것으로부터 "예수는 그리스도임"을 증명해 보였다. [반면에] 그리스 지식인들로 이루어진 아레오바고 법정(Mars Hill)의 청중들은 바울의 연설을 듣고도 『구약성서』라는 책이 있는지도 몰랐을 것이다. 이러한 행동 방식을 통해 우리는 바울이 자신의 상황에 적응했음을 이해해야 한다. 연어나 대구를 잡는 어부처럼, 바울은 사람을 얻기 위한 자신의 노력에 상식을 적용하였다. 그의 표현에 따르면 그는 "간교한 속임수로 사람들을 사로잡았다." 이러한 적응 과정 이전에는 상황에 대한 분명한 이해가 충분히 되어 있어야 한다. 그러므로 청자의 정신적이고 도덕적 관점에 대한 면밀한 탐구가 필수적이다. 동일한 목적과 가르쳐야 할 동일한 일반적 진리를 가졌음에도, 바울은 로마 병정에게 이야기할 때와 아레오바고 사람들에게 연설할 때 완전히 다른 스타일을 사용하였다. 이것은 그가 아그리파 앞에서 한 연설이 펠릭스에게 한 연설과 완전히 달랐던 것과 마찬가지이다.

도덕 사상과 지적 훈련 양태가 자신과 크게 다르지 않은 교육과 관습을 지닌 사람들에게 선교했던 바울도 다양한 청자들에 맞추어야 할 필요를 느꼈다고 한다면, 교육, 관습, 정신적 훈련, 도덕 사상의 양태가 우리와 너무나도 다른 중국에서 선교하는 사람들에게 그러한 적응 과정이 얼마나 더 필요한지 생각해보도록 하자. 바울이 해야 했던 것은 관찰력 있는 눈으로 살피고 훈련된 귀로 듣는 것이었다. 중국에 있는 선교사들은 주변에서 말하는 것을 이해하기 위해서 쉽지 않은 언어를 정복해야 한다. 그리고 한문은 일상 회화에서 사용되는 언어와 너무 다르기 때문에, 피상적으로나마 중국 사상에 익숙해지려면 다시 고통스러운 오랜 공부가 요구된다. 아마 성질 급한 사람들은 이것을 쓸모없고 어려운 일이라고 생각할 것이다. 그러나 만약 더 쉬운 길이 "허용된다"고 해도, 그것은 "유익한" 것이라는 생각은 들지 않으며, 그것을 "모든 종류의 사람들에게 모든 것이 다 되기" 식의 노력이라고 말할 수는 없을 것이다. 내 생각에는 열심히 공부해서 도덕적 주제들에 관해 중국인의 생각을 깊이 이해해보지 않는다면 우리가 바울과 같다고 말할 수 없을 것이다. 또 나의 개인적인 경험이 가치가 있다면, 내가 알게 된 것은 사서(四書)에 담긴 유교를 익히는 것만큼 중국인을 아는 데 만족스럽고, 철저하고, 권위 있고, 직접적이고 빠른 방법이 없다는 것이다.

다시 말하면, 선교사라는 책임 있는 자리를 맡은 사람 – 공인된 기독교의 대표자 – 으로서 개인적인 지식과 확신을 갖고 말을 할 수 있게 해주는 한자를 미리 익히는 노력도 없이 그들의 종교 체계에 대해 확고한 태도를 취하는 것은 "유익한" 것으로 보이지 않는다. 어떠한 체계에 대해 친근함을 표하든 적대감을 취하든 그는 "모든 사람들에게 근거를" 댈 수 있어야 한다. "부끄러울 것 없는" 잘 준비된 일꾼은 복음을 받아들이는 데 중요한 장애물들에 대해 알게 될 것이다. 중국에는 바울이 만났던 것보다 더 심각하고 많은 장애가 있다. 우리는 외국인이다. 우리 옷처럼 우리의 관습과 예절도 그들과 상이하다. 우리 언어는 낯설다. 우리의 목적은 오해를 받는다. 우리는 중국을 완전하게 만들려는 계획을 부여받았다. 그러나 우리는 중국인처럼 말을 잘하기 때문에 서양 국가의 편에서 중국을 속이는 외국 정부의 파견자라고 여겨지기도 한다. 무엇보다도 우리는 중국에서 크게 존경받는 공자의 권위를 뒤집으려는 사람들로 오해받는다.

이제 "비둘기와 같이 순진"할 뿐만 아니라 "뱀과 같이 슬기로운" 선교사들, 사람들을 얻고자 하는 선교사들은 분명 자신에 대한 중국인들의 편견을 강화하는 일을 하지 말아야 할 것이다. 아니, 그는 진리가 허락하는 한 그러한 편견을 무마하는 데까지 나가야 할 것이다. 자신들이 서양 국가에서 교육받은 것과 기독교인이자 문명화된 국가의 일원으로서 갖게 된 습관과 일치하지 않는 것들에 대해서 시비를 걸거나 경멸하는 태도를 보임으로써 중국인의 화를 돋우기보다는, 사람들의 관례에서 실질적으로 죄가 아닌 것에 대해서는 최대한 관용적으로 허용해야 할 것이다. 아무리 당신이 친구를 때려눕힌다고 해도 그를 설복할 수는 없는 법이다. 그가 잘못이 있다 하더라도 당신은 부드럽게 그에게 어떤 가치 있는 것이 있는지를 최대한 말해야 할 것이다. 마찬가지로, 중국인의 신념을 싸잡아 정죄하거나 무분별하게 그의 이념에 반대되는 결정을 내리는 것은 자존심이 강한 중국인의 신뢰를 받는 방법이 아니다. 중국인들이 특별히 존중하는 사물이나 인물이 있다면, 그 존중이 나오는 근원이 무엇인지 찾아야 한다. 그리고 그들의 옥에 그들이 보지 못하는 티가 보인다고 해도, 기고만장해서 그 흠집을 지적함으로써 당신의 우월함을 증명하려 하지 말라. 차라리 그들이 존중하는 특성에 대해 말하고 어느 정도의 훌륭함에 대해 자부심을 갖도록 하라. 몇 사람을 구원하기 위해 "모든 종류의 사람들에게 모든 것이 다 되기" 위해서는 지적으로 거인이 될 필요는 없다. 그것은 다만 이타성과 공감, 그리고 사람들에 대한 친절한 감정을 의미하는 것이다.

하지만 이 모든 것들이 유교와 어떤 관련이 있는가? "모든 면에서 많이 있다." 당신이 전에 보지 못했고 앞으로 만나지 않을 각양각색의 청중들 앞에서 연설할 때, 당신은 자유로이 요즘 불교의 잘못을 말하거나 도교의 우스꽝스러움을 비웃어도 된다. 당신은 합리적인 사람들이 색칠한 소조 앞에 절해야 한다는 것에 대한 당신의 혐오를 자유로이 선택해 표현해도 된다. 청중들은 당신의 말에 웃음을 터뜨리고 당신의 감수성이 "올바르다"고 칭찬할 것이다. 그러나 당신이 공자에 반하는 이야기를 한마디라도 한다면, 심지어는 유교 체계가 불완전하여 수정과 보완이 필요하다는 조심성 없는 암시를 주기라도 한다면, 당신은 즉시 웅성거림이 이는 것을 느낄 것이며 아마 격앙된 말도 들을 것이다. 당신이 우상숭배하는 종교에 반대해서 하는 말들에는 모두 동감하며 찬성했을 청중들이, 유교에 직접 반대되는 의혹 한 줄기에도 개인적인 모욕을 당한 것처럼 분개하는 것이다. 그리고 일단 청중들의 마음에 적대적인 생각이 일어나면, 그들은 즉시 당신에게 눈을 감아버릴 것이다. "능숙한 당신의 요술도 따르지 않는 것이다." 스케이트를 타는 사람이 반짝이는 얼음 위를 달리다가 갑자기 큰 글씨로 "위험"이라고 쓴 표지판이 그 앞에 선 것을 본다면, 그는 급히 발뒤축을 올려 그의 무게를 지탱하지 못할 그 장소를 피할 것이다. 선교사에게서 청중의 마음을 앗아가는 것이야말로 그러한 표지판에 해당할 것이다. 유교를 무시하는 그러한 성격을 가진 사람의 동기는 충분히 이해하지만, 각양각색의 청중을 향해 공개적으로 유교에 대한 적대적인 비판을 표현하는 것은 아무리 좋게 보아도 현명치 못한 처사이다. 뒤따르는 이득은 불확실하지만, 뒤따라 일어날 나쁜 결과는 너무나 분명하다. 유교에 대한 조심성 없는 비난은 틀림없이 이미 중국인들의 마음에 존재하는 설교자에 대한 적대적인 편견들을 더 크게 할 것이다. 중국인들은 사실 공자를 자랑스러워 할 이유들을 많이 갖고 있다. 공자는 교육 제도를 창시하였고, 그가 문명의 요소들을 도입한 것은 아니라 해도 그것들을 정형화하여 영원하게 하였다. 공자는 다양한 종족과 혈족으로 형성된 중국인들이 동질적인 민족으로 결속하는 데 누구보다도 크게 기여했다. 그러므로 유교에 대한 적대감이나 경멸적인 언급은 중국에 온 선교사들의 목표를 진전시키기보다는 방해할 것이라는 부정적인 결론을 내릴 수밖에 없다.

이제 우리 주제에 더 밀착해서 이해하도록 하자. 서로 간의 경계를 세세하게 정하려고 하지 않으면서 기독교와 유교의 주된 골격을 살펴보도록 하자.

보통 유교는 종교라고 지칭된다. 그러나 유교인들 자신이 유교 체계를 서구적 의미의 종교로 정확히 분류하는 것을 받아들일 지는 의문의 여지가 있다. 이 용어는 유교가 불교나 도교와 함께 중국의 삼교(三敎[Chiao])로 불린다는 사실 때문에 채용된 것으로 보인다. 그러나 이 용어[敎]는 '종교'를 의미한다기보다는 '가르침', '교육의 체계'를 의미한다. 내가 보기엔 공자가 그의 전하는 교의들을 '종교'로 유형화했다고 주장하는 것보다는, 『의무론』의 저자가 자신의 체계를 '키케로 종교'라고 알리고자 했다든지 플라톤이 스승을 '소크라테스 종교'로 알리고자 했다는 것이 더 그럴듯하다고 생각될 정도이다. 사실 제자들이 공자에게 영적인 질문을 한 두 경우에 공자는 대답을 회피하였다. 맞다, 유교에는 종교 의례에 대한 문장들이 몇 문장 있긴 하다. 그러나 공자의 강한 보수주의 때문에 고대의 종교 관습에 대한 수정이 없었다 하더라도, 그 내용은 다만 유교 체계에 잉여물일 뿐이고 그것을 제거한다 해도 [전체] 체계는 손상되지 않을 것이다. 그러므로 우리는 유교를 종교로서가 아니라 세계의 도덕 체계로서 분류하고자 한다.

우리가 발견한 이 체계는 모든 인간관계를 공자와 그 추종자가 이해한 대로 규제하려는 계획과 더불어 발전하였다. 어떤 박애주의자도 그러한 계획이 깊이 존경받을 가치가 있음을 부인하지 않을 것이다. 유교에 통달하고자 하는 그 어떤 사람도 거리낌 없이 유교에 최고의 우수성을 인정할 것이라고 생각한다. 통치자는 처벌하는 법의 위협보다는 올바른 삶의 모범에 의해 백성을 인도해야 한다. 신하는 그의 왕에게 바치는 신뢰에 충실해야 한다. 지방관은 진실성과 친절함으로 백성의 충성심을 확고하게 해야 한다. 아버지는 먹이는 것 외에도 자식을 사랑하고 공들여 길러야 하고, 자식은 부모를 공경하고 부모에게 복종해야 한다. 친구는 성실성에 의해서만 스스로를 입증할 수 있다. 멀리서 온 이방인은 기쁘게 환대해야 한다. 각자는 모두를 사랑해야 하고, 자신에게 하고 싶지 않은 일을 남에게 가해서는 안 된다. 이것이 다섯 층위의 인간관계에 내재한 다섯 가지 변함없는 의무[五常]로, 내가 생각하기에 유교의 본질적인 부분이다. 그렇다면 그것은 사람에 대한 사람의 의무를 규정하려는 시도이다.

십자가형을 당한 구원자를 통한 구원은 모든 다른 종교와 도덕 체계와 구분되는 기독교의 것이다. 모든 기독교인이 이 특수성에 대해 동의하지만, 그것이 모두에게 똑같은 의미를 갖지는 않는다. 기독교 세계 대부분에게 구원은 지옥을 면하는 것, 즉 죄의 징벌에서 벗어나는 것이다. 너무나 일반적으로 받아들여지는 이 신앙이 성경의 기반이 빈약하다는 점은 주목할만하다. "말씀이 육신이 되었다"라는 선포

어디에도 지옥으로부터의 구제라는 계획은 할당되어 있지 않다. 성경에 따른 기독교는 죄의 징벌로부터의 구원이 아니라 죄 자체의 소멸을 의미한다. 그리고 소멸한 죄는 당연히 징벌적이기를 멈춘다. 그는 "그의 백성을 그들의 죄에서 구원해주시는 분이기에 예수님"이다. 그는 목자로서 잃어버린 양들을 찾아 회복시켜준다. 의사는 영혼의 죄 전염병을 치료해준다. 하느님을 멀리 떠난 영혼은 어둠 속에 있고, 그는 빛이다. 실제적이고 유효한 죄에 의해 영혼은 사망하였고, 그는 죄를 가져가 버림으로써 생명을 부여한다. 그는 마음과 양심에서 죄의 더러움과 오물을 씻어낸다. 그는 악마의 사업을 파괴한다고 선언한다. 그는 모든 그의 가지들에 좋은 영향을 주어 좋은 열매를 낳게 하는 뿌리이다. 신약성경의 전반적인 책무는 죄로부터 거룩함으로의 회개, 비인간적이고 신에 반하는 육체의 일에서 벗어나는 것, 홀로 존재하며 인간을 고귀하게 해주는 성령의 일을 고수하고 헌신하는 것이다.

우리는 "생명과 빛을 향한 불멸성"을 가져온 예수님을 통한 상위의 계시들은 지금 의도적으로 다루고 있지 않다. 유교의 본질에 의해 다루어지는 영역에 집중함으로써 우리는 기독교가 인간의 전반적인 의무를 가르치고 강화함을 알게 된다. 기독교는 통치자가 어떻게 행동해야 할지 암시적으로 보여주고, 신하의 의무를 직접 제시하고, 부모와 자식, 스승과 제자, 모든 환경의 이웃과 이방인의 상호적 의무를 선언한다. 세부 사항까지 들여다보지 않는다고 해도, 우리는 인간관계에 관련해서 기독교와 유교의 차이가 종류의 차이가 아니라 정도의 차이임을, 그리고 그 정도가 화해할 수 없는 정도가 전혀 아님을 알 수 있다.

그러므로 이제 우리는 한 걸음 더 나아가 다음과 같은 사실을 볼 수 있을 것이다. 유교가 몇몇 관계에서 인간의 의무를 규정하는 노력이기 때문에, 그리고 기독교가 같은 관계를 다룰 때 실질적으로 비슷한 규범을 심어주기 때문에, 유교를 우리 사업에 동맹으로 사용하는 것을 반대할 근본적인 이유는 없다. 수단(Sudan)에 있는 영국 군대는 거의 모든 면에서 현지 부족들과 달랐지만, 부족 중에서 영국과 같거나 비슷한 목표를 가진 이들은 영국 당국자들의 열렬한 환영을 받았다. 지금 유교가 기독교 도덕성과 동맹할 수 있는 것은 우호적인 수단인이 영국 군대를 닮은 것과 마찬가지이다. '이 세계의 아이들'이 항상 '빛의 아이들보다 현명'하다는 것이 옳을까? 만약 영국 관리들이 우월감 때문에 영국에 우호적인 부족을 거만하게 경멸하면서 오스만 디그마(Osman Diga)나 마흐디(Mahdi)의 적대적인 진영으로 밀어 넣는다면, 이 얼마나 바보 같고 부끄러운 일이겠는가. 가능한 동맹을 강력한 적으로 만드는 기독교 병사는 현명한가?

유교 교리를 가장 숭상하는 이들은 중국에서 가장 강력하고 활력 있는 세력을 형성하고 있다. 지식인 계급은 토지의 실제 주인이고, 임의로 정책과 행정을 수정할 수 있다. 그들 없이는 정부가 중요한 움직임을 취할 수 없기에 평민은 실질적으로 그들 지배하에 있다. 그러므로 중국의 기독교화를 목표로 하는 선교사라면 여기 농부 몇 명과 저기 장인 몇 명을 개종하는 것을 넘어 이 사실을 심각하게 직시해야 한다. 이 방대하고 전국적이고 실질적으로 통합된 강력한 계급은, 그들이 친숙하지 않은 체계의 교사, 그들의 지위를 격하하고 영향력을 감소시키는 성향이 있다고 평가되는 교사를 틀림없이 의심의 눈으로 볼 것이다. 이 당연한 의심은 반드시 해명되어야 하고, 우리가 무엇을 '합법적'이라고 간주하건 간에, 이 계급을 적으로 만드는 일을 피할 수 있는데도 하고 있거나, 그들을 우리 편으로 끌어들이기 위해 양심적으로 할 만한 일을 하지 않는 것은 '합당하지' 않다. 이 계급이 많은 곳에서는 선교사들에 적대적이어서 백성들을 선교사에 반대하도록 추동하려다 성공하지 못했다는 소문을 간혹 들을 수 있다.

　이와 연결해서 내 처지를 예를 드는 것이 도움이 된다면, 내 자신의 경험을 조금 소개하는 잘난 척을 양해해주었으면 한다. 선양(瀋陽, Mookden)[1] 선교기지는 내가 중국에 도착하고 2년여 후에 문을 열었고, 그래서 나의 말하기는 유창하다기보다는 열심히 하는 정도였다. 옷 잘 입은, 도시의 일 없는 사람들이 청중이 되어 작은 예배당을 매일 꽉 채워주었다. 처음 한 달 동안은 가끔 무례하지는 않은 질문들로만 평화가 끊기는 정도였다. 그러나 갈수록 반대가 커져 연합된 완강한 공격에 이르렀다. 몇몇 교사들과 많은 학부생이 자기가 사는 한 선양에서 개종자는 나오지 않을 거라면서 적대적인 비난을 쏟아내기 시작했다. 나는 가만히 서있고, 군중 속에서 내가 아는 유일한 사람인 내 전도자가 존경스럽고 부러울 정도의 대단한 언변으로, 비단옷을 입은 젊은 지도자가 헐뜯는 말과 격한 언변으로 매일같이 쏟아대는 맹비난을 받아내는 일이 흔했다. 나는 젊은이를 제지하지는 않았으나 간혹 대화에 끼어들었다. 기독교에 대한 적대심의 진짜 원인을 찾아내기 위해 격분한 그의 이야기를 진지하게 들었기 때문이

1　원문의 'Mookden'을 편의상 현재의 명칭 '선양'으로 옮겼다. 선양(Shenyang, 瀋陽)은 중국 랴오닝성의 성도이다. 옛 이름 봉천(奉天)으로 우리에게 잘 알려져 있고, 만주어 이름이 묵던(Mukden)이고 그것의 영미권 표기가 'Mookden'이다.

다. 우상숭배를 옹호하며 끌어들이는 유일한 논변은 기존의 이익에
관한 다음의 질문이었다. "만약 기독교가 널리 받아들여진다면, 향
제작자, 화가, 조각상 제작자는 어떻게 되는 것인가?" 그러나 날이
가고 순회전도가 쌓일수록 기독교 신앙을 중국인에 대한 반역죄라고
선동하는 공격이 시작되었다. "우리는 중국이다. 우리는 대청(大淸,
Ta Tsing)이고 우리가 외국인이 되는 일은 없을 것이다." 이러한 오해
에 대해서는 시간만이 대답해줄 수 있다. 다른 공격, 즉 우리의 목표
가 유교를 무너뜨리고 고대의 관습을 뿌리 뽑는 것이라는 공격은 즉
각 수용했다. 작은 집을 빌려 한 선생님이 일일 학교를 개시했는데,
그 학교에서는 사서(四書) 외에는 가르치지 않고 나는 들어가지도 않
았다. 첫해에 스무 명 넘는 남자애들이 등록하였고, 그다음에는 그보
다 많은 남자애와 여자애가 등록하였다. 얼마 후에 이들 모두는 기독
교 책을 요청하였고, 전도사가 가르쳐주는 기독교 찬송을 즐겁게 배
웠다. 이러한 원칙에 입각한 학교의 설립이 알려진 순간부터, 유교에
적대적이라고 기독교를 비난하는 일이 없어졌고 지식인 계층은 우리
에 반대해서 사람들을 선동하는 대신 우리의 좋은 친구가 되었다.
이 시기 이전에 선양을 방문하는 외국인들은 떼 지어 공격당할 위험
이 있어서, 당국에서는 항상 불행한 일을 방지하기 위해 경비원을 제
공하였다. 이제는 외국인들이 보호나 방해 없이 거리를 활보한다. 다
른 이유도 작용했겠지만, 나는 선양에서 외국인에 대한 태도의 큰 변
화는 유교에 대한 우리의 자세의 덕이 컸다고 생각한다. 만약 공자에
관한 따뜻한 말 한마디나 그의 도덕 체계에 대한 칭찬이 그런 인상을
만드는 데 도움이 된다면, 말 한마디 꺼리는 것이나 칭찬 없이 지나가
는 것이 훌륭한 지혜는 아닌 듯하다.

위대한 선교사 바울은 대단히 중요하지는 않은 문장을 인용하는 것이 그의 직무의 위신을 떨어뜨리는 일이라고 여기지 않았다. 그가 크레타에서 유명한 시인 에피메니데스를 전거로 들었던 분명하고도 중요한 이유는 그것이 그의 가르침을 강화하기 때문이었다. 우리는 유교에서 큰 가치를 지닌 몇몇 문장을 인용할 수 있을 뿐 아니라, 다른 말로 전달되는 같은 생각보다는 훨씬 큰 권위를 갖는 자료로부터 어떤 문장이라도 모두 중요하게 인용할 수 있다. 우리가 '죄'(sin) [罪][2]를 뜻하기 위해 사용하는 말이 일반 중국인에게는 '범죄'(crime)를 의미한다. 그러므로 그 말을 들은 사람이 간혹 불쾌하게 다음과 같이 물어도 이상하지 않다. "우리는 법을 어긴 사람들이 아닌데, 어찌 범죄자라고 부릅니까?" 그에게 우리의 죄 관념을 가르치는 가장 빠른 길은 그에게 다섯 가지 중요가치, 즉 "자비, 진실성, 적절함이나 법, 지혜, 진실"[仁義禮智信]을 전거로 드는 것이다. 공자가 편술한 것은 아니지만 이 내용은 본질적으로 유교적이다. 이 내용에 근거를 두고 사람들에게 부족함을 확신시키기고 극복하기 위해 몇 가지 질문이 필요하다. 스스로 올바르다고 자부하는 지식인에 여전히 잘못이 있음을 보여주는 유교 격언은 다음과 같다. "덕스러운 사람을 나는 아직 만나지 못했다."[善人吾不得而見之矣] 중국의 세계적인 어리석음을 공박하기에는 다음 글보다 강력한 것이 없다. "진실이 없는 사람은 멍에 없는 마차와도 같은 쓸모없는 사람이다."[人而無信不知其可也大車無輗小車無軏] 중국 사람처럼 본질적으로 매우 물질적인 사람들에게는 영혼에 대한 관심이 높은 자리를 차지하지 못한다. 기독교 교리에

―――
2 이하에서 [ ]로 표시된 부분은 로스가 본문에서 직접 한문으로 제시한 내용이다.

힘을 주는 강력한 지지를 맹자의 "곰 발과 물고기" 비유에서 찾을 수
있다.[能掌我所欲也魚亦我所欲也云云] 그래서 공자 역시 정부가 불공정
한 원칙에 따라 움직인다면 공직의 명예와 보수를 포기하고 개인 생
활 속에 숨을 것이다.[邦有道則見無道則隱] 이는 인간을 위한 유교적
이상이 권력과 부가 아니라 올바름임을 가리킨다. 왜냐하면 "뛰어난
사람은 진실성에 마음을 고정하지만, 뒤떨어진 사람은 이익을 생각하
기 때문이다."[君子喻于義小人喻于利] 삶의 문제를 진지하게 사유하는
중국 지식인은 덕스러운 행동이 이 세계에서 장수(長壽), 재산, 명예,
행복으로 보상받거나 그의 자손들의 복으로 보상받는다는 믿음을 공
언한다. 공자는 일상생활의 경험을 언급하지 않고서도 이런 믿음을
뒤흔든다. 공자가 가장 사랑한 제자는 스승의 계율을 완벽하게 따랐
지만 삼십 세의 나이로 죽었고 살아있는 동안 가장 가난한 사람이었
다.[賢哉回也一簞食一瓢飮在陋巷人不堪其愛] 그의 가르침을 무시한 다른
제자는 국가의 고위 관료가 되었다. 이 제자의 사례는 스스로 공자의
제자라고 자랑스럽게 여기면서 '예수'를 따르는 동포를 부끄럽게 여
기는 유학자의 허영심을 반박하는데 유용하다. 그는 공자 수하에서
오랫동안 잘 배웠으나, 국가의 일을 행하는 그의 방법을 듣자 공자는
공개적으로 그를 비난하였다. "그는 나의 제자가 아니다. 내 자식들
이 북을 치며 그를 비난할 것이다."[非吾徒也小子鳴鼓而攻之] 그래서 배
우는 것이 아니라 행하는 것이 참된 제자를 구성한다. 그것의 응용은
분명하다. "세 체계가 하나가 된다."라는 일반적 진술의 오류는 "행동
을 규제하기 위해서 먼저 마음을 바로잡아야 한다."라는 말을 인용하
고 설명하면 드러난다.[欲修其身者先正其心] 이것은 유교와 기독교 도
덕 사이의 친연성뿐 아니라, 유교 사상을 뒤집는, 단식하며 기도하는

두 수도 생활 종교[불교와 도교]와 유교 사이의 근본적인 차이를 증명하는 것이다.

공자가 어릴 때부터 모든 것을 알았고 사람으로부터는 지혜를 받은 바가 없다는 확언에 대해서는, 공자가 자기 인생의 단계에 따라 획득한 다양한 정도의 지식과 지혜를 언급한 문장을 통해 반박할 수 있다.[吾十有五而志于學三十而立四十而不惑五十而知天命六十而耳順云云] 이 단계들 중에서 내가 기독교 가르침의 우월성을 보이기 위해 자주 인용하는 것은 다음 문장이다. "오십 살에 모든 것이 천명(天命)으로 일어난다는 것을 배웠다." 이와 관련해 하늘나라에서 가장 작은 것이 공자보다 위대하다고 할 수 있다. 많은 신들에 관한 다른 주장들은 충분히 설득력이 있지만, 다음 선언을 제외하고는 답할 수 없는 것이 없다. "생과 사는 명령에 달려 있고, 부와 명예는 하늘의 처분에 달려 있다."[生死有命富貴在天] 그렇다면 아이를 주는 하늘의 여왕은 어디 있는가? 죽음과 사후 세계의 주인은 어디 있는가? 그리고 재산의 신에게 밤새 제사지내는 것이 무슨 이익이 있는가? 이렇게 이러한 신들은 쉽게 물리칠 수 있고, 나머지는 기둥이 사라진 용궁처럼 차례로 사그라질 것이다. 풍수(Fungshwi) 역시 관련된 모든 것들과 함께 가망 없이 비틀댈 것이다. '부와 명예'가 땅이나 '산줄기'에서 나온다고 뻔뻔하게 공개적으로 선언하는 사람에게, 공자는 부와 명예의 근원이 하늘에 있다고 했기 때문이다. 유교인은 또한 그가 숭배하는 체계가 어떤 근거 위에 있는지에 대하여, 중국의 수많은 신들 중 누군가를 숭배하거나 사당을 짓는 것에 대하여 질문을 받을 것이다. 만약 그가 주저하며 귀신(gweishun)에 호소한다고 해도 그는 귀신이 오직 망자의 영만을 지칭한다는 것을 부인할 수 없을 것이다. 또한 이런 질문도

가능하다. 왜 공자는 심하게 아팠을 때 사당에 가서 회복을 기도하라는 제자가 옳다고 인정하기를 거부했을까?[子路請禱] 그러한 의례의 효능을 믿기는 했을까? 아니다, 게다가 그는 항상 기도했다고 대답하지 않았던가?[子曰丘之禱久矣] 그렇다면 어느 신에게 기도했는가? 그의 제자는 계속된 기도를 알지 못했다. 그렇다, 그러나 공자는 50에 그 모든 것이 하늘의 명령에 의한 것임을 알았다. 그리고 그는 제자들이 보지 않는 곳에서 몰래 하늘에 기도를 드렸다.

모든 종류의 사당 제사가 이익이 없다는 것을 증명하고자 한다면 다음 사실을 설명하기만 하면 된다. "하늘에 죄를 짓는다면 네가 기도드릴 곳은 없다."[獲罪于天無所禱也] 나는 '자비'의 계시와 하느님 아들의 중재가 필요하다는 점을 가르칠 때 이 문장을 자주 사용한다. 모든 이가 죄를 지었는데 아무도 스스로는 기도할 땅을 찾을 수 없기 때문이다. "선함은 선함의 보상을 받고 악함은 악함의 보상을 받는다"[善有善報惡有惡報]면, 예수로부터 자비의 희망은 없다. 당신은 집, 나무, 산을 상대로 죄를 지을 수 없고, 권위가 있는 곳, 즉 살아있고 전능하고 따라서 '생겨난 모든 것에' 명령을 내릴 수 있는 하늘에 죄를 지을 수밖에 없다. 그러나 그 하늘은 푸른 하늘도 아니고, '세 빛'[三光: 해, 달, 별]도 아니고, 따라서 끝없는 무생물 공간도 아니다. 하늘은 보이지 않고 '형체 없는'[無形] 것으로, 당신의 보이지 않는 영혼이 당신 몸을 다스리듯이, 하늘을 통치하고 땅을 통제한다. 이 하늘은, 이 궁극적 통치자는 항상 존재하시고 모든 곳에서 일하신다. 공자가 어느 정도 알았던 이 하늘에 대해, 여러분은 모든 지식을 잃었기 때문에 "그리스도에게 들어서 여러분에게 전하는" 것이다.

자유롭게 번역된 이 어구들은 유교가 적에서 기독교 가르침에 도움이 되는 친구로 바뀔 수 있다는 점을 보이기에 충분하다. 모든 진리는 하느님의 것이기에, 우리가 중국에서 찾아낸 진리의 단편들이 무엇이든 간에 우리는 그것들을 기독교 진리라는 쐐기의 얇은 날로 만들어야 한다. 이 얇은 날의 작용에 의해 당신은 점차 진리 전체를 납득시키는 자유로운 통로를 얻게 된다.

내 입장에 대한 오해를 방지하기 위해 다음과 같은 사실을 덧붙여야 하겠다. 이 글의 목적은 유교가 무엇을 할 수 있는가를 선언하는 것이 아니라, 우리가 유교를 갖고 무엇을 할 수 있는가를 제시하는 것이다. 유교는 단지 도덕 체계에 불과한 다른 것들과 마찬가지로 지식에 호소할지는 몰라도 마음에는 감동을 주지 않는다. 마음을 움직여 회개하도록 하기 위해서는 새롭고 거룩하고 진실로 고상한 삶, 그리스도 안에서 볼 수 있는 하느님의 사랑이 본질적이다. 중국의 사회생활과 연결될 때 유교는 전능하다. 그러나 세네카에서 현명함을 보는 것이나, 혹은 그리스에서의 아테네 철학자들이나 로마인들 사이의 키케로에서 올바른 감수성을 보는 것에 비해, 유교는 개인의 도덕 생활에서 효력을 발휘하지 못한다. 로마의 호레이스처럼 중국의 공자 제자들도 다음과 같이 진심으로 이렇게 이야기한다. "우리는 선한 것을 알고 찬성합니다. 그러나 악한 것을 따릅니다." 세계의 도덕 체계들은 그 자체만으로는 죽어 있으며 살아날 수 없다. 건강한 사람이 죽은 생선, 고기, 야채를 섭취해 살아 움직이는 피로 바꾸듯이, 기독교는 독성과 무용함을 제거하고 죽은 유교, 불교, 도교를 영적인 양식으로 바꿀 수 있고 또 바꾸어야 한다. 즉 생명의 정신이 그것들을 건강한 피로 바꾸듯이, 도덕적이고 살아있는 종교 활동으로 이 커다란 나라를 변화시키는 것이다.

　이제 우리의 논의를 정리하도록 하자. 복음이 중국에 보편적으로 받아들여지기 전에는 지금 심각한 장애를 유발하는 많은 편견은 제거되어야 한다. 내 생각엔 유교를 익숙하게 알고 현명하게 이용하는 것이 이 편견을 제거하는 가장 빠른 길이다. 선교사는 하느님의 신비의 훌륭한 청지기로서 유교를 기독교의 하녀로 만들기 위해 노력해야 한다. 도덕성을 선호하는 감성이 고례(古禮)를 언급하는 사람들의 수만큼 있다고 한다면, 나는 그 진리의 조각들이 유효하다고 주장할 것이며 그들이 모든 종교와 도덕 체계 중 기독교만이 소유한 진리의 원숙한 완전성에 속한 것이라고 주장할 것이다. 시바의 여왕(Sheba's Queen)이 준 것보다 더 귀중한 선물들이 유교 안에 있으며,[3] 이것들은 왕 예수의 발 앞에 놓여야 할 것이다. 현인 공자는 무릎을 꿇어 경배할 것이다. 기독교라는 쟁기를 끌어 단단한 땅을 부스러뜨리는 것을 도울 것이고 도와야 한다. 유교의 가르침은 그것을 신봉하는 사람들에게 누구도 죄 없는 사람은 없다는 것을 확신시켜 줄 것이고, 중국인의 마음에 "하느님을 향한 회개와 주 예수 그리스도를 향한 신앙"의 필요성을 인식시키는 데 도움을 줄 것이다.

---

3 시바의 여왕은 이스라엘의 솔로몬 왕의 명성을 듣고 그를 시험하고자 값진 선물을 싣고 이스라엘을 방문했다고 한다. 생각했던 질문에 솔로몬이 거침없이 답하자 낙타에 싣고 온 향료, 금, 보석을 선물을 주었다.(「열왕기상」 10:1~3)

제2부

실제적인 만남
: 1890~1900년

존스, 한국의 종교 발달

George Heber Jones, "The Religious Development of Korea", *Gospel in All Lands* 16, 1891, pp.415~417.

| 해제 |

조지 허버 존스(George Heber Jones, 조원시趙元時, 1867~1918)는 감리교 선교사로 1888년에 20세의 나이로 내한하였다. 존스는 초기 선교사 중에서 나이도 어리고 학력도 상대적으로 낮았다. 그는 고등학교 졸업 후 전화 회사에서 일하던 중 선교사로 임명되어 한국에 왔으며, 훗날 한국에서 선교하면서 통신대학을 통해 학사학위를 받게 된다. 그는 한국 선교와 더불어 지적으로 성장하였고, 한국종교 연구에 중요한 저술을 남겼으며, 말년에 미국에 돌아간 후에는 대학에서 선교학과 종교학을 강의하였다.

존스는 선교 초기인 1891년에 선교잡지에 기고한 이 글에서 한국을 이교도의 나라, 종교가 없는 나라로 보고한다. 존스는 1900년대 이후에 한국종교에 관한 중요한 글들을 저술하게 되는데, 이 글은 1900년대 글들과 태도의 차이가 있다. 한국종교를 객관적으로 서술하고자 하는 태도가 부분적으로 엿보임에도 불구하고, 전반적으로는 동시대 저작의 기조를 반영하여 한국을 종교 없는 나라라는 견해에 동의하면서 한국종교의 부정적인 측면을 강조한다.

한국의 종교 발달은 주목할 가치가 있는 현상이다. 데몬 숭배(demonolatry), 불교, 조상숭배는 다른 나라에도 나타나는 동일한 현상들, 공통 근원이나 유사한 기원을 분명히 해주는 종(genus)의 표지를 공유한다. 그러나 이들은 공통점 외에도 한반도에서 수세기동안 발달해온, 그래서 한국 고유의 특성을 나타내는 구분되는 성격을 지니고 있다.

　이들은 모두 구별되고 잘 규정된 진정한 세 숭배로, 서로 가까이 존재하고 있으면서도 부조화를 이루지는 않는다. 한국인은 대다수 사람이 진정한 이교적(pagan) 관용성을 지니고 있기 때문에, 자신을 세 전통 모두의 성원으로 인식하면서도 어느 전통으로부터도 출교당할 위험에 처하지 않는다. 한국에서보다 높이 숭상되는 "이교적 관용성"의 좋은 예는 다른 나라에서 볼 수 없을 것이다. 한국 역사에는 종교의 우월성을 확보하려는 무력 시도는 나타나지 않는다. 불교를 부정하는 듯이 보이는 불교의 타도는 정치적 근거를 가진 것으로, 타도된 왕조와의 동일시 때문에 일어난 것이지 종교적 선동으로 인해 일어난 것은 아니다. 이들 세 숭배의 교리, 실천, 교의가 어찌되었든 간에, 역사상 어느 한 숭배가 위대한 진리가 되어 다른 숭배들의 존재와 양립 불가능하게 된 일은 없었다. 그 결과 한국인은 조상숭배에서 종교 의식을 취하고, 불교 기도의 효과를 갈구하며, 산신령(mountain demon) 사당에서 정성스레 머리를 조아리면서도, 양심상 이단에 빠진다는 죄책감조차 전혀 갖지 않는다.

　한국의 다양한 종교현상을 살펴보면서 마음에 떠오르는 생각은 언급된 세 숭배 중에서 첫 번째만이 고유의 토착적인 것이라고 여겨질 수 있다는 것이다. 불교는 수세기 전에 인도에서 직접 소개되었거나 티베트에서 소개되었다. 조상숭배는 아마 일본, 중국, 그리고 동방의 다른 나라들에 존재하는 것과 같은 근원에서 유래한 것 같다. 그러면 우리는 첫 번째로 로마 가톨릭 저자에 의해 데몬 숭배라고 불렸고 사람들에게는 미신이라고 알려진 숭배를 살피도록 하겠다.

• 미신들(the superstitions)

미신은 분명히 경멸적인 용어가 아니라 체계화된 숭배 바깥에 존재하는 전통적인 신앙의 방대한 총체를 지칭하는 용어이다. 물론 거만한 유학자는 불교나 거의 쇠퇴한 도교에도 이 표현을 사용할 것이지만 말이다. "미신"은 엄청난 수의 신들, 데몬들, 반(半)신들, 그리고 수세기에 걸친 자연 숭배의 유산으로 이루어져 있다. 뒤틀리고 얼룩진 상상력에 의해 하늘, 땅, 바다가 초자연적인 존재로 가득 차게 되었다. 이들은 만물에 편재하는 다양성을 지니고 있고 선이나 악을 위한 그들의 힘은 예배를 요구한다. 이들 어두운 영혼에게 나무를 스치는 바람 소리는 나뭇가지에 사는 정령들의 목소리가 될 것이다. 연못이나 호수의 검은 심연은 화복(禍福)에 힘을 행사하는 물의 정령의 용(龍)의 형태로 비춰질 것이다. 산 정상에는 많은 수의 만신전을 이루는 관료 신들이 산다. 이들은 산자와 망자의 운을 모두 받아 쓴다.

나무들은 지역의 신들이 거주하는 곳으로 가장 선호되는 자리이다. 그리고 신목(神木)들도 도처에 발견된다. 길가를 따라서, 그리고 특히 도시나 마을 근처에는 천 조각과 종이가 가지에 펄럭이고 밑동에 큰 돌무더기가 있는 나무가 보인다. 여기에 있는 신격을 모시는 방법은 한두 개의 돌멩이를 무더기 위에 올려놓거나 선물을 가지에 매놓는 것이다. 이 행위의 전정한 의미가 무엇인지는 알 수 없었지만, 그들의 거의 한결같은 답변은 "옛날부터 그렇게 했어요."였다. 정령의 특별한 도움이 필요할 때는 의식이 더 과시적이다. 일반적으로 여성들로 된 무리가 나무 아래 모여 예배를 드린다. 쌀밥과 선별된 음식으로 된 제사가 큰 돌무더기 위에 놓인다. 신이 음식의 정수 혹은 영적인 요소를 취하는 동안 가벼운 종이가 나뭇가지 아래서 태워지고 기원하는 복을 위한 기도가 드려진다.

산신령에 대한 예배는 일반적이다. 화려한 사원에서부터 나무 밑동의 단순한 돌무더기까지 다양한 모습을 지닌 사당이 산꼭대기에 이르는 길에 있고 여행자는 경배를 드린다. 이 산 사당들 중 한 성소에는 흰 천과 붉은 천으로 주름이 드리워져 있고 신령의 그림이 안에 있다. 신령은 보통 높은 계급의 관복을 입고 수행원을 거느린 할아버지로 그려진다. 이 그림은 경배의 대상이 되어 예배 때는 그 앞에 향을 태운다. 사당이 단순히 돌무더기인 경우에는 신목에서 본 장면이 반복된다. 하지만 비는 사람은 돌무더기에 제물을 올리기 전에 항상 침을 뱉는다. 이것은 오래전에 사라진 뱀 페티시의 유물이라고 이야기된다.

물의 정령들은 모든 샘물, 폭포, 호수, 강에 나타난다고 이야기된다. 가장 유명한 것은 황해 근처 연안호의 용이다. 이 상상의 존재는 이 나라 지역의 식량 공급을 조절한다고 믿어지며, 그를 기쁘게 하는지 여부에 따라 풍요나 재앙을 내린다고 한다. 그에 관련된 훌륭한 이야기들이 있다. 또 특히 가뭄 때 그를 달래기 위해서는 정성스러운 제사를 보통 관리의 감독 아래 올린다.

한편으로는 한국인의 사상과 철학 근저에 있는 이원성 때문에, 거대해서 성화된 물질적 주체들(material subjects)과 한국인들이 신앙 대상이라고 주장하는 내적이고 영적인 존재(inner spiritual presence) 사이에 잘 규정된 구분이 존재한다. 다른 한편으로는 영혼의 가장 고귀한 재능으로 물질적이고 감각적인 대상에 경배하는 매춘행위 속에서, 영혼이 영원하신 하느님에 정박하지 못하고 떠돌아다니는 무시무시한 결과가 나타나는 것을 보게 된다. 그러나 자연 숭배가 한국인의 도덕적 본성을 왜소하게 하고 격하하는 데서 그치는 것이 아니다. 자신이 상상해낸 창조물의 염탐 때문에 그의 마음은 수시로 공포로 가득 차게 되고, 급기야는 축귀(逐鬼)라는 기괴한 방법을 사용하게 된다. 질병의 신들은 한국인의 만신전의 마루 위에 더러운 그림자를 드리우고 있고, 천체가 신격화된 존재는 천장을 흉하게 하고 있고, 귀신들과 악의 망령들은 우상들 머리 꼭대기에 앉아있거나 벽에 대고 날갯짓을 하고 있다. 반(半)신들도 적지 않다. 인간이 신격화하는 원리는 한국에서 잘 알려져 있다. 큰 전쟁의 영웅, 아득한 고대의 현인, 재앙의 시기에 백성들을 돌본 이들은 모두 자리를 갖고 경배를 받는다.

• 불교

종교 세계에서 이루어진 이들 토착적 창안들에서 눈길을 돌리면 불교가 있음을 볼 수 있다. 삼국 시대에 도입된 불교는 거의 1500년 동안 사람들에게 자리를 잡아왔고, 지금은 활력을 잃을 나이가 되어 점차 무(無)와 비존재의 열반으로 가라앉고 있는 것으로 보인다. 초기에 불교의 확신이 충분히 강력해서 신자들에게 선교의 열정과 열의를 불어넣었을 때, 불교는 한반도에 보급되어 삼국 중에 남단에 있는 신라까지 교리를 전달하는 노력을 보였다. 추방당하고 박해받는 반대에 직면하고, 온갖 고달픈 상태에 처하고, 급기야는 전설에 따르면 선교의 씨앗이 된 순교자의 피까지 보게 되었다. 마침내 백성들에 들어가는 길을 확보하는 데 성공하자, 불교는 고려 왕조에서 융성의 정점에 이르기까지 점차 세력을 늘려갔다. 그 시절에 불교의 권력과 영향력은 최상이었고 나라가 거의 무정부 상태에 이르도록 승려에 의해 휘둘렸다. 이들은 일상생활과 국가 사안의 권력을 찬양했을 뿐만 아니라, 자신의 종교적 특성을 도외시하고 정치 세계에 들어가 그곳을 지배하게 되었다. 승려들은 왕의 궁궐에 모여들어 중요한 국정을 돌보고 전시에는 군대를 모집하고 마침내는 승려의 소생을 왕좌에 앉혔다.

이 악화되고 세속화된 사제권이 백성에 끼친 영향은 극단적인 도덕적 타락이다. 역사는 당시가 공적 도덕이 가장 낮았다고 묘사한다. 이교의 도덕 감각에도 충격적으로 느껴지는 부정, 폭력이 부끄럽게도 그 시기에 행해졌다. 전성기의 불교 사제권은 간단히 말해 인격화된 비도덕성이었다. 정절, 금욕, 자기부정을 부여하는 불교 숭배의 교의들은 난폭하게 그리고 광범위하게 위반되었다. 사원들은 사회와 정치체(政治體, body politic)에 큰 상처가 되어, 사회 전체의 최종적 해체를 위협하는 도덕적 타락을 키웠다. 그러나 그것은 500년 전 일이다. 변화가 일어났고, 국가는 스스로를 지키기 위해 국가의 그러한 상태를 종식해야 했다. 불교가 종교 영역을 정치 영역으로 바꾸었기 때문에, 한국에서 불교를 거의 멸절시킨 그 개혁은 정치적인 개혁이었다. 현재 왕조의 위대한 창건자는 그 자신이 당대의 현명하고 유능한 정치인이었다. 그는 아우게이아스(Augean) 왕의 외양간[1]을 치우는 일에

---

1 아우게이아스 왕은 그리스 신화에 나오는 엘리스의 왕이다. 그에게는 3000마리 소를 키우는 외양간이 있었는데, 30년간 청소를 하지 않아 전염병이 생기고 농사에 방해가

착수했고, 그 앞에서 죄 많은 정권과 사제권은 같이 몰락했다. 그 이후로 불교는 오욕(汚辱)의 이름이 되었고 승려는 도성에서 추방되었으며 백정, 노예, 장인 등보다 약간 나은 하층계급을 이루었다.

한국 불교의 교의는 한반도에 1500년을 머무르는 동안 자신의 독특한 특성도 갖게 되었지만 [기본적으로는] 다른 나라와 거의 동일하다. 불교에는 성상, 보살, 불경, 염불, 묵주, 단식, 그리고 다른 요소들이 있다. 산에는 많은 절이 세워져 있고 전체 승려들의 수는 만 명에서 삼만 명 정도로 다양하게 헤아려진다. 자식이 없는 사람들이나 불행한 사람들이 자신의 복 받지 못한 상태를 개선하는 기도를 드리러 자주 절에 간다. 그러나 이런 신앙은 한때 강력했던 이 종교를 부분적으로만 떠받치고 있을 뿐이다. 대중적 포교는 허용되지 않으며, 승려의 신분은 대개 우연히 모집된다. 한국 불교의 현재 상태와 사업을 요약하면, 불교가 지닌 내재적 세력이나 힘이 어찌 되었든 간에, 승려들만이 그 교리를 공부하면서 열반을 추구하고 그러면서 간혹 돈이 들어오면 기쁘게 받고 있지만, 백성들은 차갑고 무표정한 우상의 얼굴들만 접한다.

우리는 이제 언급한 세 숭배 중 가장 강력한 마지막 숭배인 조상숭배를 살필 것이다.

되었다고 한다. 이에 헤라클레스가 지혜를 발휘해 하루 만에 외양간을 청소해준다. 그러나 왕이 약속한 보답을 하지 않고 오히려 증인을 추방하자, 훗날 헤라콜레스가 왕국을 공격하여 아우게이아스 왕을 죽이게 된다. '아우게이아스 왕의 외양간'은 적폐를 뜻하는 말로 사용된다.

• 조상숭배

이것은 국가의 교의이다. 주요 신봉자는 왕족들이고, 법률과 관습이 연합하여 전 백성에게 이 숭배를 부과한다. 이 숭배에는 정교한 의례, 오래되고 존중되는 윤리 규범, 그리고 약간의 교리들이 있다. 이것은 인간 영혼(spirit)의 불멸성을 가르칠 뿐만 아니라 사람마다 세 영혼이 존재한다는 영혼의 복수성(複數性)도 가르친다. 죽음 이후에 이 영혼 중 하나는 조상 위패에 들어가고 두 번째 영혼은 무덤을 차지하며 세 번째 영혼은 망자의 궁극적인 목적지로 간다. 그러므로 죽은 자의 장례식은 한국인에게 깊은 종교적 의미로 가득 차 있으며, 한국인의 가장 고상한 특성을 이루는 능력, 즉 공경과 숭배를 행하도록 한다. 죽음 직후에 사체는 머리를 동쪽으로 해서 안방에 놓이고, 친지들이 흐트러진 복장과 산발한 상태로 곡하러 모여든다. 곡은 사흘 동안 계속된다. 사망한 날 밤에는 불교에서 유래한 기이한 풍습이 보인다. 이것은 '초혼'(招魂)이라고 알려져 있다. 친척들이 망자가 입던 옷을 들고 밖으로 나가서 성(姓)을 세 번 부르고 돌아와서 옷을 입으라고 청한다. 대중적인 믿음에 따르면 망자의 세 영혼들은 세 정령(spirit)들 - 지하에서 올라와 영들을 염라대왕 앞으로 데려가는 사자(使者)들 - 에 의해 옥에 갇힌다고 한다. 친척들은 옷을 지붕으로 던지며 집으로 급히 들어가지만, 곧 다시 나타나 지하에서 온 방문자들을 위한 제사를 드린다. 이 제사상에는 사자들이 요기할 음식과 노잣돈으로 사용할 돈 꾸러미 셋이 있다. 사흘 후에 시체는 집 마루 아래나 문 바로 바깥에 임시로 매장되며, 망자의 사회적 지위에 따라 두 달에서 여섯 달까지 그곳에 머무른다. 자식들은 수수한 상복을 입고 삼년 동안 모든 사회활동 – 최소한 이론적으로는 – 을 중단한다. 적당한 시기에 시체를 파내어 최종적인 장지에 묻는다. 비석이 새겨지고 건립되며 그때부터 신주와 묘소는 정성스런 예배와 공경의 현장이 된다.

　조상숭배의 기저에 있는 원리는 효도이다. 사람의 마음은 아버지를 갈망한다. 그리고 하느님 아버지를 알지 못하는 한국인들은 자신의 영혼의 갈망을 삶에서 따뜻한 관계를 가졌던 이를 통해 충족시키는 쪽으로 마음을 돌렸다. 이것은 망자를 잊지 않으려는 그의 방법이다. 시대에 의해 규정된 삶에 대한 그릇된 체계에 갇힌 채로, 그는 죽음으로 과거와의 연결이 끊어진 이후에도 그 성스러운 연결을 이어가고자 노력했던 것이다. 그러나 모든 밝은 진리를 종합해 판단한다면, 조상숭배의 참된 성격은 메마른 저주임이 드러날 것이다. 따스하고 부드러운 마음으로 차가운 죽음에 영향을 미치려는 이 음산하고 쓸쓸한 숭배는, 죽음의 한기를 영혼 그 자체 안으로 들여보낸다. 이 교리에는 사제들이 없다. 그것의 성소는 죽음의 암흑에 싸여 있고, 그것의 제단은 묘소이며, 그것의 숭배심은 유족의 슬픔이다. 분명히 다른 어느 곳에서도 이교도의 마음의 부조화가 이 숭배처럼 분명하게 드러난 예는 없을 것이다. 이 숭배는 효성을 고양한다는 미명 하에 하느님의 영혼을 앗아가고 있기 때문이다. 여기서 극단들이 만나 엉켜있다. 이것은 유교 규범을 윤리로 지니고 있으면서 하느님을 교리화하고 인간에 예배드린다. 로마인들은 황제만을 신격화했다. 반면에 조상숭배자들은 이 원리를 놀라울 정도로 일관되게 끝까지 밀고 나가 모든 남자를 높이 받들게 되었다.

• 전망

한국은 이교도의(pagan) 삶, 이교도의 종교, 이교도의 윤리가 있는 이교도 국가이다. 실제 상황을 표현하기 위해서는 세계 전역을 돌아다니신 한 선교사의 말씀보다 더 좋은 것은 없을 것이다. 그분은 다음과 같이 말씀하셨다. "인도의 이교는 비열하고, 중국의 이교는 반항적이고, 일본의 이교는 절망적인데, 한국의 이교는 무관심하며, 아프리카의 이교는 자신만만하다." 한국을 묘사하는데 '무관심'보다 좋은 용어는 없다. 열정, 열의, 확신을 절에서 볼 수 있긴 하지만, 백성들 대다수는 회의적이고 무관심하다. 낡은 체제는 대중들에게 영향력을 상실하였고 도덕성은 상업적 가치에서 유지되고 있다. 한국인은 자신이 항상 환경에 잘 적응해왔다고 여긴다. 이교의 늪은 정체되어 있고, 늪에선 죽음이라는 도덕적 독기(miasma)가 솟아오른다. 도덕의 현재 상황을 묘사하기 위해서 바울이 이교 세계를 묘사했던 것을 인용할 필요가 있다. 회칠한 무덤은 겉으로는 아름답게 보이지만, 그 안에는 죽은 사람의 뼈와 온갖 더러운 것이 가득하다.[2]

종교가 없는 나라는 기독교에게 기회이다. 법률, 관습, 전통, 신앙이 있음에도 불구하고 한국인의 영혼은 그가 속해 있는 것들의 영향을 받지 않은 채로 남아있다. 그렇다면 한국인에게 진리는 가장 영광스러운 경험으로 다가오는 예수 그리스도 그대로이다. 즉 그들이 처음으로 맛본 종교인 것이다. 진리는 그의 마음을 통해서 가슴과 영혼으로 가라앉고, 이해를 뛰어넘는 표현 불가능한 평화의 기쁨과 즐거움으로

---

2 〈마태복음〉 23:27.

그를 가득 채울 것이다. 우리는 이 경험이 이미 어느 정도 이루어졌음에 대해 하느님께 감사하지만, 현재 힘든 상황에 직면해 있기도 하다. 우리가 아무리 열심이라고 해도 – 그리고 신앙이 한반도 왕국에서 영광스러운 미래를 갖는다고 해도 – 이곳에서 이교는 견고할 것이다. 그것은 습관, 관습, 법률, 전통, 사상, 의지에 단단하게 남아있기 때문이다. 그것은 사회, 가정, 정치 조직의 기반이다. 그것은 삶의 가장 외진 영역에도 영향을 주어 삶을 메마르게 한다. 그러나 그것은 힘의 많은 부분을 상실하였다. 가장 강력한 권세의 날은 과거의 것이고, 황금 시기는 지나가 버렸다. 오랫동안 백성들을 미혹해 왔기에 이제 쫓겨날 때도 되었다. 기독교가 선교지에 들어올 때 도덕적 타락은 종식된다. 무관심의 분위기는 영원히 지속될 수 없다. 어떤 수고와 슬픔도 성공에 이를 것이며, 최종 결과가 지연되는 시간이 아무리 길지라도, 한국인들도 영혼의 진정한 재산인 복음의 이로움과 축복을 보고 복음의 진술에서 모든 어려움을 해결하는 날이 올 것이다.

1891년 6월 23일, 한국 서울.

기포드, 한국에서 행해지는 조상숭배

Daniel L. Gifford, "Ancestral Worship as Practiced in Korea", *Korea Repository* 1, 1892, pp.169~176.

| 해제 |

대니얼 기포드(Daniel L. Gifford, 기보츕普, 1861~1900)는 북장로교 선교사로 1888년에 내한하여 경신학교 교장, 육영공원 교사로 활동하고 새문안교회, 연동교회에서 목회하였다. 1900년에 경기도 남부를 순회 전도하다가 이질에 걸려 사망하였다.

기포드는 한국 문화에 관심을 갖고 〈코리언 리포지터리〉에 여러 편의 글을 기고했는데, 1892년에 기고한 아래의 글은 그중 한 편이다. 그는 1898년에 한국을 소개한 단행본 "Every-day Life in Korea"를 출간하였는데, 아래의 글은 약간 수정되어 그 책의 6장으로 삽입되었다.[1] 기포드는 유교를 종교로 인정하지 않았던 다른 선교사와 달리 이 글에서 유교식 장례와 조상숭배를 가장 중요한 종교현상으로 주목하고 있다.

한국의 종교적 믿음은 유교, 불교, 도교(Tauism)[2]가 뒤섞인 모습 (blending)을 보여준다. 잘 알려져 있듯이 유교의 가르침은 국가 교육

---

1 Daniel L. Gifford, *Every-day Life in Korea*, N.Y.: Fleming H. Revell company, 1898. 이 책의 한글 번역본은 다음과 같다. 다니엘 기포드, 심현녀 옮김, 『조선의 풍속과 선교』, 한국기독교역사연구소, 1995.
2 1898년 책(*Every-day Life in Korea*)에서는 'Tauism'이 'Shamanism'으로 수정되었다.

의 근간이 된다. 전국 행정구역의 중심지에는 공자를 모시는 사당이 있다. 여기서는 한 해에 두 번씩 봄과 가을에 행정관이 많은 관리를 대동하고 현인의 영(spirit)에 제사를 올린다. 이 나라의 사회 조직은 대개 유교적이다. 조상숭배도 유교적이다. 이 나라 곳곳에는 또한 붓다의 승려와 절들이 흩어져 있다. 부처님에 대한 믿음은 빛이 많이 바랬지만 아직 왕실의 보호를 받고 있다고 한다. 도교(Taoism)[3]는 판수[盲人, 판슈][4] 혹은 맹인 주술사(blind sorcerer), 무당[巫, 무당] 혹은 여자 주술사(sorceress), 지관[地官, 디관] 혹은 흙점쟁이(geomancer)를 대표적인 사람들로 보유하고 있다.

각각의 종교들은 이 나라의 신화체계에서 한 자리씩 차지하고 있다. 신화체계 가장 수위에는 상제[上帝, 샹데] 혹은 하느님[天主, 하ᄂ님]에 대한 믿음이 자리한다. 왕 혼자서 일 년에 한 번 정도 그에게 제사를 올린다. 많은 사람들이 하느님 다음으로는 부처님을 말한다. (사실 어떤 사람들은 친지의 죽음 때 영혼을 좋은 곳으로 보내달라고 부처님께 빌러 절에 간다.) 다음으로는 절에서 그림으로 볼 수 있는 시왕(Ten Judges of Hades)[十大王, 십대왕]이 있다. 그들을 모시는 사람(servant)들은 시왕이 사후의 일에 정통하다고 이야기한다. 사람이 죽을 때가 되면 그의 영혼은 시왕의 부하 관리에 잡혀서 저승으로 가게 된다. 시왕은 그의 행적이 착했는지 악했는지 알고 있기에 판결을 내리고, 이 판결에 따라서 영혼은 극락(Buddhist heaven)으로 가거나 지옥(Buddhist hell)으로 가서 남은 기간을 보낸다. 시왕 다음으로는 산신

---

3 1898년 책에서는 'Tauism'이 'Shamanism or Spiritism'으로 수정되었다.
4 이하 [ ]의 내용은 기포드가 직접 표기한 것이다.

(山神) 혹은 산신령(mountain spirit)이 있다. 바둑판처럼 한국을 채우고 있는 산마다 수호신(genius)이 거한다고 생각된다. 이들은 산신령이라는 인격으로 인식되며, 이름이 없는 경우가 많다. 산신 아래로는 다른 종류의 정령들이 많이 있다. 우리는 이제 귀신(kwisin)[鬼神, 귀신] 혹은 악령(devil)들, 그리고 그들의 우두머리인 천도깨비[天魑魅, 텬독갑이]를 만나게 되는데, 이것은 서양의 사탄의 체계에 해당하는 것이다. 한국의 거의 모든 여성과 4분의 3의 남성들이 이들 유해한 존재들에 대한 치명적인 공포에 사로잡혀 있다. 이 존재들은 어디에서나 위력이 있으며, 그들의 잔인한 변덕에 맞추어 행복과 불행을 줄 수 있다. 한국 사회 계층의 꼭대기부터 바다까지, 사람들은 판수와 무당을 통해 이들 데몬들에게 제사를 올린다. 어떤 사람이 아프거나 어려움에 빠지거나 여행을 떠나거나 집을 옮긴다면, 데몬들은 주술사로부터 위로를 받는다. 집에는 각각 수호 데몬[터주]들이 있다고 한다. 귀신 숭배(kwisin worship)가 한국의 종교라고 충분히 말할 수 있다.[5]

이 나라의 종교들을 간단히 살펴보았으니, 이제 한국에서 행해지는 조상숭배에 주목하도록 하겠다. 조상숭배는 유교에 기원을 둔다. 공자는 매우 현실적인 철학을 가졌다. 초자연적인 것에 대해 말할 때 공자의 마음은 즐겁지 않았다. 그는 다음과 같이 말했다. "귀신(spirit)을 공경하되 거리를 두어야 한다." 다른 상황에서는 이렇게 말했다. "사람을 섬기지 못하거늘 어찌 귀신을 섬길 수 있겠는가?" 그는 자신이 매우 존경했던 고대인들 가운데 조상숭배가 존재했다는 것을

---

5 "귀신 숭배(kwisin worship)가 한국의 종교라고 충분히 말할 수 있다"라는 문장은 1898 책에서는 삭제되었다.

길가의 우상

알고 있었고, 그 관습에 대해 거의 아무 언급 없이 지나갔다. 그러나 그가 사람들이 행해야 할 미덕들을 설파하면서 효도의 덕목을 극단적으로 강조하였기 때문에, 그는 조상숭배의 원리를 제공하였다고 말할 수 있을 것이다.

한국에서 조상숭배를 규정하는 관습들은 중국과는 다르다. 그러므로 죽음 이후의 절차들을 자세히 살펴보는 것이 좋을 것이다. 한국인들은 모든 사람이 세 영혼을 갖고 있어, 죽었을 때 하나는 저승에, 하나는 무덤에, 하나는 조상 신주 안에 자리를 잡는다고 믿는다.

죽음 전의 마지막 순간에는 정적이 집안을 지배한다. 슬픈 직무가 뒤따르고, 유해는 매장을 위한 새 옷이 입혀진다. 문밖에 밥 세 공기를 차린 작은 상과 붉은 호박이 놓인다. 그리고 그것을 따라 짚신 세 벌이 가지런히 놓인다.

세 사자[使者, ᄉᆞ쟈] 혹은 관청 하인이 영혼을 저승의 시왕에 데려가기 위해 온다. 이 물건들은 이들에게 바치는 선물이다. 지어진 밥

냄새를 맡으면서 그들은 활기를 찾는다. 신발이 해졌기 때문에 여행
을 위해 짚신을 신는다. 호박은 2000년 전에 살았고 호박을 좋아했던
감옥 관리에게 주는 선물이다. 그런 후에 밥을 집어 던지고 호박을
부순다. 이 일은 죽음 이후 처음 30분 동안 행해진다. 그런 후에 하인
이 망자의 속옷을 꺼내와서 허공에 대고 흔들며 망자의 이름을 크게
부른다. 동시에 망자의 친구와 친척들이 큰 소리로 애도한다. 이윽고
옷들이 지붕 위로 던져져 거기 남겨진다.

　무덤 자리 결정은 한국인에 매우 중요한 일로 여겨진다. 산비탈에
는 어김없이 반원 모양 흙더미들이 있다. 그것들은 비탈에서 어느
방향도 향할 수 있지만, 남향이 가장 선호된다. 그것은 아마 중국에서
남향이 중요하게 여겨지는 이유와 같을 것이다. 그들은 남쪽으로부
터 따뜻함과 생명이 오고 북쪽으로부터 차가움과 서리가 내려오는
만큼, 무덤은 북으로부터 보호받는 동시에 남으로부터 나온다고 생각
되는 좋은 영향력을 받아들이는 위치에 있는 것이 가장 이상적이라
고 믿는다. 그러나 그것이 전부라면 무덤 자리 결정은 간단한 일이었
을 것이다. 이 주제와 관련해서 많은 복잡한 쟁점들이 있는데, 여기서
는 기본적인 것만 말하겠다. 친척들은 지관을 불러들여야 한다. 그는
자기 소유의 주제에 관해 책을 오랫동안 공부한 학식 있는 인물로,
땅에 속하는 것에 연관된다고 믿어지는 행운과 불운의 모든 미신을
알고 있다. 그가 장지(葬地)를 결정해야 한다. 잘 선택된 자리는 지위
와 돈을 가져다주고 그것에 묻힌 이의 자녀에 많은 아들을 가져다준
다고 믿어진다.

　장례식 날이 다가왔다. 유해는 가족의 재력에 따라 돈이 들어간
관에 안치되었다. 그들은 새벽에 등불들, 색색으로 친해진 영구차,

크게 흐느끼는 애도자로 이루어진 긴 행렬을 시작한다. 애도자 중
남성은 부셀 바구니(bushel basket)[6]처럼 생긴 모자를 쓰고 노란 상복
을 입는다. 마침내 무덤에 도착하면 매장이 진행되고 무덤이 둥글게
만들어진다. 이제 평토 제사[平土祭祀, 평토제사]라고 불리는 첫 제사
(sacrifice)가 행해진다. 작은 상이 무덤 앞에 놓인다. 그 위에 술과 말
린 생선 제물이 차려진다. 친척들은 제물과 무덤을 향하고 다섯 번
엎드려 절한다. 무덤에 거하는 영의 안녕을 비는 축문이 봉독된다.
그 후에 무덤 뒤 약간 떨어진 곳에서 비슷한 제물과 절이 산신령에게
바쳐진다. 이것을 산신 제사[山神祭祀, 산신제사]라고 부른다. 산신령
은 그 자리를 다스린다고 생각된다. 주인으로서 무덤의 영을 돌보아
달라고 그의 보호를 청하는 기도가 올려진다. 이것은 무덤 영의 호의
적인 보살핌을 보장하기 위해 꼭 필요하다고 여겨진다. 이 의례들이
끝난 후 술을 뿌리고 생선을 하인에게 나누어준다.

우리는 이제 세 번째 인간 영혼에 도달했다. 그는 애도자들과 함께
무덤에서 돌아와 조상 위패 안에 거처를 잡는다. 제상이 있는 방에서
(가능하면 빈방에서) 반혼 제사[返魂祭祀, 반혼제사]라고 불리는 다른 제
사가 진행된다. 제물은 떡, 술, 고기, 밥, 버미첼리(vermicelli) 국으로
구성된다. 제수(祭需)들은 영이 냄새로 흠향할 수 있도록 위패 앞에
차려진다. 친척과 친구들이 다섯 번씩 절한다. 그다음에 음식을 다른
방으로 옮겨가 모인 사람들이 먹는다.

이 대목에서 몇 가지 설명을 하는 것이 좋겠다. 조상 위패는 성(姓)

---

6 1부셀 용량이 들어가는 크기의 바구니. 부셀은 곡물이나 과일의 무게 단위로 8갤런에
해당한다.

과 다른 글씨가 위에 쓰여진 흰 목재로 이루어진다. 이것은 구멍에 짜 맞추어진다. 삼 년의 애도가 지난 후 위패는 다른 위패들과 함께 집 옆에 있는 조상 사원[社堂, 사당]에 있는 작은 보관함에 놓인다. 중간 기간에 부유한 사람은 위패를 빈방에, 보통 부인의 방에 안치한다. 그러나 가난해서 사당이 없는 사람은 위패를 방 한구석 상자에 안치한다. 때로 가난한 사람이 다른 조상에 제사 지낼 때, 조상 이름을 적은 긴 종이를 원래 위패 대신 벽에 붙이기도 한다. 일반인은 아버지뿐 아니라 할아버지와 증조할아버지에게도 제사를 지낸다. 어떤 이는 두 세대 이상을 더 올라간다. 고위 관리들은 네 세대에 제사를 지내고 왕은 다섯 세대를 제사 지낸다. 애도 기간을 규제하는 몇몇 특이한 관습들은 흔히 엄격하다고 일컬어진다.

아버지가 돌아가시면 가족은 삼 년간 애도에 들어간다. 아버지와 어머니가 같은 날 돌아가시면 동일한 애도 기간이 지켜진다. 그리고 어머니가 아버지의 죽음 이후 돌아가셔도 마찬가지이다. 그러나 아버지가 살아있는 동안 어머니가 돌아가시면 가족은 일 년간 상복을 입는다.

세 세대가 사는 가족이 있다고 상상해보자. 아버지가 돌아가시고 가족은 삼 년간 애도에 들어간다. 다음에 할아버지가 돌아가시면, 손자는 죽은 아버지 대신 상복을 입고 다시 삼 년간 애도한다. 남성의 지위가 높은 곳에서, 아버지는 항상 아들보다 높아야 한다는 생각 때문에 때로는 사후의 지위가 그의 돌아가신 아버지에게 주어지기도 한다. 관리는 삼년상 중에는 공직에 있을 수 없다. 그리고 우리는 최근에 왕태후 애도를 위해 얼마나 오래 공적 기관들이 관례에 따라 문을 닫았는지 기억하고 있다. 또 관례에 따르면 왕이 아무리 어리더라도 그가 죽을 때 그 후계자는 왕보다 어려야 했고 그래야 제사를 지낼 수 있었다.

가족의 애도로 돌아가 보자. 상복은 암시적 의미 때문에 일반적으로 낡았다. 작은 제사 기간에는 도포[道袍, 도포]라고 불리는 옷을 입는다. 이것은 흘러내리는 소매를 가진 옷으로, 등에서 허리까지 갈라졌고, 허리 위에는 바닥까지 늘어뜨린 주름이 있다. 삼년 중에 두 번의 국가 애도일과 아버지 기일에는, 애도 기간에 남성 친척들은 제복[制服, 제복]이라고 불리는 특별한 복장을 한다. 다른 특징으로는, 관복 허리띠를 차고, 헐렁한 베레모 위를 앞에서 뒤까지 두른 특이한 모자를 쓴다.

삼년 동안 과일을 담은 접시를 조상 위패 앞에 꾸준히 올린다.

조상숭배의 법도에서 요구되는 제사에 대해 더 알아보자. 삼 년 동안은 정해진 제사는 돌아가신 아버지 위패 앞에만 올리고 조상 사당에는 올리지 않는다. 매월 음력 1일과 15일에는 삭망제사[朔望祭祀, 삭망졔사]가 거행되고 곡을 하는 가운데 밥이나 버미첼리 국을 위패 앞에 올린다. 제사 시간은 자정 한두 시간 후이다. 아버지 기일은 애도 기간에서 매우 중요한 날이다. 첫째 기일은 소상[小祥, 쇼상]이라는 이름이 있고, 둘째 기일은 대상[大祥, 대샹]이라고 불린다. 시간이 지난 후 위패가 다른 위패들 옆에 안치되면, 이제는 기일 제사[忌日祭祀, 긔일졔사]라는 이름으로 진행된다. 애도 중에는 기일 전날 밤에 위패 앞에서 제사를 지낸다. 다음 날 아침 친구들이 애도 중인 가족을 찾아와 조의를 표한다. 그들에게는 다양한 많은 음식이 차려진다. 어떨 때는 상중의 가족이 묘를 손질하고 묘 안의 영과 산신령에게 지난해에 했던 제사를 반복한다.

이상의 것들이 첫 삼 년에 해당하는 제사들이다. 그 후에는 매달 1일과 15일에 하는 제사는 중단하고, 아버지 기일 제사는 다른 신주들도 있는 조상 사당에서 중단되지 않고 지낸다. 제사를 무덤과 사당, 즉 조상 사당에서 드릴 수 있는 경우에, 할아버지와 증조할아버지 기일도 모셔진다는 점을 함께 언급하고 싶다.

이제 우리는 망자를 위한 제사가 행해져야 하는 한국의 여덟 개의 기념일을 알게 되었다. 이 경우들에서만 이름이 바뀌고 친척들은 "제례하오[爲祭禮, 제례ᄒ오]"라는 말을 듣는다. 여덟 경우는 다음과 같다. 신년(2월 1일 즈음), 신년 기간과 가까운 첫 달 15일[7], 국가적 애도의 날 둘, 그리고 다른 네 기념일이다. 집에서는 이중의 제사가 행해지는데, 하나는 사당에서 먼 조상의 위패 앞에서, 다른 하나는 그 후에 다른 건물의 하나지 위패 앞에서 행해진다. 두 일반적인 애도일은 봄과 가을에 있는데, 하나는 우리의 4월에 해당하는 셋째 달이고 다른 하나는 우리의 9월에 해당하는 8번째 달이다. 어떤 이들은 아버지의 묘소를 찾고 어떤 이들은 그렇게 하지 않는다. 다른 이들은 추가적으로 할아버지와 먼 조상의 묘소를 찾고, 묘소와 주재하는 산신령 앞에서 절하고 음식을 올린다.

이제 이 모든 조상숭배의 의미를 알아보자. 중국의 조상숭배에 관한 글, 특히 예이츠 박사(Dr. Yates)의 소책자를 보면,[8] 중국인들은 망자의 행복과 살아있는 자들의 행복이 조상숭배와 직결된다고 믿는다

---

7 정월대보름을 말함.
8 다음 글을 말하는 것으로 보인다. Yates, A. S. B. C., "Ancestral Worship", *Records of the General Conference of the Protestant Missionaries of China, Held at Shanghai, May 10-24, 1877*, Presbyterian Mission Press, 1878.

고 한다. 조상들이 저세상에서 부자가 되는지 거지가 되는지는, 규정된 제사를 지키는 자식들의 효성에 의지한다는 것이다. 그리고 조상숭배에 얼마나 충실한지에 따라서 조상들이 살아있는 자손에게 복을 줄지 화를 내릴지가 정해진다.

반면에 한국인들은 망자의 조건이 저승에 도착했을 때 내려진 시왕의 판결로 영원히 고착된다고 믿는다.

방대한 조사를 거의 마무리 지을 즈음에, 나는 한국인들 사이에서 조상숭배의 의미에 대해서 두 가지 견해가 존재한다는 것을 알게 되었다. 한 계층에서는 어느 사람이 아버지를 제사 지내느냐가 아버지나 아들의 행복에 영향을 끼치지 않는다고 주장한다. 그것은 집의 조상 위패 안에 살아계신 아버지 영에 불손한 사람이라는 소리를 듣게 해서, 지인들 사이에서 아들의 체면에 영향을 미친다.

다른 한국인들은 조상들을 잘 숭배하면 한국 신화체계의 수장인 하느님이 돈, 명예와 다른 복을 통해 보답해줄 것이고, 제사를 소홀히 하는 사람에게는 고통의 징벌을 내릴 것이라고 말하곤 한다. 이러한 것들이 한국의 조상숭배의 특성이다.

길모어, 『수도 서울에서』 제10장 종교

George W. Gilmore, *Korea from its Capital*, Philadelphia: Presbyterian Board of Publication and Sabbath-School Work, 1892, chap.10.

| 해제 |

윌리엄 길모어(George William Gilmore, 길모吉毛, 1857~?)는 미국 프린스턴대학을 마치고 유니언 신학교에서 수학하던 중 1886년에 조선의 근대 교육기관인 육영공원(育英公院) 교사로 초빙되어 내한하였다. 그는 1889년까지 교사로 재직하였다. 귀국한 후 한국의 경험을 정리하여 1892년에 『수도 서울에서』(Korea from its Capital)를 출판하였다.[1] 책의 10장인 '종교'에서 저자는 몇몇 에피소드를 통해서 한국의 종교문화가 쇠퇴하고, 비합리적이고 미신적임을 말한다.

한국종교는 중국에서처럼 강렬한 성장을 이룬 것도 아니고 일본에서처럼 화려함을 보이는 것도 아니다.

일본에서는 예술과 자연 덕분에 종교의 향기가 깊어졌다. 절과 사원들은 예술가와 기술자의 헌신과 부자의 재산을 흡수하였다. 그 결과 일본에 가는 관광객들은 미(美)의 집약이자 구현인 사원들을 방문

---

1 이 책은 다음과 같이 번역되었다. 윌리엄 길모어, 이복기 옮김, 『(서양인 교사 윌리엄 길모어) 서울을 걷다 1894: 14개의 주제로 보는 1894년의 조선』, 살림, 2009.

하게 된다. 사람들은 단체로나 개인적으로나 늘 그곳에 간다. 관광객들은 길 가는 이가 멈춰 서서 보물 안으로 돈을 집어넣는 것, 종을 울리고 손뼉을 쳐서 명상 중이던 신의 주의를 끄는 것, 그리고 기도문을 외는 것을 익숙하게 보게 된다. 상인은 짐을 옆에 놓고 머리를 조아려 절을 한다. 직공은 일하러 가다가 멈춰 기도문을 왼다. 많은 사제가 기도를 찬송하고 징을 울려 음색을 변화시키는 것을 들을 수 있을 것이다. 맹인과 병자는 나무와 돌로 된 신들에게 자신의 고통스러움을 갖고 와서, 신도(神道) 사원의 신들에 종잇조각을 바친다. 모든 곳에서 사람들의 종교 생활은 두드러지게 나타난다. 사원과 참배객들은 사방에 넘쳐나고, 집에는 고대 로마처럼 가족 사당이 있다.

중국에서 종교는 화석화되었다. 목재가 규산화(硅酸化) 과정을 거쳐 무거워지고 차가워져서 딱딱해진 나머지 밑에 깔린 물질 위로 가라앉는 것처럼, 중국의 종교는 종교 규범들이 삶의 공식이 될 정도로 경직되고 무거워졌다. 중국인의 종교적 믿음은 보수주의의 보루이다. 당신은 중국인과 가정환경의 차이에 대해서는 조화를 이룰 수 있을 것이다. 중국인은 사회와 정치 경제학에서는 서양의 연구 결과를 수용할 것이다. 그러나 이것은 이런 조화는 종교 생활에 이르러서는 더 진전되지 못한다. 종교는 겉으로 드러나 있지는 않으나 강력하고 굽힘이 없다.

한국에서는 전혀 다른 양상을 만나게 된다. 사원은 매우 적은 수만 있으며 화려함의 요소가 부족하다. 사원은 이 나라의 빈곤함을 반영한다. 한국에는 봉헌 등불의 행렬, 색칠한 사치품과 장식물과 봉헌물들이 배열된 국가적인 참배 장소가 없다는 것이 두드러진 특징이다. 그러므로 일본에서 볼 수 있는 조건은 결여되어 있다. 중국인들 사이에서 발견되는 보수주의, 종교적 변화에 확실히 강력하게 반대하는 십 년 동안 지속된 종교적 결사도 한국에서는 만날 수 없다. 한반도에는 지난 육 년 간 개신교 선교사들이 순조롭게 활동을 개시했다. 중국과 일본에는 각각 세 형태의 종교들이 있는 반면에, 한국에는 오직 두 형태, 불교와 유교만이 발견된다. 물론 이 두 종교는 모두 중국으로부터 도입된 것이다.

한반도의 언어와 문헌으로부터 알 수 있는 것에 따르면, 한국의 지배적인 종교는 유교라고 추론할 수 있다. 그것이 사실이다. 유교는 하층 농부부터 왕에 이르기까지 모두에 의해 실천된다. 그러나 당연히 상위 계층이 중국 고전의 영향을 가장 많이 받았기 때문에 기독교 도입에 대해서 가장 강하게 반대하였고, 모든 쇄신에 대해 가장 저항했다. 위패와 묘소 앞의 조상숭배는 모두가 행하는 실천이다. 이 숭배는 마지못해 이루어지는 것처럼 보인다. 관료들과 농부들에게, 왜 일 년 중 어느 날 조상의 위패나 묘소에 가서 제물을 올리는지 물어보았다. 조상들이 자신들에게 해를 입힐 힘이 있다고 두려워해서인지, 아니면 그들의 능동적인 힘에 탄원하여 이 세상사에 관여해주기를 원해서인지를 물어본 것이다. 그들의 대답은 한결같았다. "아니오. 우리는 나쁜 일을 우려하는 것도, 좋은 일을 기대하는 것도 아닙니다. 그렇게 하는 것이 법이고, 관습이기 때문입니다." 다른 답을 얻을 수는 없었다. 그렇다면 한국인들에게 종교는 의지를 움직이고 감정을 조절하고 삶을 형성하는 능동적인 힘이 아닌 것이다. 그와 반대로 한국종교는 쇠퇴 중인 것으로 보인다. 이것은 세월을 존중하는 관습의 당연한 귀결이다. 물론 유교 윤리는 이 나라를 지배한다. 유교의 최상의 가치인 효도 공경은 중국 제국에서와 마찬가지로 한반도에서

도 두드러져 보인다. 젊은 사람
은 사회적 위치에 상관없이 어
른의 말을 공경해야 한다. 유교
는 국가 관계를 형성하였고, 가
뭄과 역병의 시기에는 왕은 하
늘의 주인께 역병을 물리쳐달라
고 탄원한다.

  이 나라 전역에는 지난날 광
범위했던 부처님 숭배의 흔적들
이 있다. 불교는 오늘날 금지 대
상은 아니지만 추종자가 거의
없다. 사실 몇몇 성의 수문장들
은 불교 승려들이다. 그들은 노

서울 바깥의 불교 사원

역의 대가로 왕의 국가 자원으로부터 지원을 받는다. 길 여기저기에
존재하는 작은 사원을 관리하는 승려들은 그런 혜택을 받지 못하지
만, 백성들에게 동냥을 받아 확실히 배를 곯는 것 같지는 않다. 몸을
절단한다든지 해하는 일은 없다. 삭발하는 것 외에는 승려들에게서
불쾌감을 주는 부분은 없다. 그러나 승려들이 도성에 출입할 수 없다
는 사실은 백성들이 보는 불교의 지위에 결정적이다. 승려가 성안에
있는 것이 발각되면 죽임을 당한다. 그 결과 도성 내부에는 사원이
없다. 유교 의례가 거행되는 조상 위패(를 모신 곳)는 있지만, 절은 북
서쪽 구석의 '하늘의 절(Temple of Heaven)' 말고는 한 곳도 없다. 그곳
은 낮은 담으로 둘러싸이고 자갈이 깔린 개방된 공간에 불과하다.[2]

  수도 북쪽으로 10마일 떨어진 요새인 북한산성을 방문한다면 그

안에 있는 사람들이 모두 승려인 것을 볼 수 있을 것이다. 거기서 머리깎은 사람들이 느긋하게 앉아있는 것을 볼 수 있다. 이들 무리는 참배자들이 보기 흉한 우상을 향해 자기도 알아듣지 못하는 기도를 암송하거나 웅얼거리는 우중충한 절 속에 들어앉아 있을 뿐, 도무지 군사적이거나 종교적인 행동을 할 것처럼 보이지 않는다. 열심히 물어보면, 이 승려들이 종교적 원리에 대한 깊은 신념 때문이 아니라 공적인 창고에서 나오는 쌀 때문에 이런 생활을 매력적으로 받아들인다는 것을 알 수 있다. 이 사람들 중에서 진실한 불교인을 한 명도 만날 수 없었다. 나는 중을 불쌍히 여기면서 그들을 비웃거나 조롱하는 사람들을 볼 수 있었다. 중들 자신은 그다지 악의가 없는 사람들이다. 그들은 무엇을 하기에는 너무 게으른 것 같다. 그들은 무해한 무기력 상태에 있다. 간혹 작은 북이나 징을 들고 전통 복장으로 노래 부르고 구걸하며 절을 위해 물건이나 돈으로 시주받는 사람들을 만날 수 있다. 이 공물들은 공동체의 기도의 효력을 보장하기 위해 사용되는데, 이때 적용되는 원리는 이렇게 올린 기도가 어찌되었건 좋은 결과를 낳지 나쁜 결과를 가져오지는 않을 것이라는 믿음이다. 그러나 그러한 중재로부터 기대할 수 있는 효과는 거의 없으며, 한국인 성격 중 하나인 너그러움 덕분에 시주가 행해진다.

한국인들의 진정한 예배는 조상 위패와 묘소 앞에서 이루어진다. 이 예배의 특성은 단순하다. 작은 상에 밥과 다양한 양념으로 제물을 차리고 그 앞에서 엎드려 절하고 기도를 드리는 것이 전부이다. 사람들은 조상의 정령(spirit)[신]이 참석해서 차려진 선물을 함께 먹는다고

---

2 저자가 도성 내 북서쪽에 있는 사직단(社稷壇)을 사찰로 오해한 것 같다.

믿는다. 이런 의식은 상위 계층에 더 밀착되어 있고, 농민들은 이것에
별 의미를 두지 않는다. 상위 계층은 식자층으로서 유교 경전을 읽었
기 때문에, 책에서 유교의 탁월한 힘에 대한 확신을 얻었고 다른 형태
의 숭배를 반대하고 유교를 지지해야 할 절박한 이유가 있다. 이 의식
은 그들에게 존경과 정통성을 보증해주고 그들 지위의 영속성을 보
장해주는 것이 되었다.

그러나 이들 두 종교 외에도 두드러지게 종교적인 형태가 있으니,
그것은 다양한 힘과 개성을 지닌 수많은 정령(spirit)과 데몬(demon)들
에 대한 믿음이다. 도성, 궁궐, 사원, 그리고 많은 집의 입구는 가장자
리와 구석에 새, 원숭이, 찡그린 표정의 기괴한 사람 모양이 새겨진
기와로 덮여있다. 이것들은 도시에 들어와 안정을 해치고 번영을 막
는 악한 정령과 데몬을 위협해 물리치기 위한 것들이다. 콜레라가
유행하던 1886년에 나는 길을 가다가 콜레라 악귀가 마을에 들어와
사람들에게 병을 옮기지 못하도록 하는 주문을 적은 종잇조각이나
천조각이 입구의 좁은 길에 실로 매달려 늘어져 있는 것을 자주 보곤
했다. 이들 악한 존재를 겁주어 쫓거나 달래기 위해 담장 밖에서 불을
태우기도 한다. 여행자들은 어떤 길을 지나다니든 나무에 색동 천이
나 종잇조각으로 장식된 것을 볼 수 있을 것이다. 때로는 사람들이
그 앞에서 기도 올리기도 하고, 나무 아래 작은 돌들이 불규칙하게
쌓여 있기도 하다. 사람들은 그 나무들에 정령이나 수호신이 머문다
고 믿는데, 때로는 과객이 여행에서 부정 타지 않도록 기원하며 돌을
쌓는 모습을 볼 수도 있다.

여행자들은 여기저기서 작은 오두막을 볼 수 있다. 그 안에는 수호
신을 표현한 인물 그림들이 종이 위에 그려져 있고, "일 년 360일 동

마을의 우상

안 모든 질병과 모든 악운을 가져가 주소서"라고 비는 한글과 한문으로 쓰인 기도가 벽에 걸려 있다. 간혹 더 위엄있게 지어진 건물을 볼 수 있는데, 이것은 유명한 전사를 추모하며 세운 건물일 것이다.[3] 그 전사는 죽은 이후 신격화되어 그 명성 때문에 사당이 건축되었다. 길거리에서 안으로 문을 통해 들어가면, 양편 작은 방에 아름답게 색색으로 칠해진 목재 말과 그것을 붙잡고 있는 매우 못생긴 마부의 목조상이 안치되어 있다. 방문자가 마당에 들어서면, 한쪽에는 본실(本室)이 있고 다른 쪽에는 철책으로 가렸지만 정면이 개방된 방이 있다. 방 안에는 벽에 그 신적 인물(demigod)이 세상에 살아있을 때의 모습을 정형화되고 그로테스크한 방식으로 묘사한 주요 장면들이 그려져 있다. 본실은 보통 어두운데, 문을 열면 붉은색과 금색으로 칠해진, 부리부리한 눈과 비현실적인 턱수염이 있는 신격화된 전사의 상이 거만한 자세로 권좌에 앉아있다. 가까이 가면 숭배자가 바친 가장 이상한 물건들을 볼 수 있다. 이곳에선 현지인이 만든 고대의 칼이 보초를 서고 있고 워터베리(Waterbury) 시계[4]가 조롱하듯 초침을

---

3 관우(關羽)를 모시는 동묘(東廟)로 추정된다.
4 워터베리 시계사(Waterbury Clock Company)는 1854년에 설립된 미국의 시계회사이

째깍대고 있다. 내가 본 다른 사당에는 신 앞에 낡아서 신기 힘든 고무장화가 있었는데, 누가 서울의 어느 외국인 거주지의 쓰레기더미에서 주워 바쳤거나 기분 상한 사냥꾼이 버렸을 것이다. 그러나 어떤 사원에도 일본 사원에서처럼 아름다움을 감상하기 위해 방문할만한 가치가 있는 것은 없다. 사원들은 종교 생활의 열정과 예술과 취향의 퇴락을 보여준다는 점에서만 흥미롭다.

작은 가족 사당이 지역에 세워지기도 한다. 그리고 큰길을 따라 있는 지점들에는 사적인 성소(shrine)라고 할 만한 곳들이 있다. 나그네가 이곳에 들러 기도를 드리고 가는데, 성소를 만들고 관리하는 이에게 한두 닙(1센트의 4분의 일)을 수고비로 준다. 그러한 장소를 대표하는 유일한 신은 흰 종이 한 장에 조야하게 그려진 형상이 전부이다.

그러나 한국인은 매우 미신적이다. 서구인의 마음에는 완전히 설명할 수 있고 한 점 의혹도 없는 사건이 현지인에게는 소름 끼치고 끔찍한 일이 된다. 내가 한국에 온 지 얼마 되지 않았을 때 집 근처 사람 하나가 불안한 느낌으로 뛰어와서 "하늘의 개가 달을 먹어치웠습니다. 나와서 보세요."라고 말하는 바람에 깜짝 놀랐다. 나는 그저 제 때 맞춰 일어난 월식(月食) 현상을 보기 위해 밖으로 나갔다. 집 밖으로 나가자 거리에서 큰 소음이 나는 것을 들었는데, 온 도시에 북 치는 소리와 징 소리가 총 발사 소리와 더불어 진동하였다. 이윽고 궁궐에서 소대의 발포 소리가 들리고, 그다음에는 미제(美製) 개틀링 총(Gatling-gun)의 신속한 철커덩 소리가 탐욕스러운 괴물에 겨누어졌다. 이 모든

다. 1944년에 파산하였으나, 현재는 티맥스(Timex Group USA, Inc.)로 이름이 바뀌어 운영되고 있다.

것이 무엇을 의미하는지 물어보았더니, 그것은 하늘의 개를 겁주어 달아나게 하려는 목적으로 내는 소리이고, 그것은 한국 역사 내내 항상 성공적이었다는 답을 들었다. 종종 그 동물이 달을 거의 다 먹을 때도 있지만, 완전히 다 먹기 전에 항상 쫓아냈다고 한다. 간단히 말해 이 소음은 매우 좋은 처방전이어서 계속 유지되었다.

이런 식으로 다양한 육체의 질병이 정령과 악령(devil)의 악한 영향력 탓이라고 여겨졌다. 그래서 나온 것이 콜레라를 물리치는 마법(enchantment)이다. 같은 일이 무덤 자리를 찾기 위해 마법사(conjurer)를 고용하는 데서도 나타난다. 고용의 목적은 유해를 안전하게 모시고, 무덤가는 길을 구불구불 돌아가게 만들어 정령의 귀환이나 남은 자에 대한 데몬의 공격을 방지하는 것이다.

귀신 접신(demonical possession)에 대한 믿음은 매우 일반적이다. 접신으로 이득을 얻는 사람들이 이 믿음을 부추긴다. 축귀사와 마법사는 일반적인 병을 구실삼아 환자의 몸에 거하는 정령을 쫓아낸다며 그들의 능력을 사용한다. 이 나라를 돌아다니다가 북소리를 듣고 쫓아가 보면 어느 집 주변에 결과를 궁금해 하며 기다리고 있는 군중들을 보게 되는 일이 심심치 않게 일어난다. 물어보면, 악귀가 집에 들어가서 집안사람 하나가 아프다는 이야기를 듣게 된다. 자연스럽게 쇠약해져 죽음이 찾아오든지 자연스럽게 회복되어 환자가 건강을 되찾을 때까지, 일주일이 되기도 하는 그 기간에 밤낮으로 북소리가 쉬지 않고 이어진다.

선하거나 악한 정령들, 사악하거나 온화한 정령들, 친절하거나 악의적인 영(fairy)들이 언덕과 골짜기에, 바위 구석과 틈에, 나무 밑동이나 숨겨진 굴속에 가득하다. 삶의 어떤 일이든 그들의 간섭에 지배받

는다. 운은 한국인의 경제생활에서 큰 부분을 차지한다. 다양한 질병
에 대한 구체적 이유가 수없이 많은데, 어떤 것은 영과 정령의 돌봄에
의해, 어떤 것은 영과 정령의 악의에 의해 생긴다. 아이들은 무서워
착한 일을 하고 어른들은 밤에 나타난다는 정령 이야기에 집에 머문
다. 새들이 찾아오는 것은 길조(吉兆, omen)이며, 밤의 뒤숭숭한 꿈은
흉조(凶兆, portent)이다. 그리고 한국인들은 거의 모든 우연한 사건에
서 미래에 대한 의미를 찾는다. 정부 부서 중 하나[예조, 禮曹]가 예절
과 의례를 관장하는데, 길조의 지식과 주술(magic)을 공부한 사람들이
우연한 사건들에서 나온 예측과 전통에 따라 사건들의 추이를 인도
하면서 공적인 왕가의 행위를 규율한다. 한 불운한 사건이 일어났다
면, 그것은 어떠한 사업의 진척도 막을 수 있는 충분한 이유가 된다.
우체국 개국 행사에 계획적으로 발발한 사건 때문에, 몇 년간 이 사업
의 완성이 지체된 것으로 보인다.[5] 징조에 대한 이러한 믿음의 결과
운명의 여신(Dame Fortune)에 지나치게 다가가거나 회피하기 위한 온
갖 속임수가 나타났다.

그래서 정월 보름에 끝나는 연날리기 시즌 마지막에는 연줄을 끊
어 공중에 날려 보내는데, 이것이 떨어질 때 연주인의 일 년 동안의
액운을 함께 가져간다. 이 기간에 주인의 모습을 본뜬 지푸라기 인형
도 만드는데, 인형 한쪽에는 돈을 숨기고 다른 쪽에는 "일 년 열두
달 모든 역병과 질병과 액운이 나에게서 떠나기를"이라는 기도문을
한글이나 한문으로 적은 종잇조각이 숨겨놓는다. 이 인형이 그것을
달라는 소년에게 건네지면, 소년은 숨긴 돈이 상하지 않도록 돈을 취

---

5   1884년 10월 17일 우정국 개국축하 만찬회에 시작된 갑신정변(甲申政變)을 말한다.

하고 인형을 잘라내 교차로에 버린다. 때로는 이러한 인형들이 교차로에 많이 쌓여 있는데, 지나가던 사람들이 인형을 불태우거나, 이리저리 차고 던지거나, 소년이 못 챙긴 돈이 없나 가까이 살펴보면서 장난치기도 한다. 짚으로 만든 인형이 더 많이 찢길수록, 그 사람의 복이 많아지고 그를 해칠 악으로부터 더 완전히 보호된다고 한다. 그래서 형상의 완전한 해체를 유도하기 위해 할 수 있는 온갖 기발한 방법으로 돈을 숨긴다. 여기서 변형된 것이 위에 기도나 주문을 쓴 종이 인형을 잘라서 소년에게 돈을 주며 가져가 버리라고 하는 것이다. 그러한 생각은 같은 기간에 펼쳐지는 줄다리기에서도 나타난다. 이긴 쪽은 한 해 동안 사치스러움을 만끽하고 진 쪽은 사는 재미가 없을 것이라고 여겨진다. 또 정월 보름에 같은 신분의 남자들이 거리를 나서며 서로를 부를 때, 한 사람이 다른 사람의 부름에 대답한다면, 그 사람은 말을 건 남자에게 닥쳤을 온갖 병과 액운을 가져가 버리게 될 것이라고 여겨진다. 그래서 그날엔 모두가 자기방어에 돌입하여 다양하고 절박한 부름에도 아무 신경을 쓰지 않는다. 여기서 우리는 우리의 만우절에 해당하는 특별한 관습들을 떠올리게 된다. 이날에 거의 모든 사람이 오곡(五穀)이 사용된 밥을 한 끼 먹는데, 이것은 다가오는 한 해 음식의 다채로움과 풍요를 기원하는 것이다. 이 식사에서 '귀밝이 술'이라고 불리는 특별한 술을 마시는데, 이것은 청력을 밝게 하고 귓병을 막는 효과가 있다고 믿어진다. 밤에는 통금에 관련된 법이 유예되고, 사람들은 체포될 염려 없이 도시를 돌아다닌다. 이러한 특권을 주는 이유는, 누구든 도시를 가로질러 성내 모든 다리를 건넌다면 1년 동안 사지(四肢)에 병이 걸리지 않을 것이라는 미신이 유행하기 때문이다. 이날은 9가 길한 숫자이다. 어떤 남자가 집에 나뭇단을 가져온다면 어떻게 해서도 아홉 개를 가져와야 하고, 어떤 여자가 실을 잣는다면 아홉 꾸러미를 만들어야 한다. 한국의 정월 보름은 날짜와 농사에 관한 예언을 하는 날이다. 그날 바람이 불고, 심지어 '닭 꼬리가 움직일' 정도로 불면, 봄에 바람이 많이 불 것이다. [사실] 그때는 자연적으로 바람이 많은 기간이다. 남자들은 보리밭에 내려가 가을에 파종할 보리 낟알을 뽑아 올린다. 만약 낟알에 원뿌리가 하나 있으면 수확량이 적을 것이고, 둘 있으면 평작을 의미하고, 셋 있으면 대풍을 알려주는 것이다. 현명한 사람이라면 어느 달에 가장 비가 많이 올지 알 것이다. 대나무 조각을 쪼개고 그 틈에 콩 열두 개를 넣어 들판으로 갖고 가서 이슬이나 비에 적셔질 정도로 가볍게 묻는다. 해당 달을 상징하는 콩이 부풀어 오르면 그 달에 비가 가장 많이 올 것이다.

이들 미신의 대부분은 실질적으로 종교와 상관이 없지만, 미신에 대한 믿음이 이처럼 광범위하다는 사실은 선교사들이 가장 큰 저항에 부딪히는 전선(戰線)을 보여준다. 끈질기게 계속되는 미신은 [기독교 선교에] 반대하는 힘이 어느 정도인지 보여준다. 특히 한국의 데몬 숭배(demonology)는 성공을 가로막는 장애물이다. 이것에 대해서는 아직 충분한 연구가 이루어지지 않았다. 필자가 이 영역에 주목하지 않아서 이른 시일 내에 이 주제를 잘 다룰 수 없는 것이 아쉽다. 데몬에 대한 광범위하고 지속적인 믿음으로 인해서, 기독교 개종자들은 분명 힘든 길을 가게 될 것이다. 이 특별한 전선에 관한 연구를 통해 흥미로운 동시에 도움이 되고 실용적인 지식이 제공되었으면 한다. 지금 이 나라에 거주하는 선교사와 같이 훌륭한 기회를 가진 사람들에 의해 그 연구가 추진되었으면 좋겠다.

폴렉스, 길가의 우상들

Alexandis Poleax, "Wayside Idols", *The Korean Repository* 2, 1895, pp.143~144.

| 해제 |

저자 폴렉스(Alexandis Poleax)에 대해서는 알려진 바가 없다. 1895년에 〈코리언 리포지터리〉에 기고된 글이다. 한국을 방문한 서양인들에게 장승은 처음부터 눈에 띄는 상징물이었다. 이 글은 그들의 눈에 관찰된 장승이 어떠했는가를 보여주는 전형적인 사례이다.

　서양인들은 세련되지 않은 장승의 모습에 경악했고, 지난해의 장승을 썩든 말든 옆에 그대로 세워두는 풍습에 다시 경악했다. 선교사들은 장승을 우상(idol)이라고 불렀고, 나중에는 악마의 기둥(devil post)이라고 불렀다. 썩어가는 장승은 우상마저도 돌보지 않는, 한국종교의 퇴락을 대표하는 이미지가 되었다.

　'장승'은 조잡하게 깎아놓은 통나무로, 공공 도로 지역에서 주의를 끄는 사람의 형상과 비슷하다. 서울과 제물포 사이의 길에는 장승이 여러 개 있어 이정표 역할을 한다. 그들은 8피트 길이의 목재로 되어 있고 꼭대기에는 탕건(宕巾)이나 관모를 나타내는 조각이 있다. 그 아래에는 눈과 입술을 평평한 표면까지 파내려가고, 제자리에 코를 박아 넣은 얼굴이 있다. 목은 따로 구분되지 않고, 몸통 옆에 못 박아 넣은 널판이 팔과 손이다. 장승은 전체적으로 인상이 난폭한 존재이다. 내가 조사했던 장승의 경우는 숭배의 대상이 아니라 단지 이정표로, 5리(2마일 정도)마다 거리를 표시하기 위해 서 있었다. 장승이 왜 그런 모습을 하고 있냐는 질문에 대해서는 다음과 같은 답을 들었다. 예전에 장씨 성의 한 양반이 반역죄를 짓고 공공장소에서 영원히 칼을 쓰는 형벌을 받게 되었는데 그를 모욕하는 동시에 거리를 표시하기 위해 그의 모습을 한 조잡한 조각상을 만들고 가슴과 배에 한문을 써서 공공 도로에 세워두라는 포고가 내렸다는 것이다.

나는 서울에서 남쪽 공주로 여행하는 동안 청주 검문소에서 마을 출입구마다 이 장승들이 무리지어 있는 것을 보았다. 거기에서는 장승 옆에 기둥을 꽂고 기둥 꼭대기에는 조잡한 오리 모형을 박아놓았다. 내가 들은 바에 따르면 이런 기둥 형태는 '수살이'라는 것으로, 길을 따라 마을에 들어오려는 악령을 내쫓는 역할을 한다고 한다. 수살이는 많은 마을에서 사라졌지만 서울의 남과 북 모두에서 아직 흔히 볼 수 있다. 나는 제물포 맞은편 월미도(Roze Island)의 작은 마을에서 사람들이 장작을 위한 의상을 사기 위해 물건을 주는 것에 크게 놀란 적이 있다. 수살이에 대한 희생 제의는 봄과 가을에 있는데, 첫 번째는 하늘에 두 번째는 땅에 희생을 바친다. 왜 희생에 그러한 구분이 있으며 기둥 꼭대기 오리의 의미가 무엇인가에 대해서는, 나는 제대로 된 설명을 듣지 못하였다. 아마도 이 잡지의 독자들 중 누군가는 알리라. 내 추측으로는 오리가 수살이의 친구이자 전령이며, 수살이에 대한 희생을 하늘과 땅에 바치는 것은 두 영역에서 모든 악을 쫓도록 하기 위함인 것 같다.

나는 수살이와 장승에서 종교의 퇴락(religious decay), 혹은 관습의 퇴락(customary decay)의 가장 재미있는 예를 볼 수 있다고 확신한다.

장승의 기원을 반역에서 찾는 이야기는 어떠한 확증도 없는 반면에, 많은 사람이 장승의 초자연적인 성격에 대한 믿음을 잃은 후에 그것이 수살로 재개작되었을 뿐이라는 점은 확실하다. 수살이는 주(周)왕조(중국, 기원전 1122~206) 시대에 기원을 두고 있으며 주례(周禮), '주나라의 예법'이라고 이야기된다. 그것은 일찍이 한국에 들어왔으며 이곳에 유행했던 물질주의적 우상숭배의 일부를 형성하였다. 지금은 한국인들이 이 형상에 대한 숭배를 많이 버리고 있는 것이 사실인 것 같다. (일반인들에게는 단순한 형상 숭배로 이해되는) 불교는 사람들에게 영향력을 잃었다. 형식적인 우상들이 서있는 길가 사원은 썩어들어가고 있거나 주물(fetish)과 그림으로 가득 차 있다. 샤먼 미신에 대해 말한다면, 하층민들은 퇴보되었다. 반면에 교육 받은 계층들은 일반민들의 추이에 어느 정도 영향을 받긴 했지만 조상숭배를 중심으로 한, 보다 문명화된 교의를 갖고 있다.

　형상 숭배가 일반적으로 몰락하고 있는 가운데 수살이는 해안 지역에 잔존하고 있고, 아직도 몇몇 시골 사람이 길가에 있는 수살이에게 경배를 드리기는 하지만, 수살이는 악귀를 물리치는 초자연적인 특성을 잃고 단지 사람들에게 거리에 대한 정보를 줄 뿐이다.

밀른,『이상한 나라 한국』제10장 한국의 무종교

Louise Jordan Miln, *Quaint Korea*, New York: Scribner, 1895, chap.10.

| 해제 |

밀른(Louise Jordan Miln, 1864~1933)은 영국의 소설가이자 배우이다. 그녀는 동양에 대한 동경을 갖고 인도, 버마, 중국, 일본 등을 공연하면서 여행하였고, 서울을 방문한 것은 1888년경으로 추정된다. 그녀가 여행에 관련해 쓴 두 번째 책이 1895년에 출판한『이상한 나라 한국』(Quaint Korea)이다.

그녀는 이 책을 "평범한 여성이 바라본 한국 견문기"라고 소개한다. 비전문가의 자리에서 쓴 "솔직한 여행자의 반(半)가십성 이야기"를 자처한다. 일반인의 관점을 가진 만큼, 종교에 관한 그녀의 견해는 당시 한국에 대한 몇몇 자료에 서양인의 상식적 판단을 부가한 내용이다. 특히 퍼시벌 로웰의 영향이 많이 보인다. 책에서 종교를 다룬 부분은 10장으로, 한국의 종교 없음을 주제로 서술하였다.

한국에는 종교가 없다. 이것은 지나치게 광범위한 진술이고 논란의 여지가 많다는 것을 나는 잘 안다. 그러나 나는 이 말이 대체로 진실이라고 믿는다. 지난 백 년 간 한국에 관해 써진 책들은 한국종교를 다룬 두꺼운 장(章)들로 가득하다. 그럼에도 나는 한국이 종교 없는 나라라고 믿는다. 의심할 바 없이 한국에는 진정 심오하게 종교적인 사람들이 존재한다. 그러나 그들은 한반도 인구에서 너무 극미한 부분이라서 한국에 종교 자격을 인정할 수는 없다. 이것은 현재 영국에 조금 있을 신지학회(神智學會, Theosophy) 신자들 때문에 영국이 전반적으로 신지학회를 받아들였다고 인정할 수 없는 것과 마찬가지이다. 한때 중국과 일본에서처럼 한국에서 지배적이었던 불교는 거의 사멸했다. 유교는 여전히 한국에서 큰 힘을 발휘하고 있다. 모든 지역에 있는 조상숭배와 가족 성소는 확실히 국가의 도덕적 존재의 근간이다. 그러나 나는 유교가 엄밀하게 말하면 종교가 아니라고 주장한다. 그것은 윤리 이론이자 도덕 규율이고 존중할만하고 숭고하지만, 내가 이해하는 단어 종교(religion)로서는 종교가 아니다. 한국에는 그 밖의 미신들이 있다. 평민들은 여느 문명화된 국가의 평민처럼 미신적인데, 그렇다고 해서 상위 계층이 미신에서 자유로운 것은 전혀 아니다. 하지만 미신을 감히 종교라고 부를 수 있을까? 우리가 미신과 종교를 동의어로 사용하지 않는 한, 유교를 실제적인 개인 종교로 받아들이지 않는 한, 혹은 법으로 도성에서 멀리 떨어져 지어진, 흩어져 있는 몇몇 절들─평민에게도 멸시당하고 어느 도성 내에도 출입할 수 없는 중들이 사는 절들─이 국가 종교를 구성한다고 말하지 않는 한, 우리는 한국이 독특하게 비종교적(irreligious)이라는 것을 인정해야 한다고 생각한다.

한국이 비종교적인지 종교적인지를 결정하는 데 진정 어려운 점은 종교와 미신을 분명히 구별하기 어렵다는 데 있다. 그 둘 사이의 경계선은 불분명한 경우가 많으며 때로는 아예 사라지기 때문에, 내가 미신을 가득 물려받은 나라를 종교 없는 나라라고 말하는 것이 아마 틀릴 수도 있을 것이다.

나는 한국이 종교가 없다는 진술의 근거를, 한국의 종교가 부재 (absence)하다거나 결핍(paucity)되었다는 사실에 둔 것이 아니라, 한국 에 존중받고 있거나 존중할만한 종교가 없다는 사실에 두고 있다. 물론 우리가 일부 저명한 권위자들(로시터 존슨Rossiter Johnson, 스미스 W. Smith, 테일러 주교Bishop Taylor, 매콜리Macaulay, 그리고 다수)처럼 종 교를 폭넓게 정의한다면, 그리고 무신론과 미신을 종교의 형태로 인 정한다면—그리고 나는 그럴 수 없다고 확신하는 것은 전혀 아니다—, 나의 진술이 전적으로 무너지는 것은 아니어도 타격을 받을 것이다.

불교는 삼백 년 전까지 한국에서 강력했고, 유교는 종교는 아니라 해도 세계에서 가장 정교하고 완벽한 도덕 체계로서, 대부분의 종교 보다 인류에 이바지했고 한국에서도 여전히 강력하다. 이 두 전통을 연구하는 것은 동양의 고차원적인 교리, 믿음, 그리고 사상 체계를 연구하는 것이기 때문에 매우 흥미로운 일이고, 여기서 불교와 유교 에 관해 이야기하고 싶은 유혹이 크다. 그러나 내 생각에 동방의 먼 곳 한국 독서에 관심을 갖는 모든 이들은 적어도 불교와 유교에 관한 개괄적 논의에 익숙할 것이다. 그래서 나는 불교가 어떻게 조선에서 쫓겨나게 되었는지, 그리고 어떻게 유교가 여전히 한반도가 지닌 도 덕성의 수호천사로 존재하는지를 이야기하는 데 주력할 것이다.

불교는 수 세기 동안 융성하였고, 적어도 1592년 일본 침입 이전까 지는 최소한 용인되었다. 사실 그 시기 이전까지 한국은 종교가 없는 것이 아니라 여러 종교가 있었다. 극동의 종교들은 그곳의 사람들— 그들은 일반적으로 겸손하다—처럼 느긋하고 서로 매우 우호적으로 친밀하게 존재하며, 어느 한 전통도 다른 전통보다 더 낫다고 과도한 확신을 가진 것처럼 보이지 않는다.

삼백 년 전에 일본의 위대한 두 전사 고니시와 가토가 각각의 부대를 끌고 한국에 상륙하였을 때, 각자는 상대방보다 앞서서 수도에 도착해 정복하는 전공을 세우고자 안달이 나 있었고, 그들이 지나가는 길에 있는 도시와 요새들(요새의 다수는 절이었다)을 정복하기 위해 멈출 새가 없었다. 그러나 그들 누구도 감히 자신의 후방에 정복되지 않은 잘 방어된 지역들로 이루어진 긴 진로를 남겨둘 수도 없었다. 이 딜레마에서 벗어나기 위한 계략으로 그들과 부하들은 불교 승려의 복장으로 도성에 들어가, 싸울 준비가 되어 있지 않은 군인과 중, 주민들을 죽였다. 삼십 년 정도가 지난 후, 대략 한국이 일본의 멍에를 벗어던지는 기간이 지난 후, 한국의 승려들은 일본 장군들의 탐욕의 죗값을 치르게 되었다. 우리들의 이 멋진 세계에서 무고한 이들이 죄 있는 자들 때문에 고생하는 것과 마찬가지로 말이다. 한국 전역에 왕령이 내려져 승려들은 도성 내에 거주하지 못하고 출입문 안으로 들어오지도 못하게 되었다. 승려들은 산으로 도망갔고, 거기서 할 수 있는 한 거주지를 건설하였다. 그들이 도성 내에 살았던 절들은 시간이 지남에 따라 허물어지고 사용하지 않아 퇴락하여, 더는 한국 도시의 건축적 특징을 이루지 못했다. 이것이 모든 한국 도시가 겉으로 보기에 단조로워진 이유이다. 종교는 전 세계적으로 그리고 특히 동양에서 예술, 음악, 문학, 연극, 그리고 건축의 후원자였기 때문이다. 불교 사원의 승려들은 정부의 냉대를 받은 이후 백성들에게 가졌던 장악력을 상실하였다. 그리고 절에서 모시는 신보다는 왕이 강력하고 신성하다고 항상 여겨왔던 국가는 이내 왕가의 지지를 상실한 사람들에게 시주나 의례 진행 의뢰를 중단하였다. 불교가 쇠퇴한 다른 이유는 한국에 도시 거주민이 많기 때문이다. 그들은 자연을 보고

쉬고 즐기기 위해 멀리 지방에 가지만, 그들의 마음에 기도나 희생 제의를 위한 여행은 떠오르지 않는다. 그래서 절의 수입이 격감했다. 좋은 가문에서 태어나 잘 사는 사람은 승단에 가입하기를 그만두었다. 한국 불교는 점차 사라져갔고 지금은 과거의 그림자만 있다.

이것이 어떻게 한국이 불교 국가가 아니게 되었는지에 대한 가장 일반적인 설명이다. 그러나 그 신뢰성은 가장 믿을만한 역사가들 사이에서 논란이 되고 있고, 최소한 그중 한 명은 영어로 저술한 학자이다. 이 역사가들은 몇 세기 전에 한국에서 권력을 가진 이들은 불교인과 유교인의 두 파당으로 나누어져 있었고, 둘 간의 경쟁이 극심했다고 주장한다. 사회적 전쟁이 뒤따랐고, 부패하여 무기력해진 불교인은 크게 패했다. 불교는 서울이나 도시 내에 자리 잡는 것이 금지되었다. 사실 언제나 시골 경관의 주요 요소인 절들은 전혀 간섭받지 않았다. 그러나 "도성 출입금지는 두 가지 결과를 낳았다. 첫째, 폐지는 대중에게 종교적인 문제를 완전히 망각하게 하였다. 둘째, 권력의 자리에서 종교를 몰아냈기 때문에 귀족 계층이 사제 전문직을 선호하지 않게 되었다. …… 우리가 지금 마주하고 있는 공동체는―나라의 생명력은 특별한 정도로 도시에 있기에―상위 계층에게는 유교 도덕이, 하위 계층에게는 낡은 미신의 잔재가 자리 잡은, 종교가 없는 공동체이다."[1]

그렇다면 어떻게 한국에서 종교의 힘이 사라진 것인가! 한때 불교

----

1 따옴표로 표시된 부분은 필자가 퍼시벌 로웰의 책에서 인용한 것이다. Percival Lowell, *Chosön, the Land of the Morning Calm: A Sketch of Korea*, Boston: Ticknor and U.E. company, 1886, p.186.(이 책의 74쪽)

승려들은 전체 조선 인구의 4분의 1을 형성하였고, 서울에만 만 명의 승려가 있었다. 무엇보다도 [불교의 쇠퇴에도 불구하고] 오늘날 한국인은 누구든 승가 생활을 기꺼이 받아들일 것 같다는 점은 기묘하게 느껴진다. 그러나 한국인은 부지런하지 못하고, 다수는 형편없이 가난하다. 그리고 승가 생활은 나태하고 꿈꾸는 듯하고 명상하는 생활과 한국인이 선호하는 자연에 가까이 있을 최상의 기회를 제공한다. 어떤 한국 승려도 힘든 노동에 불려가지 않고, 불교는 빈부를 막론하고 한국인에게 여전히 생계의 유지, 심지어는 남은 형제들의 육체적 안정을 위한 그 무엇을 제공하는 종교로 남아있다. 결국 게으름, 빈곤, 고통 덕분에 한국의 비구와 비구니 사찰은 완전히 쓸모없어지는 것을 면하게 되었다. 이상하게도 한국의 승려들은 중국 승려 다수의 특징인 죄에 찌든 잔인한 표정을 거의 보이지 않는다.

나는 한국의 종교, 혹은 무종교(irreligion)를 합리주의, 애국자의 종교, 미신, 평민의 종교로 나누고자 한다. 합리주의와 미신은 유교에 뿌리를 둔 도덕 체계로 잘 통제되고 있고 조상숭배로 단단하게 보호받고 있다.

다른 곳과 마찬가지로 한국에서도 합리주의와 미신은 접촉 지점이 존재하는데, 그 지점에서 서로 구분되지 않고 서로 융합되어 버리기도 한다.

나는 합리(reason)와 비합리가 서로의 안에서 자신을 상실한다고 생각하지는 않는다. 그보다는 다른 대립하는 힘들과 마찬가지로 합리와 비합리의 경계선은 머리카락 일부보다도 좁아 사람 눈으로 보이지 않을 정도이다.

한국의 합리주의는 기본적으로 세계 다른 곳의 합리주의와 동일하다. 한국의 미신은 본질적으로는 다르지 않지만 형태상 특이하다. 합리는 어느 곳에서나 한 가지 방식으로 표현되지만 비합리는 세계 각지에서 환상적일 정도로 다른 언어를 사용하여 말한다는 점을 지나는 길에 주목해두면 좋겠다.

한국 미신의 표현은 다채롭다. 미신이 다채로울수록 그것은 깨기 힘든 것이 된다.

한국의 데몬 숭배(demon-worship)는 분명히 매혹적이다. 한국에서 미신이 항상 지금과 같은 힘을 가졌던 것은 아니다. 한국에서 종교와 미신은 오랫동안 시소게임을 벌여왔다. 한국인들은 초기의 미신에 흥미를 잃게 되어 그것을 버리고 고도로 문명화된 형태의 종교를 받아들였다. 그런 다음에는 그 종교를 버렸다. 지금 평균적인 인간의 마음은 자신의 물질적 환경 바깥의, 보이는 것을 넘어서는 무언가를 믿어야 한다. '[가시적으로] 증명된 것'(Quod erat demonstrandum)은 대개의 종교 의례와 교의에서 전혀 중요하지 않다. 그래서 붓다와 점잖고 꽤 합리적인 신격들로 이루어진 그의 집단이 한국에서 실질적으로 추방된 시기가 왔을 때, 한국인들은 오래된 미신으로 돌아가 의존하였다. 오늘날 미신과 그 우스꽝스러운 제의들은 다른 문명화된 나라보다 한국에서 더 만연한다.

한국인이 믿는 초자연적인 존재에는 세 종류가 있다. 모든 사악한 방식의 일을 하는 데몬들(demons), 가끔 좋은 일을 하기 위해 일하고 더 가끔은 악령과 싸우는 선한 정령들(beneficent spirits), 그리고 일반적으로 산에 살면서 착한 일도 악한 일도 하지 않지만 매우 매력적인 민속의 주제가 되는 중간 부류의 정령들이다. 한국인, 한국의 대중, 미신적인 한국인은 그의 질병을 모두 데몬 탓으로 돌린다. 한국인은 자연이 해를 입힐 수 있다는 것을 인식하지 못하고, 자기도 모르게 생존의 법칙을 어겨 벌을 받을 수 있다는 것도 인식하지 못한다. 그래서 그는 대기와 바다와 바위에 지진의 악령(devil), 역병의 악령, 번개의 악령, 태풍의 악령, 그리고 수천 명의 흉작과 슬픔의 다른 악령들이 가득하다고 생각한다. 일단 모든 어려움이 악령 때문이라고 믿고 나면, 한국인은 악령을 달래기 위해 어떤 것도 할 태세를 갖춘다. 한국 데몬들은 매우 작다고 여겨지며, 그들에게 대단한 육체적 능력이 부여되는 경우도 들은 바가 없다. 거의 언제나 데몬의 무리 중 하나와 힘센 사람이 맞대결을 펼치는데(그러한 대결은 한국 신화에서 매우 흔히 나타난다), 데몬이 패배한다. 그럼에도 불구하고 한국 민중 대부분은 여전히 이 데몬들에 대한 지속적인 공포와 두려움 속에 산다. 그들을 막는 한국인의 방법은 유쾌하며, 유쾌할 정도로 간단하다. 많은 한국 지붕에 앉아 있는 동물들에 대해서는 앞에서 언급한 적이 있다. 그것들은 한국 악령에 대한 가장 효력이 있는 대응물로 여겨진다. 그러나 그것들을 소유하는 특권은 왕족이 매우 선호하여 독점된다. 잘 사는 한국인 집의 상인방(上引枋) 위에는 보통 채색된 직사각형 종이에 검은색으로, 혹은 흰색 직사각형 종이에 여러 색으로 유명한 두 장군의 초상을 무섭게 그려놓는다. 두 장군 중 하나는 중국인이고 다른 하나는 한국인인데, 둘 다 조선의 악령과 매우 성공적으로 싸운 전설로 한반도에서 유명하다. 그들의 초상은 집을 보호해주며, 집밖에 걸어놓으면 불행과 불운의 도깨비(imp)가 들어오는 것을 막아준다고 한다. 한국의 악령은 어떤 알 수 없는 이유로 집밖보다는 집안에서 훨씬 강력하다고 믿어지는데, 그래서 한국인은 악령의 존재를 집안에서 몰아내기 위해 특별한 고통을 감수한다. 가난과 낮은 사회적 지위로 인해 때문에 허수아비나 두 명의 옛 전사 모형을 걸어놓을 수 없는 가장(家長)은 대신에 천 조각과 볏짚 줄기를 문밖에 묶어둔다. 자기 집에 들어오려던 악령이 배가 고파 매듭 푸는 것을 포기하고 다른 곳으로 가버리기를 바라며 볏짚을 묶어둔다. 문밖에 묶어두는 천 조각은 반드시 자신의 낡은 옷에서 나온 것이어야 한다. 한국인의 상식으로는 악령이 상당히 멍청해서 천 조각과 마주치면 그것을 사람으로 착각하고 그 사람에게 여러 번 패배해 도망가면 더 이상 그 집을 괴롭히지 않을 것이라고 믿기 때문이다.

한국의 악령은 시끄러운 소리에도 놀라 달아난다. 귀가 찢어질 듯한 금속성의 불협화음에, 한마디로 악마 같은 소음에 악령이 유황 불꽃 날개를 펴고 뛰어나간다고 해도 놀라운 일은 아니다. 놀라운 일은 사람들이 다 그 소리를 참아낸다는 것이다. 소음으로 천상의 악한 존재를 위협하는 행위는(극동 사람들은 그리스인과 달리 하데스에 관한 믿음이 없다) 중국, 시암, 한국, 버마에 공통적으로 있다. 악령 감옥과 악령 나무, 그리고 앞에서 언급한 적이 있는 전문적인 악령잡이가 지붕의 동물 다음으로 중요한데, 내 생각에 그다음으로 중요한 것은 기도 막대(prayer-pole)일 것이다. 기도 막대는 균형이 잡히고 잘 닦이고 곧게 뻗은 나무 조각이거나 아무렇게나 잘라낸 나뭇가지이다. 어떤 경우든 현관에서 몇 피트 떨어진 곳에 그것을 꽂고, 그 위에 선한 정령에 보내는 기도, 천 조각, 악령을 달래어 속이기 위한 약간의 다과를 걸어놓는다. 어떤 때는 나뭇가지 꼭대기에 방울을 걸어 땅의 저주하는 이와 복을 주는 이 모두의 주의를 끈다.

안타깝게도 한국인의 믿음의 왕국에 사는 선한 정령은 게을러서, 그들의 착한 봉사가 필요할 때면 사람들이 간절하게 요청해야 한다.

그들의 착한 봉사가 필요 없을 때 그들은 떠나서 고고하게 혼자 있다. 그러나 천상에 사는 악령이 통제 불능일 때, 사람들은 노래와 춤으로, 혹은 방울을 울리거나 염주를 셈으로써 착한 정령을 불러들여 악한 형제와 싸우도록 한다. 한국의 천사들 역시 한국적이어서, 자러 갔다가 제때 일어나지 않아 비 내리는 일을 까먹는 일이 잦다. 비 내리는 일이 그들의 얼마 안 되는 공적 업무 중 하나이다. 한국에선 비가 내리지 않으면 벼가 자라지 않고, 그러면 한국의 악령들이 실제로 득을 보게 된다. 가뭄이 닥치면 모든 한국인은 기도한다. 미신적인 사람과 합리적인 사람이 함께 무릎을 꿇고, 만약 그들의 합치된 탄원이 선의를 가진 신들의 잠을 깨우는 데 실패하면, 이번엔 왕이 도성 바깥으로 행차한다. 왕은 사원이나 이 용도로 마련되어 있는 어떤 소박한 장소에 들어가서, 땅에 엎드려 백성들에게 비를 내려달라고 기도한다. 비는 다음 날에 올 수도 있고 다음 달에 올 수도 있다. 그러나 비가 언제 오든 충량한 한국인은 그것을 전적으로 왕의 중재 덕으로 돌린다. 일반인은 가뭄이 닥칠 때만 대부분의 한국의 신들에 직접 기도드릴 수 있다. 그러나 모든 한국인에겐 원할 때마다 기도드릴 수 있는 가정의 정령, 즉 집안의 선한 수호천사가 있다. 한국의 신과 정령 중에서 가장 사랑받고, 가장 신과 같고, 가장 숭배에 적합하고, 가장 기도 대상으로 적합하고, 가장 사랑받기에 적합한 이는 "아이들에 복을 주는 자"[삼신, 三神]라고 불린다. 그는 대정령(great spirit)이 가장 좋아하는 신이다. '대정령'이라는 표현은 북미 인디언 언어와 마찬가지로 한국 언어에서도 흔히 쓰인다. '아이들에게 복을 주는 자'는 한국의 모든 가정을 개별적으로 관장한다. 그는 이집 저집 돌아다니며 아이 머리에 복을 주거나 아이들에게 해가 닥치는 것을 막아준다.

한국인은 원래 한국은 정령과 요정이 가득했다고 굳게 믿으며, 이 믿음이 극도로 유쾌하고 재미있는 민간전승으로 발전하였다. 이것은 노르웨이 민간전승을 생각나게 한다.

"믿음이 합리적이고 순수하여 종교라고 불리는 것이 사라질 때, 공동체에서는 더 강력한 심성이 생겨 자립적으로 무(無)에 대한 믿음으로 전환한다. 그러나 절망적이게도 더 약한 심성이 생긴다면 다른 무언가에 대한 믿음으로 향하게 된다. 그 일이 여기서 일어났다. 그들이 향한 무언가는 결코 소멸되지 않았던, 오래된 토착적 데몬 숭배(demon-worship)이다."[2]

그리고 한국인 공동체에서 더 강한 심성은 무에 대한 믿음으로 전환하는데, 이것이 흔히 합리주의라고 불리는 것이다. 그러나 한국에서 합리주의는 아시아적 정신과 믿음, 본능의 이상한 현상인 조상숭배의 색채를 띠는 것으로 거의 변모되었다.

한국의 조상숭배는 중국과 거의 같다. 내가 아는 가장 철저하고 가장 비타협적인 불가지론자가 한국인이다. 내가 아는 가장 철저하고 가장 비타협적인 무신론자가 중국인이다. 그 둘은 모두 굳건하게 변하지 않는 조상숭배자들이다. 한국의 조상숭배는 흥미로운 것 이상이지만 단지 중국 조상숭배의 종속물일 뿐이다. 그것은 유교와 함께 중국에서 한국으로 왔다. 마찬가지로 그것은 유교와 함께 한국 도덕의 중심이다. 조상숭배는 한국인의 생활에서 거의 매일을 차지하는 세부 내용이다. 조상숭배의 준수는 가난하고 미신적인 농부보다는 잘 사는 합리주의자들에 의해 더 철저하게 수행된다. 사망과

---

2 따옴표 안의 내용은 다음에서 인용한 것이다. 위의 책, p.194.

매장은 조상숭배의 첫 번째이자 가장 크고 화려한 기능을 보여준다. 논리적이게도 아이나 미혼자의 죽음과 매장은 비용이 들지 않고 제의도 요구되지 않는다. 유아(결혼하지 않은 19세 남녀도 한국에서는 유아이다)는 돗자리, 호피, 혹은 죽을 때 깔고 있던 멍석으로 둘둘 만다. 볏짚으로 둘러싼 후 묻는다. 이것이 후손을 남기지 않은 한국인의 최후이다. [반면] 한 가정의 아버지가 죽을 때는 숨이 몸을 빠져나가는 순간에 장남이 눈을 감긴다. 가족(남녀가 한꺼번에 모인다)은 산발(散髮)하고 소리 지르며 곡하고, 가능하다면 정말로 운다. 망자의 유해가 집안에 있는 동안, 친척들은 좋아하지 않는 종류의 음식을 목숨을 부지할 정도로 최소한만 먹는다. 실제로 장남은 거의 먹지 않아야 한다. 사망 4일 후에 가족들은 머리 모양을 바로 하고 첫 상복을 입는다. 극동의 다른 나라들과 마찬가지로 한국의 상복은 거칠고 염색하지 않은 천으로 짓는데, 하얗다고는 해도 실제로는 그다지 하얗지 않다. 이 넷째 날에 가족, 친구, 지인들은 망자 앞에 절하고, 절하고, 또 절한다. 그리고 망자 옆에는 평상시보다 훌륭한 저녁상을 차린다. 특별히 준비된 떡의 큰 조각과 시장에서 살 수 있는 갖가지 과일을 차리는데, 구하기 어려운 비싸고 귀한 것일수록 좋다. 친구들을 위해서도 저녁을 차리지만, 가족에게는 차리지 않는다. 시신 주변과 집 전체에는 초와 향을 켜고 쉬지 않고 곡을 한다. 애도자와 직업적 곡꾼이 번갈아 잠을 자면서도 구슬픈 곡소리를 들으며 서로를 위로한다. 종이돈, 즉 모조 지폐와 망자의 직위와 선한 속성을 적은 긴 만장이 불태워진다. 가난한 사람들에게는 매장까지 사후 5일, 혹은 최장 9일 걸린다. 부자들의 경우 유해가 최소 석 달 동안 매장되지 않은 채로 있다. 한국의 관은 중국 관처럼 밀봉되거나, 그렇다고 여겨진다. 그

러나 한국 관은 훨씬 작고, 관벽에는 아마포나 비단 조각이 덧씌워진
다. 부자들은 일반적으로 매장에 길한 날을 정하기 위해 지관을 고용
한다. 관은 아름답게 수놓아진 비단으로 덮거나 아름답게 조각된 나
무로 만든다. 사망시간부터 매장 이후 얼마 동안까지 기도가 계속된
다. 관은 한국의 독특한 수레인 장의차에 실려 가거나, 작은 삯에 고
용되어 이런 일만 하는 이들에 의해 이동된다. 관 외에 망자의 지위와
성품을 적은 만장(輓章)과 망자가 생전에 사용하던 등불을 갖고 간다.
관 뒤에는 아들이 따라가는데, 한국의 애도자는 중국과 비슷하게 지
팡이에 크게 의지해서 걷는다. 가마나 말 뒤로는 지인과 친구들이
모여든다.

한국의 무덤은 주로 산허리에 있고 최대한도의 돈을 들여 장식된
다. 가난한 사람의 무덤조차 잘 보살펴서, 추모비나 사원은 없어도
푹신한 녹색 잔디를 깔고 연한 봄꽃을 놓는다. 하지만 유지 가능하다
면 무덤 근처에 작은 사당을 세워 정기적으로 망자를 찾아오는 이들
의 쉼터로 쓰고, 남자와 동물들의 기이한 석상으로 무덤을 호위한다.

가족이 불운하다면 한국인은 그들 조상 중 하나가 적합지 않은 장
소에 묻혀있다고 생각할 공산이 크다. 그렇다면 돈이 얼마가 들든,
얼마나 힘이 들든, 무덤을 열어 망자를 더 선호되는 장소로 옮긴다.
한국의 장례는 중국 장례만큼 길거나 더 길고, 그만큼 복잡하거나 더
복잡하지만, 매우 비슷하다. 중국 장례에 관해서는 매우 자주 충분히
묘사되어왔기 때문에, 한국 장례에 관해 여기서 더 언급하는 것은 불
필요할 것 같다.

그렇다면 이상의 내용이 한국의 종교 혹은 무종교이다. 미신은 백
성을 위한 것이고, 조상숭배는 백성과 왕족, 그리고 그 중간의 사람들

을 위한 것이다. 지구상의 위대한 종교들 속에 있던 나라가, 그리고 그리스도의 종교를 무자비하게 핍박한 나라가 조상숭배에 이처럼 헌신적이라는 점은 기묘하다. 그러나 우리 중 누가 외로운 밤을 말없이 지내며 "사라진 손길과 멈춰버린 목소리를"[3] 헛되기 기다리며 깨어있었던가? 누가 한국인이 부단히 맹목적으로 행하는 효를 위한 헌신을 비난할 것인가?

---

3   테니슨(Alfred Lord Tennyson, 1809~1892)의 시 "Break, Break, Break"의 한 구절. 죽은 이를 의미한다.

선더슨, "한국과 한국 사람들에 대한 메모" 중에서

H. S. Saunderson, "Notes on Corea and Its People", *The Journal of the Anthropological Institute of Great Britain and Ireland* 24, 1895, pp.299~316.

| 해제 |

저자 선더슨에 대해서는 알려진 바가 별로 없다. 이 글은 선교사가 국내에서 발행한 저널이나 선교잡지에 실린 것이 아니라 유명한 인류학회지에 실렸기 때문에 영미권에서 한국을 알리는 자료로 많이 인용되었다. 구글 도서검색(https://books.google.com) 검색 결과 다양한 분야의 책과 논문 16종에서 한국과 관련한 정보를 위해 이 글을 인용하는 것을 확인할 수 있다.

아래 내용은 선더슨 논문 중 종교 항목만을 번역한 것이다. 내용은 간략한 편인데, 한국 전통을 종교로 인정하기를 거부하는 1880~90년대 서양 방문자와 선교사의 견해가 반영되어 있음을 볼 수 있다.

• 종교

지금 한국인들이 무슨 종교를 신앙하는지(profess) 파악하는 것은 어렵다. 유교는 1400년에 불교를 대체하였다. 그러나 유교는 종교라고 불릴 수 없고, 성현 숭배는 공적 지출에 의해 그를 추모하는 사당이 건립되는 것에 국한된다. 조상숭배는 보편적이지만, 그 어떤 것도 종교라는 용어를 쓸 수 없다. 그것은 차라리 효도의 한 유형이다. 조상숭배는 망자의 이름이 새겨진 판자 앞에서 향 피우기에 국한된다.

불교는 이전 시기에 한국의 기성종교였다. 불교는 중국으로부터 소개되어 905년부터 1392년까지 융성했다. 그러나 이 시기 마지막에 이르러서 불교 승려가 국가 정부에 개입하기 시작하고 많은 반란을 일으켜, 결국에는 확고한 통제로 진압되었다. 승려들은 사형으로 위협당하며 도성 출입이 허용되지 않았고, 유교가 전반적으로 채용된 것이 결정타가 되었다. 종교는 더 악화하였다. 사원은 오늘날까지 부정한 것의 하수구가 되었고, 사제들은 그들의 악행 때문에 하나의 악의 대명사이자 치욕이 되었다. 승려 계층은 오직 하위 계급에서만 충원되고, 그들이 받아온 경멸의 결과 사회에서 그들의 지위는 노비의 수준이다. 불교도들은 전성기에 국가에 크게 기여하였다. 그들은 유일하지는 않지만 주요한 학문 전파자였고, 한국인은 그들의 언어를 승려들에 신세를 졌는데, 한글이 피종(Pi-tsung)이라는 이름의 승려에 의해 8, 9세기에 발명되었기 때문이다. 한국에서 종교가 일본에 전파되었고, 교토와 가마쿠라에 있는 대찰(大刹)의 많은 특성은 한국에서 온 것이다. 일본의 유린 때문에 지금 남아있는 사찰은 별로 없고 외양상 중국 사찰과 거의 동일하다.

샤머니즘은 널리 퍼져있다. 사람들은 대단히 미신적이고 그들 중에 악령(malign spirit)이 계속해서 존재함을 굳게 믿고 있다. 모든 질병에는 병을 담당하는 특수한 마귀(devil)가 있어, 치료 행위에는 언제나 마귀를 달래거나 환자에서 마귀를 쫓아내는 것이 포함된다. 또 산, 물, 하늘, 나무, 호랑이, 표범 그리고 기타 무한히 많은 대상의 정령(spirit)들이 있다. 점쟁이들은 많이 있는데, 결혼과 같은 중요한 사건이 일어날 때는 그들을 찾아가 문의한다. 매장 전에는 지관(地官, geomancer)을 불러 장지가 유리하게 자리 잡았는지를 결정한다. 그렇지 않으면 다른 자리가 선택된다. 만약 매장한 땅의 풍수(風水, 글자 그대로 하면 바람과 물)가 좋지 않으면, 큰 재앙이 가족에 일어날 것이라고 믿는다. 풍수의 정령을 달래기 위해 놋쇠 물고기가 추에 부착된 신기한 종이 사찰 지붕에 달려 있어 바람에 챙그렁 소리를 낸다.

무덤은 보통 산 위에 남쪽을 향해 있다. 그곳에는 좋은 영향력이 올 것이라고 믿어진다. 상위 계급의 경우 가족 무덤이 말굽 모양 둔덕에 의해 악한 영향력이 오는 북쪽으로부터 보호된다. 이것 역시 중국 풍습이다.

특정한 마른 나무에는 마귀가 거주한다고 생각되기 때문에, 한국인들은 돌을 던져 놓거나 가지에 옷 조각을 매지 않고 마귀 나무(devil-tree)를 지나치지 않도록 조심을 한다. 이것을 빠뜨린다면 화(禍)가 그들과 그들 가족에게 닥칠 것이라고 믿는다. 그들은 흔히 마귀에 순응하기 위해 나무 발치에 작은 오두막을 짓는다. 고난이 닥치면 한국인은 이러한 오두막 중 하나에서 밥과 술을 봉헌할 것이다. 그리고 그다음에 지나갈 때는 그것이 사라질 수도 있는데, 그는 마귀가 그를 용서하고 어려움이 사라질 것이라고 믿는다. 죽음이 닥치면 망자의 가족이 시체 주변에 모여들어 징, 주전자, 깡통을 사흘 밤낮으로 온 힘을 다해 치고, 잠시도 쉼 없이 단조로운 만가(挽歌)를 계속 부른다. 한국인은 이렇게 하지 않으면 마귀가 죽은 자의 몸속에 들어가 죽은 자를 살려내어 사람들을 죽이고 재산에 최대한의 막대한 피해를 끼칠 것이라고 믿는다. 많은 마녀(witch)와 현명한 여성들이 있고, 이들은 크게 존경받는다.

그 여성들은 보통 주문 다발을 차고 있는데, 여기엔 혼인의 행복의 상징인 원앙 한 쌍, 그리고 착용하면 아들의 어머니 되도록 보장해준다고 여겨지는 기묘한 작은 쌍둥이 우상(Joss)이 들어있다. 행운의 글자가 새겨진 지폐는 애장품이다. 그들은 나비와 불수귤나무(Buddha's fingers, 끝이 손처럼 생긴 시트론의 한 종류) 형상들, 둥글고 작은 동전 모양의 부적을 차고 있다. 그러나 나는 이것들의 의미를 전혀 모른다. 이것들을 만들 때 놋쇠가 가장 일반적으로 사용되는 물질이다. 그러나 그것들은 은으로도 만들어지고, 색색의 도료(塗料)로 장식되기도 한다.

랜디스, 한국의 굿에 관한 기록[1]

Landis, E. B., "Notes on the Exorcism of Spirits in Korea", *The China Review* 21-6, 1895, pp.399~404.

| 해제 |

랜디스(Eli Barr Landis, 남득시南得時, 1865~1898)는 1890년에 한국에 입국한 최초의 성공회 선교사 중 한 명으로, 1898까지 인천에서 의료선교사로 활동하면서 한국 문화에 관한 연구를 남겼다. 개신교 선교사로서 그의 위치는 독특하다. 그는 다른 개신 교단과 달리 의례에 관심이 높은 성공회의 선교사였고, 영국 사제로 주로 구성된 성공회 선교단에 미국인 평신도로서 참여하였으며, 의료선교사로서 객관적 자료를 바탕으로 종교에 접근하고자 하였다.

랜디스는 종교 의례에 관해 여러 연구를 남겼는데, 아래의 글은 그의 초기 연구이자 무속의 굿에 관한 유일한 연구이다. 그는 굿에 직접 참관한 경험을 기록한 것으로 보이며, 무속의 신격에 주로 관심을 보였던 다른 선교사와는 달리 굿의 구체적인 절차에까지 관심을 보였다. 19세기 말 굿의 현장을 생생하게 기록하였다는 점에서 한국 무속사 연구에도 유용한 자료의 가치를 지닌다.

---

1   이 번역은 다음 논문의 부록으로 수록된 것을 수정한 것이다. 변지선·방원일, 「성공회 선교사 랜디스의 "Notes on the Exorcism of Spirits in Korea"에 관한 소고」, 『민족문화연구』 81, 2018, 464~475쪽.

• 도입부[2]

한국을 방문한 사람이면 오래지 않아 근방 어디선가에서 북 두드리는 소리와 함께 바라(cymbals)가 부딪혀 시끄럽게 댕댕거리는 소리를 꼭 듣게 된다. 소리 나는 방향으로 가본다면 그는 한 여자-그가 어렸을 적 본 마녀 그림을 생각나게 하는 늙고 못생긴 노파-가 빙빙 돌며 춤추는 것을 볼 수 있을 것이다. 그녀는 앞자리에 앉아 있는 어린 무당이나 제자 두세 명이 연주하는 북과 징에 장단을 맞춰 춤을 추고 있다. 무당(sorceress) 자신은 부채를 사용하며, 일반적으로 남성 복장을 하고 최대한 환상적인 옷차림으로 차려입는다. 또 그녀는 일본 신도 사원에서 볼 수 있는 것과 똑같은 모양의 종잇조각을 머리에 꽂는다. 신도식의 꼬인 매듭도 사용되고 의식의 많은 부분이 유사하므로, 신도(Shintoism)가 결국 샤머니즘이 아닌지 물어보게 된다.[3] 일본 토양이 아니고서는 이렇게 두드러지게 번창할 수 없다는 자부심을 빼고 본다면, 도자기, 문자, 불교, 그리고 일본이 지닌 거의 모든 것들과 함께 샤머니즘도 한국에서 받아들인 것이 아닌지 묻게 된다. 퍼시벌 로웰(Percival Lowell)이 일본의 아시아학회에서 발표한 논문에

---

2 원문에는 소제목이 없지만, 번역에서는 글을 네 부분으로 나누고 소제목을 붙였다.
3 무속에서 사용되는 흰 종잇조각을 통해 일본 신도와의 관련성을 유추하는 주장은 1885년에 출간된 그리피스의 책에서도 볼 수 있다. 랜디스의 언급은 그리피스 책 내용을 염두에 둔 것으로 보인다. 그리피스는 '새로운 개항장인 인천에서 멀지 않은 한 마을의 사당'을 언급하면서 거기서 일본의 신도와 비슷한 토착 종교의 상징을 볼 수 있다고 주장한다. "서까래에 붙어있는 뒤쪽 벽에는 흰 종잇조각들의 묶음이 걸려있었다. 이것은 틀림없이 일본 사원의 고헤이(ごへい), 즉 흰 종이가 달린 나무막대기에 해당하는 것이다. 이 종잇조각에는 신들의 영이 거한다고 생각된다."(William Elliot Griffis, *Corea, Without and Within*, Philadelphia: Presbyterian board of publication, 1885, pp.163~164.)

따르면 이 의식은 순수한 신도 의례라고 기술되었고 다른 곳에서는 볼 수 없는 것이라고 가정되었다.⁴ 그러나 일본에서는 축귀자(逐鬼者, exorcist)가 신도 사제이지만 한국에서는 여성이 무대의 주인공이라는 사실이 다르고, 사용되는 장대의 크기만 다를 뿐, 전반적인 의식은 한국의 어느 큰 도시에서도 매일 볼 수 있는 것이다.

• 정령 목록

이하 내용은 한국에서 무당에 의해 수행되는 굿(exorcism)⁵에 대한 몇 개의 기록들에서 볼 수 있는 것으로, 굿의 대상이 되는 다양한 정령들(various spirits exorcised)의 목록이 포함된다.

상위 정령(Spirits high in rank)
1. 하늘의 정령(Spirits of the Heavens)
2. 땅의 정령(Spirits of the Earth)

---

4 여기서 언급된 퍼시벌 로웰의 글은 "Esoteric Shinto"를 가리키는 것으로 보인다. 글 첫 부분에서 로웰은 일본인의 산악숭배를 언급하면서, 그것이 "신도적인 것이고 따라서 순수하게 일본의 기원을 가진 것"이라고 말했다.(106) Percival Lowell, "Esoteric Shinto", *Transactions of the Asiatic Society of Japan* 21, 1893, pp.106~135. 로웰의 글은 랜디스가 동아시아 의례를 영어로 표현하는 방법에 영향을 주었을 것으로 여겨진다. 로웰은 일본의 신령을 'spirit'으로 표현하였는데, 랜디스가 한국의 신령을 'spirit'으로 표현한 것은 로웰과 그리피스의 선례를 따른 것으로 추측된다.
5 이 글에서 랜디스는 굿을 'exorcism'으로 표기하였다. 무속의 굿이 축귀(逐鬼)와 동일시될 수 없고 축귀의 성격을 갖는다 해도 부분적이라는 사실을 잘 알려져 있다. 이 점에서 'exorcism'은 굿의 영어 번역어로서 불충분하다. 랜디스가 이 불충분성을 인지하였는지는 알 수 없지만, 번역어로 일관되게 사용하였기 때문에 여기서는 이하에서 'exorcism'을 굿으로 번역하였다.

3. 산의 정령(Spirits of the Mountains and Hills)

4. 용의 정령(Spirits of the Dragons)

5. 지역의 수호 정령(Guardian Spirits of the District)

6. 불교 신앙의 정령[불사](Spirits of the Buddhist Faith[?])

집안의 정령(Spirits of the House)

7. 성주신(Spirit of the ridge pole). 이 신은 집안 정령 중 맨 윗자리를 차지한다.

8. 제석(Spirit of goods and furniture)

9. 이씨 가문의 정령(Spirit demon of the Yi family)

10. 조왕(Spirit of the kitchen)

11. 9번 정령의 하위정령(Attendant spirits of No. 9)

12. 조상을 위한 정령(Spirits which serve one's ancestors)

13. 9번 정령의 호위무사와 하인(The Guards and servants of No. 9.)

14. 창부(The Spirits which aid jugglers)

15. 재물과 동산의 정령(Spirits of goods and chattels). 8번 신과 비슷하지만 지위가 낮다.

16. 천연두의 정령(Spirits of smallpox)

17. 업대신(Spirits which take the forms of animals)

18. 어린 여성에 신내림을 해 무당으로 만드는 정령[몸주신](Spirits which take possession of young girls and change them into exorcists)

19. 칠성(Spirits of the seven stars which form the Dipper)

20. 터주(Spirits of the house site)

다양한 종류의 정령(Various kinds of spirits)

21. 직성(Spirits which make men brave)

22. 나무에 깃들인 정령(Spirits which reside in trees). 옹이진 관목이나 흉하게 생긴 나무가 이 정령의 거처로 여겨진다. 사람에게 폭력적

인 죽음이나 요절을 맞이하게 하는 정령이다. 환갑(즉 60세)에 이
르기 전에 죽은 사람은 이 정령의 탓으로 죽은 것이라 여겨진다.
이들이 악하다는 것은 말할 나위가 없다.

23. 호랑이에 물려 죽게 하는 정령(Spirits which cause tigers to eat men)
24. 길에서 죽게 하는 정령(Spirits which cause men to die on the road)
25. 집 주위에 온갖 재난을 일으키는 정령(Spirits which roam about
    the house causing all sorts of calamities)
26. 객사하게 하는 정령(Spirits which cause a man to die away from
    home)
27. 남 대신 죽게 하는 정령(Spirits which cause men to die as
    substitutes for others)
28. 목매달아 죽게 하는 정령(Spirits which cause men to die by
    strangulation)
29. 물에 빠져 죽게 하는 정령(Spirits which cause men to die by
    drowning)
30. 아이 낳다 죽게 하는 정령(Spirits which cause women to die in
    child-birth)
31. 자살로 죽게 하는 정령(Spirits which cause men to die by suicide)
32. 불타 죽게 하는 정령(Spirits which cause men to die by fire)
33. 맞아 죽게 하는 정령(Spirits which cause men to die by being beaten)
34. 떨어져 죽게 하는 정령(Spirits which cause men to die by falls)
35. 역병에 걸려 죽게 하는 정령(Spirits which cause men to die by
    pestilence)
36. 콜레라에 걸려 죽게 하는 정령(Spirits which cause men to die by
    cholera)

• 굿의 종류

굿 준비

무당(exorcist, 한국에서는 항상 여성)은 상위신의 경우 한 달, 하위신
의 경우 삼 일에 이르는 다양한 기간에 남편과 합방해서는 안 된다.
이 기간에 무당은 생선과 고기를 먹어서는 안 되고 일반적으로 (심하
지 않은) 단식을 한다. 재를 먼저 물에 적시고 무당이 이 물을 마신다.
굿할 집 주위를 걸어 다니며 물을 뿌린다. 그다음에 깨끗한 물을 갖고
똑같은 행위를 한다. 그러면 성주신(7번)이 나와 무당을 들어오도록
한다고 여겨진다. 굿에는 열두 종류[거리](varieties)가 있다.

I. 제석(帝釋, the spirit of goods and furniture) ([정령 목록의] 8번)

이 굿은 모든 굿 중 가장 중요하다. 이 굿을 연행(演行)하면 집에
복이 내리고 재산이 풍성하게 축적된다.

[무당이] 대암제석(Tai Am Chyei Syek), 소암제석(Syo Am Chyei Syek),
복이제석(Po Ki Chyei Syek)이 불러와서 아들에게 장수(長壽)를, 딸에게
다복(多福)을 내린다. 이 세 정령이 난 곳은 은산(銀山)도 황금산(黃金
山)도 아니다. 그들의 부계(父系) 조상은 화주(Hwa Ju)의 철학자[화주
승]이다. 그들의 모계(母系) 조상은 용궁(龍宮)(황궁[皇宮])에서 온 여인
이다. 그들은 7살에 처음 만났고 17살에 다시 만났다. 이때 모계 조상
이 임신했고, 적당한 때에 그들의 아버지를 낳았다. 연월일시가 주어
지고 사주(四柱, horoscope)가 나왔다. 아이가 세 살 때 어머니가 죽었
고, 아이가 일곱 살일 때 아버지가 죽었다. 아이는 갈 곳이 없어 숙부
댁에 가 이렇게 말했다. "숙부는 나의 혈육이지만 숙모는 나의 혈육

이 아닙니다. 그래서 나는 하인이 되겠습니다." 숙모는 동이에 한데
넣은 나물 찌꺼기와 찬밥을 먹이며 그를 매우 박대하였다. 눈물이
대접에 떨어져 밥에 섞일 정도였다. 이렇게 많은 날과 달이 지난 후,
새해 첫날 그에게 나가 땔감을 모아오라고 했다. 그는 허리에 밧줄을
묶고 팔 아래 긴 낫을 품고 손에 낫을 들고 황금산을 올랐다. 거기서
그는 칡덩굴 땔감을 모았다. 그리고 산에서 내려와 떡갈나무 땔감을
모을 때 한 스님이 염불을 외우며 산에서 내려와 그를 보고 물었다.
"어디에 사는가? 일 년 중 많은 날과 달이 있는데, 왜 너는 새해 첫날
땔감을 모으고 있느냐?" 그가 답했다. "나는 비천한 출신이 아니라
제석의 아들입니다. 부모님은 일찍 돌아가시고 숙부 댁에서 살고 있
습니다. 그들이 오늘 내게 땔감을 모아오라고 명해서 나는 따를 수밖
에 없습니다." 스님이 말했다. "너는 귀한 집안의 귀한 자손이나 사주
가 좋지 않다. 네가 고생할 것을 생각하니 마음이 아프다. 가서 나와
함께 절에서 살고 싶지 않은가?" 소년은 기뻐하며 스님을 따라갔다.
그들은 걸어서 높은 산을 하나 지나 절이 있는 산꼭대기에 올라갔다.
그곳이 스님이 거주하는 곳이었다. 이 하나의 절에는 여러 개의 법당
이 붙어 있었다. 가장 높은 법당은 삼층 높이였고 가장 낮은 법당은
이층이었다. 그들은 삼존불(三尊佛)이 있는 가장 큰 절에 갔다. 삼존
불 앞에는 오방불(五方佛)과 사천왕상(四天王像)이 마치 염불하듯 서
있었다. 불상이 놓인 대좌 앞에 나이 든 스님이 서서, 염주를 쥐고
빠르게 절하며 염불을 했다. 소년은 절 안의 곳곳을 다녔고 모든 것을
보고 알아본 후에 머리를 밀고 제자가 되었다. 스님은 소년에게 먼저
문자를 배울 것인지 아니면 불교 의례와 의식을 배울 것인지를 물었
다. 소년은 문자를 먼저 배우겠다고 했다. 그는 곧 '천자문(千字文)'을

시작했고 이어서 모든 교과서를 공부했다. 그는 대단히 총명했다. 한 글자만 가르쳐도 줄 전체의 의미를 알았다. 모든 고전을 공부한 후, 그는 불교 의례와 의식을 공부했다. 불경을 모두 공부한 후 스님이 말했다. "양반 자제 중 너만큼 공부한 이가 있다면 박사가 되었을 것이다. 너에게 불경 공부는 쓸모없을 것이다. 봇짐과 염주와 지팡이를 갖고 하산해라. 네가 들어가는 첫 번째 집에서 너는 쌀을 얻어야 한다." 제자는 말한대로 하였다. 그는 젊은 여인이 옷을 깁고 있는 집으로 들어갔다. 그는 자신이 받아야 할 쌀을 시주받았다. 그가 그녀의 눈을 보자 그녀는 임신하였다. 때가 되어 그녀는 세 아들을 낳았다. "이 세 아들이 당신들입니다, 오 정령이여! 당신이 세상에 복을 내려 모든 집에서 제물을 바치고 있습니다."

이 정령들에게 바치는 제물로는 고기를 사용하지 않는데, 이는 이 정령들이 불교에서 나온 것임을 나타낸다. 집마다 대들보를 세울 때 제물을 차린다. 일반인들에게 그 의미를 물어보면 그들은 모른다고 할 것이다. 그러나 아래 내용이 그 기원을 알려준다.

Ⅱ. 성주신(the spirit of the ridge pole)

이 정령은 모든 집안 정령 중 맨 윗자리를 차지한다. 죽음이 발생하거나 눈물을 흘릴 만한 재난이 닥치면, 이 정령이 노하여 집을 나간다. 그가 나가면 재난이 연달아 닥치고 집안은 더 안 좋아진다. 그러면 무당을 불러 이 정령을 되돌아오도록 설득하게 한다. 이 정령이 우두머리이기 때문에 이 정령이 돌아오면 다른 정령들도 돌아와 행운을 가져다준다.

Ⅲ. 이씨(李氏) 가문의 정령(the spirit of the Yi family)

이 정령은 원래 한국의 한 세자였다고 한다. 그는 중국을 공격하고 싶었고 자신감이 가득했지만, 왕자에 불과했기 때문에 어쩔 수 없이 가만히 있었다. 그는 매우 성급했고 자신의 무모한 계획을 실행하도록 허락해주지 않는 부왕(父王)에게 화가 났다. 그가 마흔 살이던 해에 한 번, 부왕이 조상 묘에 행차를 나갔을 때, 그는 중국에 전쟁을 선포하는 왕명을 허위로 작성하였다. 이것은 반역 행위이기에 그는 죽임을 당해야 했고, 처형은 왕의 충신 중 한 명에 의해 이루어졌다. 이제 그의 정령은 배회하며 만나는 누구에게나 해를 끼친다. 건강한 사람이 갑자기 죽거나, 질병이 가족 구성원들에 전염되거나, 누군가가 악몽을 꾼다면, 이것은 이 정령 때문이다. 집에 이 정령이 들어오면, 사람이 하나 죽거나 소나 돼지가 죽기까지는 달래지지 않을 것이다. 그러므로 이 정령이 이웃이나 집안을 찾아오면, 돼지 한 마리를 즉시 죽여 그를 달래고 떠나도록 유도해야 한다. 돼지는 칼집이 나서는 안 되고 전체를 삶아 온전히 바쳐야 한다. 그러면 무당이 칼 두 개를 잡고 칼춤을 춘다. 때로는 무당이 춤추다가 극도의 흥분에 빠져 입에 거품을 물고 경련을 일으킨 것처럼 쓰러지기도 한다. 무당이 실제로 죽은 일도 있었다. 무당은 다음과 같은 말로 힘을 불러일으킨다. "오, 우리나라의 주인과 마님이시여, 안녕하소서. 삼 년마다 우리는 음악과 춤으로 당신을 부릅니다. 오, 이 집안이 안녕하게 하소서."

그 다음에 나무를 들여와 상자를 만든다. 상자 위에 조선의 관모와 관복을 입히고, 궁궐 여성을 위한 옷도 입힌다. 그다음에 이 상자를 가족의 옷걸이 가장 높은 곳에 올려놓고 빈번하게 제사를 올린다.

기도문에서 언급했듯이 각 지방에서는 삼 년마다 이 정령을 달래는 특별한 제사를 올린다.

Ⅳ. 산신령(山神靈, spirits of mountain and hills)

이 정령들의 굿에서 무당은 남성의 모자와 재상의 관복을 입는다. 한 손에는 삼지창을 든다. 그녀는 춤추고 빙빙 돌면서 극도의 흥분에 빠져든다. 춤을 추는 동안 무당은 돼지 다리를 삼지창의 (양옆의 것보다 긴) 가운데 갈래 위에 올려놓는다. 그녀는 음식을 차려놓은 제사상 앞에서 삼지창을 손끝에 곧게 세우는데, 신기하게도 쓰러지지 않고 그대로 서 있다.[6] 이 일을 하기 전에 그녀는 먼저 데몬(demon)에 들리는데, 데몬에 들렸다고 여겨질 때 그녀의 온몸이 저절로 떨린다. 그러면 그녀는 정령의 용서를 구할 때까지 정령을 꾸짖고 욕한다. 그다음에 종이 한 장을 빈 두루마리로 둥글게 말고 불을 붙인다. 불타는 종이가 떠오르면 가족들은 죄가 없다고 여겨진다. 종이가 뜨지 않고 뒤집히면 가족 중 누군가가 부정하여 죄가 있다고 여겨진다.

Ⅴ. 이씨(李氏) 가문 정령의 하위정령(spirit attendants of the spirit of the Yi family)

이 정령을 모시는 굿을 할 때, 무당은 붉은 모자와 붉은 관복을 착용하고 허리띠에 관리의 표식을 단다. 무당은 춤추면서 이 정령 외에도 홍씨(洪氏)와 12국 사신의 정령을 불러들인다. 그녀는 음식이 많이 차려져 있는데도 더 차리지 않았다고 집주인을 혼낸다. 그다음에 Ⅳ[산신령]에서와 마찬가지로 종이를 말아 불태운다.

---

6 '사슬 세우기'를 묘사한 것으로 보인다.

VI. 조상신(spirits of the ancestors)

이 굿은 5대에 이르는 남녀 조상을 위한 것이다. 무당은 손에 세 부처님의 그림을 들고 있고, 춤추는 동안 정령들이 나와 그녀 어깨에 앉는다. 무당은 울면서, 조상의 무덤에 어떤 이유에서 문제가 있다거나, 집터가 나쁘거나, 혹은 다른 이유에서 집안에 병이나 다른 우환이 닥친다고 조상이 말하는 것을 전한다. 여자 조상은 아홉 영혼(soul)을 갖고 남자 조상은 열두 영혼을 갖는다. 집안의 모든 친척을 위해 종이를 태운다. 사촌에 이르는 친척을 위해 종이가 다섯 번 제거된다.

VII. 천연두의 정령(the spirit of small-pox)[7]

이 정령의 굿에서 무당은 병졸의 모자를 쓰고 손에 방울을 든다. 흰 떡(쌀가루와 물로 만들고 구운)과 물만 드린다. 그녀는 정령이 들릴 때까지 춤을 춘다. 정령이 그녀를 통해 말하기를, 천연두의 정령이 쉰세 분 있지만, 한국은 작은 나라라서 3분의 1만 여기 살고 있다고 한다. 더 나아가 정령은 자신이 천연두 정령 중 으뜸이라고 선언하고, 자신을 제대로 모신다면 집안에 천연두를 통한 우환은 없을 것이라고 약속한다.

나는 천연두가 한국에서 흔하면서도 매우 두려운 질병이라는 사실을 덧붙이고 싶다. 이 질병만으로 눈이 멀거나 다른 불구가 되는 사람의 숫자는 놀랄 정도이다. 한국인들은 천연두 환자에게서 나온 바이러스를 콧구멍을 통해 집어넣어 예방접종을 하는 방법을 갖고 있지만, 이 방법의 악영향은 천연두 자체보다도 크다.

---

7 천연두와 관련된 신령의 이름으로는 호구별상, 마마, 두창, 두신, 손님마마 등이 있다.

VIII. 직성(直星, spirit of one's own self)

이 정령은 항상 한 사람을 대동한다. 무당은 손에 종이 한 장을 들게 된다. 이 정령의 굿을 하면서 무당이 정령에게 듣게 되는 이야기는 다음과 같다. 한 사람을 대동한 정령은 특정한 장소에서 음식을 즐길 수 없고, 이러한 이유에서 그는 가족에게 병을 주거나, 때에 따라서는 주인이 하는 거래를 방해한다는 것이다. 그러면 무당은 손에 들고 있던 종이를 집 처마에 붙이고 다른 종이를 갖고 와 태운다.

IX. 동물 형태의 정령들(spirits which take the forms of animals)

집에 들어와 복을 주는 특정한 동물이 있는데, 구렁이 과에 속한 뱀의 일종이나 족제비가 그런 동물이다. 이 동물들이 꿈에 보이면 틀림없이 복을 받는다. 이들은 나무장작 더미 아래에 거처를 잡는다. 이들의 정령이 나타나면 비단이나 공단(貢緞) 옷을 짓고 돈과 함께 빈방에 놓아야 한다. 이렇게 하면 그 가족에게 많은 돈이 생길 것이다. 이러한 복을 얻기 위해서, 무당이 이 정령들을 불러들이는 목적으로 초청될 수 있다. 먼저 제사를 지내야 하고, 매월 보름에 많은 음식을 차려 제물을 드리고 종이를 태워야 한다.

X. 창부(倡夫, the spirits of jugglers)

이 정령들은 문과(文科) 시험에 합격한 이가 있는 집에만 의탁한다. 이 정령을 모시는 굿은 구경꾼이 많을 때만 행해진다. 젊은 처녀 무당이 춤추고 노래하는 동안에 구경꾼들은 무당의 허리띠에 돈을 걸어놓거나 묶어놓은 돈을 무당 옷을 향해 집어 던진다. 재정적 측면에서 무당에게 가장 득이 되는 굿이다.

XI. 산꼭대기 나무에 깃든 정령(spirits which reside trees on the hill tops)

누군가가 환갑(즉 60세)이 되기 전에 죽는다면, 정령이 산꼭대기나 산기슭 나무에 깃들 것이다. 옹이가 진 나무에는 이 정령이 깃들었다고 여겨진다. 누군가 전염병으로 죽거나 길에서 죽거나 여성이 아이 낳다가 죽는다면, 그 정령이 틀림없이 나무에 깃든다. 이 정령들에게 바치는 제물은 떡, 막걸리, 돼지이다. 그러나 호랑이에 물려 죽은 사람의 정령이 자리 잡은 나무에는 돼지 대신 개고기를 바친다. 무당은 빨간 옷을 입고 정령을 불러들이며 춤을 춘다. 무당은 다수의 악령이 이 집주인을 괴롭혔으나 나무의 정령이 사악한 정령들을 물리쳐 줄 것이라고 말한다. 그다음에 무당은 집주인을 불러 잘못했다고 말하면서 꾸짖는다. 그 이후에 여러 개의 소반에 정령들을 위한 제물을 차린다.

이런 굿이 끝날 때마다 무당은 집 앞마당에 나와 곡물 떡, 밥, 국, 나물, 생선, 막걸리, 육회를 바친다. 그녀는 이것들의 조각을 떼서 정령들에게 먹으라고 사방으로 뿌리며 다음과 같이 빈다. "더는 이 집을 괴롭히지 말거나 삼 년간 찾아오지 마시오. 삼 년이 지나면 우리가 다시 제물로서 달래드리겠습니다."

• 무당이 되는 과정

여자가 태어나면서부터 무당이 되는 것은 아니다. 부자이든 가난하든, 사회 계층이 높든 낮든, 처녀이든, 정령은 그녀에게 신내림 할 수 있다. 정령이 빙의하면 그녀는 우선 병이 난다. 약간만 아플 수도 있고 정말로 매우 심하게 아플 수도 있는데, 아픈 기간은 한 달에서 삼 년까지 계속될 수 있다. 그녀는 잘 때 복숭아나무(복숭아는 신의 과일이라고 한다)를 가슴에 품는 꿈을 꾸거나, 하늘의 무지개나 용 꿈을 꾸게 된다. 또 갑옷을 두른 남자가 갑자기 동물로 변하는 꿈을 꿀 수도 있다. 이 꿈들은 그녀가 정상이 아닌 사람으로 될 때까지 그녀 마음에 각인된다. 그 이후 깨어났을 때 그녀에게 광대와 온갖 신기한 것들이 보일 것이고, 이때부터 머지않아 그녀는 정령의 신탁자(oracle)로 말하게 된다. 그다음에 그녀는 가족들에게 다음과 같이 고한다. 하늘에서 온 위대한 사자와 땅에서 온 위대한 사자와 번개에서 온 위대한 사자가 그녀에게 말한 내용에 따르면, 그녀가 정령에게 굿을 하도록 허락되지 않으면 가족 중 한 명이나 집안의 가축이 죽는다는 것이다. 가족들이 그녀를 가둬놓고 바깥세상과 소통하지 못하게 하면, 그녀는 더 아프게 되어 결국에는 죽는다는 것이다. 양반 집안 출신이 무당이 되는 일이 가끔 있는데, 이 경우 집안에서는 그녀를 집안의 절대 씻을 수 없는 불명예로 여기는 경우가 흔하고, 심하면 죽일 수도 있다. 양반 집안에서 이 일을 어쩔 수 없다고 받아들여 그녀가 자기 길을 가도록 허락했다면 [그다음 절차는 다음과 같다.] 그녀가 맨 처음 하는 일은 빈방에 들어가 조화나 생화를 정령께 제물로 바쳐 방을 채우는 것이다. 그다음 단계는 죽은 무당의 의복, 무구(巫具), 다양한 용품을 얻는 것이다. 그래서 그녀는 무당 후손의 집에 가 의복 등을 요청할 것이다. 후손은 언제나 그 물건들을 기꺼이 내줄 것이다. 그것들을 치우기 전에는 집안사람 중 한 명이 신내림 받을 위험이 크기 때문이다. 무당은 물건의 전 주인이 몇 살에 신내림 받았는지, 몇 살에 죽었는지, 가족의 이름은 무엇인지 꼼꼼히 물을 것이

다. 그다음에 그녀는 의복과 그녀 전체 복장을 구하기 위한 돈의 총액
을 요구할 것이다. 새 옷이 여러 벌 필요하고 죽은 무당의 옷이 입기
적당한 상태가 아닐 수도 있기 때문이다. 그 옷을 꼭 입어야 하는
것은 아니다. 새로 신내림 받은 무당이 옷을 손에 넣고, 정령이 그녀
에 완전히 내린 후에는 옷을 없애도 된다. 그러나 무당이 죽었을 때,
북 등의 물건은 파괴되어서는 안 되고 새 무당이 찾아와 달라고 할
때까지 보관되어야 한다. 옷 등의 물건을 받은 후에, 새로 신내림 받
은 무당은 기부자의 집의 모든 정령의 굿을 하여 집안사람들이 편안
히 살게 해주는 동시에, 그 이후에 이웃집으로 가서 쌀과 돈을 얻는
다. 그는 그 후 기부자의 이름을 명패 위에 쓰고 작은 집에 두고 삼
년 동안 복을 빌어줄 것이다. 그 후에 무당은 다른 집에 가서 굿을
할 수 있다. 무당이 양반 집안 출신이면 자기 집안 외에 다른 곳에서
굿을 할 수 없다. 그녀가 죽으면 의복과 무구도 그녀와 함께 산기슭
구덩이에 매장된다. 만약 이웃에 새로 신내림 받은 이가 있다면 의복
과 무구를 얻기 위해 그 매장지로 가야 한다. 양반 집안에 속한 무당
은 정령의 사자라고 불린다. 무당은 흔히 자기 집 근처에 작은 집을
짓고, 굿하러 동네 바깥으로는 전혀 나가지 않는다. 굿을 원하는 이웃
은 무당에게 필요한 돈과 제물을 보내주고, 무당은 자기 집에서 굿을
한다. 최근에는 무당 어머니가 딸과 함께 살면서 어린 나이부터 가르
쳐서 성장해서는 변치 않고 무당이 되도록 하는 것이 관습이다.

알렌, 한국의 풍속: 무당

Allen, Horace N., "Some Korean Customs: Mootang", *The Korean Repository* 3, 1896, pp.163~165.

| 해제 |

호러스 알렌(Horace Newton Allen, 안련安連, 1858~1932)은 한국에 입국한 최초의 개신교 선교사이다. 그는 중국 상하이에 머무르던 장로교 의료선교사였는데, 1884년에 미국 공사관 의사 자격으로 내한하였다. 갑신정변 때 민영익을 수술해준 것이 계기가 되어 제중원을 설립하여 의료교육을 담당하였다. 그는 선교단에서 활동하기보다는 미국 공사관 서기관으로 재직하면서 간접적으로 선교에 기여하였다.

알렌은 미국에 돌아가 1908년에 저술한 책 『한국의 풍물』(Things Korean)에서 "한국인은 진정 자신의 종교가 없다."라고 진술하면서도 "한국인이 천성적으로 경건한 성향을 가진다."라는 견해도 제시하였다. 알렌이 〈코리언 리포지터리〉이 기고한 아래의 글은 무당에 관련된 몇몇 정보들을 취합하여 제시한다. 글에는 다양한 출처의 정보들이 포함되어 있지만, 무엇보다도 무당에 대한 선교사의 첫인상이 소음이라는 청각적 경험임을 볼 수 있다.

서울은 매우 조용한 도시이다. 서울의 밤은 어둡고 고요하다. 이곳 저곳의 깜빡이는 작은 등불만이 뒤늦은 방문객에게 희미한 불빛 아래 주막이 있음을 알려준다. 여행객의 신발이 비포장 거리의 진흙을

첨벙대는 소리에 조용한 도시를 홀로 지키는 개가 짖는 소리가 간간이 들릴 뿐이다. 가끔 들을 수 있는 가장 역동적인 똑딱거림의 이중주는 두 여성이 가족의 삼베를 다림질 하는, 아니 짓이기는 곳에서 나는 소리이다. 이 리듬감 있는 두드림이 잠시 멎을 때에는, 잠시 수다를 떠느라 이 불쌍한 일이 중단되었겠지만 이내 밤새도록 음악적인 덜 그렁거림이 이어질 것임을 우리는 알고 있다. 그 외에 우리가 거리에서 들을 수 있는 다른 소음은 몹쓸 취객의 소란 빼고는 바로 무당(Mootang)이 내는 경쾌한 시끄러움이다. 그들은 춤추고 소고와 북을 치고 특유의 외침을 내지르기 때문에, 외지인은 그 집에서 가족 '댄스 파티'가 열리고 누군가가 복고풍으로 '멀리 외치고' 있다고 생각하고, '파트너의 손을 흔드는데' 끼어들어달라는 것이 외침의 의미라고 자연스럽게 상상하게 된다. 그러나 이것은 동양적인 것이 서양인의 마음에 일으키는 정반대의 착각의 한 사례일 뿐이다. 이 집에는 즐거운 내용이라고는 하나도 없기 때문이다. 그곳에는 음악, 춤, 외침이 있다. 그러나 그 집은 즐거움이 아니라 슬픔 속에 있다. 왜냐하면 이것은 실상 천연두나 다른 악령(evil spirit)에 주문을 걸어 고통 받는 식구로부터 몰아내기 위해 돈 주고 부른 여성 축귀사가 내는 소리이기 때문이다. 그 가족이 가난하다면 이 대처를 위해 옷을 저당 잡히고 돈을 빌렸을 것이다. 음악과 춤에 조금 즐거움을 느낄 수도 있겠지만, 그들이 훨씬 더 관심을 두는 것은 얻고자 원하는 결과이다.

무당은 매우 오래된 관습을 대표한다. 그들 방법의 효능에 관한 믿음은 하위 계층에서는 매우 일반적이지만 모든 평민이 그들의 지지자인 것은 아니다.

무당은 모래시계 모양으로 만들어진 북, 구리 심벌즈, 작은 방울이

달린 놋쇠나 구리 줄, 청동이나 구리 징, 망원경 모양으로 생긴 긁개
바구니 한 쌍을 도구로 사용한다. 이 긁개는 콜레라의 경우 매우 필요
한데, 이 질병이 인간 몸속에 기어 올라가는 쥐에 의해 발생한다고
믿어지고, 긁는 소리가 고양이 소리와 매우 비슷하기 때문에 쥐를 위
협하고 쫓아낸다고 생각되기 때문이다.

위에서 말한 음악적인(혹은 시끄러운) 도구 외에도, 무당은 종이띠
나 밝은 색 비단 조각을 사용하는데, 그들은 현대의 뱀춤 무용수 모양
으로 이것을 자신 주변에 이리저리 흔든다. 그들은 공연에서 우산과
부채도 사용한다. 또 비싸게 만들어지고 괴기하게 색칠된 사람과 동
물 그림도 사용하고, 어떤 때는 짚으로 만든 인형을 사용한다. 어떤
도구나 형상이 사용될 지는 의뢰인의 경제적 조건에 의해 결정된다.

병든 사람으로부터 질병의 정령을 쫓아내는 것 외에도, 이 여성들
은 사람이 빠져 죽은 우물을 정화하기 위해서도 불려온다. 그들은
익사한 사람의 정령을 떠나도록 유도하는 일을 한다. 또 누군가가
사망한 이후에도 무당이 불려와 망자의 혼을 설득해 돌아가 남은 자
들을 돌보도록 한다. 또 무당은 개인의 악운을 앞서 말한 형상 안에
집어넣어 동전과 함께 거리에 집어던지기도 한다. 불쌍한 거지나 취
객이 동전을 취하기 위해 이 형상을 찢으면, 원래 다른 사람을 괴롭혔
을 악운이 그에게 옮겨간다.

무당들은 505년 전에 현재 왕조를 건국한 태조대왕에 의해 도성
내 출입이 금지되었다. 그래서 그들의 시끄러운 작은 사원은 여전히
성벽 바깥 근처에서 볼 수 있다. 그러나 무당들은 도시에 자유로이
들어온다. 그들 조직(order)은 근처에 사는 여성이나 더 비도덕적인
이유로 들어오는 여성 외에도 히스테리 환자와 바보 소녀들로부터

충원된다. 드물긴 하지만 가끔은 양반 자제의 딸이 무당이 되기도 하는데, 왜냐하면 그녀는 광기 때문에 무당이 되지 않으면 죽임을 당할지도 모르기 때문이다. 남자들은 이 여성들과 결혼하여 가족을 꾸리지만, 그런 남자들은 아무리 낮은 수입이라도 여성에 기꺼이 의존해서 살아간다. 무당 조직은 중국에서 무함(巫咸)이라고 불리고 공식적인 규제 아래 놓였던 4000년 전까지 거슬러 올라간다.

매우 오래전에 업(鄴)[1]이라는 지역 지방관과 그 지역의 무당이 다툰 적이 있었다. 무당이 인신(人身) 희생 제의를 주관했기 때문인데, 이를 위해 일 년에 한 번 사람들이 모여 무당이 소통하는 정령을 달래기 위해 예쁜 소녀를 강물에 빠트렸다. 지방관 소씨(蘇氏)는 이 악습을 끝내기로 하였다. 매년 드리는 희생을 위해 사람들이 모이고 우두머리 무당이 강의 정령을 불러 제물을 드리려고 할 때, 지방관이 앞으로 나와서 소녀가 정령에게 드리기에 충분히 예쁘지 않으니 무당이 직접 물속으로 들어가라고 명령하였다. 무당은 더 적합한 제물을 구하기 위해 며칠 시간을 달라며 거절했다. 그러나 지방관은 시간끌기를 용납하지 않았고 강제로 무당을 물속으로 들어가게 했다. 무당은 물에 가라앉아 떠오르지 않았다. 그러자 지방관은 무당의 부하들에게 무당에게 무슨 일이 생겼는지 보고 오라고 시켰고 그들도 물에 빠져 죽었다. 나머지 부하는 살려달라고 간청하고 혐오스러운 관습을 포기하겠다고 했다. 이것이 받아들여져 그 풍습은 멈추어졌다. 잠자는 무당의 발바닥 위에 이 지방관의 이름을 쓰고 흔들어 깨우면,

---

1 업(鄴)은 중국의 옛 도시로, 후조·염위·전연·동위·북제의 도읍지였다. 현재의 허베이성 한단시 린장현과 허난성 안양시의 경계에 위치한다.

무당이 깨어난 후 그 발로 딛고 일어서려다 쓰러져 죽는다는 말이 있다. 또 태조대왕이 왕이 되려는 야심을 품기 오래 전에 무당에게 왕이 될 것이라는 예언을 들었다는 이야기가 있다. 한번은 조선 왕조를 건국하기에 전 어느 날 태조가 사냥하고 있을 때, 기이하게 문지르는 소리가 들려 알아보니 어떤 여우가 사람 해골에 자기 머리를 비벼 넣느라 나는 소리임을 알게 되었다. 여우가 해골을 쓰면 아름다운 여성으로 변할 참이었다. 그러나 태조가 여우를 쏘아 그 일은 성공하지 못했다. 얼마 후 태조는 옛 수도 송도에서 아름다운 무당이 죽은 사람을 살린다는 말을 들었다. 무당은 사람을 살리고 병을 고쳐 송도 사람들의 돈을 거의 다 끌어모았다. 그녀를 보러 가서, 태조는 그녀가 그가 죽이려 했던 여우임을 보고 다시 그녀 목숨을 앗으려 했다. 그러자 그녀는 태조를 나무라면서 자기가 태조의 이익을 위해 일하고 있으며 그가 왕이 되어 새로운 수도를 건설할 돈을 모으고 있다고 말했다. 돈이 어디 숨겨져 있냐고 묻자, 수도를 건설할 한강 둔치에서 찾을 수 있을 것이라고 했다. 그는 그 장소에 가서 돈을 찾아 그 후 서울과 성곽을 건설하는 데 사용했다고 한다.

하디, 한국의 종교

R. A. Hardie, "Religion in Korea", *The Missionary Reviews of the World* 10-12, 1897, pp.926~931.

| 해제 |

로버트 하디(Robert A. Hardie, 하리영河鯉泳, 1865~1949)는 1890년에 내한하여 1935년까지 활동한 감리교 선교사이다. 그는 1903년 원산에서 동료 선교사와 사경회를 시작하였는데, 이것은 1907년 평양대부흥의 계기 중 하나로 평가된다.

아래의 글은 하디가 선교 활동 초기인 1897년에 선교잡지에 기고한 글이다. 이 글에서 하디는 다소 부정적인 논조이기는 하지만 적어도 한국에 종교가 존재함을 암시하고 있다. 그가 파악한 한국종교의 뿌리는 그가 악령숭배, 귀신예배, 샤머니즘이라고 표현한 무속이다. 그는 조상숭배도 샤머니즘의 영향을 받은 것으로 설명하였다. 무속을 한국종교의 기층으로 보는 견해가 선교사들이 공유하는 견해로 자리 잡았음을 볼 수 있는 글이다.

한국인들의 종교에 관해 매우 상충되는 진술들이 제시되어 왔다. 어떤 이는 엄밀하게 말해서 한국인들은 종교를 갖고 있지 않다는 결론을 내린다. 다른 이는 현재 상대적으로 영향력이 적은 불교 외에도 두 개의 다른 종교가 성행하고 있다고 주장한다. 하나는 국가의 보호를 받으며 유교 규범을 윤리로 삼고 있는 종교이고, 다른 하나는 하위 계층에 국한된 미신적인 광신(superstitious fanaticism)이다. 우리는 여기서 다음과 같은 점을 지적하고 싶다. 불교, 유교, 그리고 여러 형태의 우상숭배가 있는데, 한국의 모든 종교 신앙의 뿌리에 사실상 유일하게 모든 계층에서 포괄하는 강력한 악령숭배(evil spiritism)가 존재한다.

불교는 5세기 인도에서 발생하여 서기 371년경에 중국 황제 함안(Ham An)에 의해 한국에 소개되었다. 그보다 300년 전에 한반도에 진출했던 유교에 비해 여러 면에서 우월했던 불교는 한국 문명을 발달시키는 데 많은 공헌을 했다. 서기 천년 경에 불교는 국가의 비호를 받아 모든 계층에 유행하는 종교가 되었다. 그러나 1392년에 현재 왕조[조선]가 시작되면서 여러 환경이 이 체제에 불리하게 되었고, 결국 불교가 금지되었다. 그러나 오늘날 아직도 깊은 산속 샘물 근처 매혹적인 경치를 굽어보는 위치에는 수도원[암자]들이 있는 것을 많이 볼 수 있다. 여기엔 대여섯 명에서 백 명 이상에 달하는 승려들이 있어서 절을 장식하는 성상에 예배를 드리며 살아가고 있다. 이들 머리 깎은 채식주의자[승려]들은 핀둥핀둥 기름지게 살아간다. 이들은 모든 계층들에게 부랑자나 최하층 계급 취급을 받긴 하지만, 그들의 성스러운 은신처에 가는 길 굽이굽이 신실한 신자 무리가 종이, 초, 쌀, '돈'을 바치러 가는 모습을 볼 수 있다. 참배객들이 도착하는 날에는 정해진 절차에 따라 재계(齋戒)를 행한다. 다음 날 아침 해가 뜨기 훨씬 전에 그들이 바친 예물이 단 위에 놓이고, 북소리, 징소리, 승려들의 기이한 찬송이 울려퍼지는 가운데 신자들이 묵묵히 절과 삼배(三拜)를 거듭 이어가며 기도를 올린다. 그러나 이 단[불단(佛壇)]이 한국인들이 절을 올리는 유일한 곳이라고 생각해선 안 된다. 이와 비슷한 정도로 그들은 유교에서 종교의 맛을 느끼게 해주는 유일한 요소인 조상숭배의 노예들이기도 하기 때문이다.

불교가 폐지되면서 중국 고전 연구가 부활했다. 거의 오백 년간 공자와 맹자의 책들이 중국에서와 마찬가지로 경건하게 존중되었다. 유교는 훌륭한 윤리 규범을 갖고 있기 때문에 한국의 법, 질서, 도덕의 척도를 마련하는 데 기여하였다. 그러나 유교는 자만심, 이기심, 전제주의, 일부다처제, 무신론을 배양하는 불가피한 성향을 갖고 있기 때문에 앞서 말한 장점을 상쇄하고도 남음이 있을 것이다. 교육 수준이 높은 한 한국인은 이렇게 말한다. "유교의 가르침이 없었다면 한국이 어떻게 되었을지 아무도 말할 수 없습니다. 그러나 유교로 인해 한국이 어떻게 되었는지는 너무도 잘 알고 있습니다. 한국의 억눌린 민중들, 일반적인 빈곤, 믿을 수 없고 잔인한 관리들, 더러움과 불결, 뒤떨어진 여성들, 피폐한 가족들을 보시기 바랍니다. 이 모든 것을 보시고 유교가 한국에 무엇을 해주었나 판단해 보시기 바랍니다." 유교는 이론상으로는 하나의 체계이지만 실제로는 그렇지 않다. 유교에서 가장 자랑하는 효도조차도 돌아가신 부모의 영혼에 대한 두려운 경배를 의미하는 것에 불과한 경우도 흔하다. 나이 든 아버지나 어머니가 무시당하고 학대받고 심지어는 서둘러 생을 마치게 할 수도 있지만, 이 모든 것은 무덤 앞에서 정해진 제사를 정확히 지킴으로써 충분히 만회된다. 육신에 갇혔을 때 영혼은 폄하되거나 무시당할 수도 있다. 그러나 일단 몸에서 벗어나면 영혼은 있을 수 있는 악한 일에 강력한 영향을 갖고, 그 이후엔 존경받고 존숭받으며 예배의 대상이 된다. 모든 사람들은 세 개의 영혼을 갖고 있다고 믿어진다. 죽은 후에 세 영혼 중 하나는 조상 위패 – 망자의 이름이 쓰인 호두나무 목판 – 에 거하게 된다. 다른 영혼은 육체를 따라 무덤 속으로 가고, 세 번째 영혼은 육신을 가졌을 때의 삶에 따라 하늘로 가거나 "저승 감옥"에 가게 된다. 부모의 죽음 후 삼 년 동안 맏아들은 망자가 살았던 방에서 위패 앞에 아침저녁으로 제사를 지내고 묘소에 많은 제물을 바친다. 조상 신주 앞에서 행해지는 제사에서 맏아들은 삼베옷을 입으며 두 동생은 절반쯤 상복을 갖춘다. 친구나 친지셋 중 한 명이 망자의 선행을 회상한다. 의자는 평상시에는 한국에서 자주 사용되는 물건이 아니지만 위패를 놓는 용도로 사용된다. 강요된 통곡, 절, 부복(俯伏), 그리고 '보잘 것 없는 제사'를 받아달라고 혼령(shade)에게 고하는 일이 끝난 후, 참석자는 모두 영혼이 제사음식의 맛을 평화롭게 흠향(歆饗)할 수 있도록 잠시 물러난다. 그런 후에 돌아와서 음식을 나누어 먹고 술을 돌린다. 셋째 해가 지난 후에는 제사 지내야 할 의무가 일 년에 네다섯 번으로 제한된다. 그중에서 가장 중요한 제사는 10월 10일에 있는데, 이날에는 고향을 떠나 있던 한국인들도 모두 아무리 먼 곳이라도 이동해서 무덤 앞에서 참배해야 한다. 조상제사가 모든 계층 - 상위 계층뿐 아니라 하위계층에까지 - 에서 지니고 있는 위력은 과소평가되지 말아야 한다. 그들이 기독교를 받아들일 때 조상제사는 버리기 가장 어려운, 마지막 일이다. 조상 사당을 무시하는 것은 정치적으로나 사회적으로나 가족생활에서나 따돌이 - "살 가치가 없는 배신자 개" - 가 되는 것이기 때문이다.

그러나 조상숭배에서 우리는 다음 부류의 종교를 예견할 수 있는데, 이것은 조상숭배가 순수하게 샤머니즘의 기원을 갖고 있기 때문이다. 중국의 원시종교는 의심할 여지없이 희미한 유일신론이었지만, 중국인과 한국인들은 항상 악한 정령(evil spirit)들의 존재를 믿어왔고 그들이 인간사에 개입한다고 믿어왔다. 우리가 생각하기에 이 신앙은 타락의 전통으로 바로 소급될 수 있을 것 같다. 정령의 힘이 해악과 불운을

가져온다는 믿음으로부터 이를 달래는 제사(propitiatory sacrifice)라는
관념이 생겨났고, 이것이 효도의 교의와 영혼의 불멸성에 대한 믿음과
결합해서 조상숭배(ancestor worship)로 귀결된 것이다. 공자는 하늘에
제사드릴(worship) 권리는 황제에게만 있다고 가르쳤고, 그 가르침은
지켜져 왔다. 그러나 공자가 한 걸음 더 나아가 영혼 숭배(spiritism)를
돌아가신 부모 영혼에 대한 숭배로만 제한하고자 한 것은 그리 성공하
지 못했다. 오늘날 한국의 진짜 유교 숭배는 적어도, 미신, 주물숭배,
마법, 그리고 하늘, 땅, 바다에 존재한다고 믿어지는 악령을 달래기
위한 제사가 크게 뒤섞인 샤머니즘 혹은 데몬 숭배(Demonolatry)이다.
산의 신, 나무와 바위의 요정(genii), 수없이 많은 가신(家臣, household
deities)에 대한 숭배 때문에 끊임없이 종교 의식들이 이어진다. 산길마
다 꼭대기에 지어진 작은 절들, 마을 입구마다 모셔지는 나무들, 집마
다 있는 조야한 주물들 — 볏단, 빈 호리박, 오래된 단지 — 혹은 더 과장
된 상들이 힘 있고 악한 정령(spirit-demon)의 사당을 대표하는 것들이
다. 사람들은 삶의 모든 병고(病苦)를 이들의 탓으로 돌린다. 질병,
역경, 불운, 재앙은 악령들의 불만의 결과에 다름 아니며, 이것은 기도
나 제사를 올려서 방지하거나 위무되어야 할 것이다. 그러나 정령들이
모두 꼭 악한 것만은 아니며, 때로는 이들에 수호신 관념이 결합되기도
한다. 흔히 집 지붕 위와 둘레를 감싸고 있는 독사는 집을 수호하는
정령의 상징으로 성스럽게 여겨진다. 용의 존재에 대한 확고한 믿음은
절에 그려진 용의 그림에서 찾을 수 있다. 한국인들이 용에 바치는
제물을 물속 깊이 던진다는 보고는 많이 있다. 다른 많은 신화적 동물
들도 마찬가지로 여러 수준의 상상력 속에서 존재한다. 그러나 무엇보
다도 한국인들은, 매우 불완전하고 미약하긴 하지만, 만물 존재의 원인

이 된다고 이야기되는 유일한 초월적 존재 – 하느님, 하늘의 주님 – 에 대한 믿음을 갖고 있다. 그러나 한국인들은 하느님을 예배를 통해 다가갈 수 있는 다정하고 사랑스러운 아버지로 알고 있는 것이 아니라, 절망의 극단에서 그를 향해 울부짖어봐야 소용없는 두려운 존재로 알고 있다. 데몬(Demon)들만이 한국인들의 예배 대상이다. 불상, 유교 신주, 조상 묘, 혹은 어떤 데몬의 제단에 절하든 간에, 한국인은 이 모든 것에 대한 하나의 이름을 갖고 있다. 그것은 '귀신 예배(kwesin yaba)', 즉 데몬 숭배(demonolatry), 혹은 악령숭배(devil-worship)이다. 악령이 씌어서 안녕과 복의 대가로 굿과 제사를 요구할 때를 제외하고는, 한국인들은 그들이 절하는 물질적 대상에 대해서 조금도 존경심을 표하지 않는다. 이에 대해서 〈고린도전서〉 10장 19, 20절에서 바울이 하신 말씀보다 더 좋은 논평은 없을 것이다. "그러니 내가 무엇을 말하려는 것입니까? 우상은 무엇이고, 우상에게 바친 제물은 무엇입니까? 아무것도 아닙니다. 이방 사람들이 바치는 제물은 귀신(devil)에게 바치는 것이지, 하나님께 바치는 것이 아닙니다. 여러분이 귀신과 친교를 가지는 사람이 되는 것을 나는 바라지 않습니다."

하느님께서 자신의 형상대로 만드신 이들이 너무나도 타락해서 "마귀와 사탄인 오래된 뱀, 용"에게 "자기 의지로 사로잡혀서" 그들의 사자에게 예배드리고 봉사하는 것이 어찌 우스운 일이 아니겠는가? 그러나 우리 주님이 "마귀의 손아귀로부터" 해방되도록 준비하셨음에도 불구하고, 그리고 복음을 전해서 암흑으로부터 "빛으로, 그리고 사탄의 권능으로부터 하느님께로" 향하도록 하라는 그분의 명령에도 불구하고, 한국인들이 1800년 이상 이러한 운명에 놓여있었던 것은 더 우스운 일이 아니겠는가?

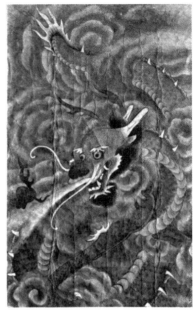

BUDDHIST PRIESTS.

THE DRAGON.

KOREAN DEMON WORSHIPPERS.

• 새로운 조건들

서기 천 년경의 이른 시기에 동양과 무역하는 아랍 상인들이 한반도에 방문해 거주했다고 한다. 16세기에는 포르투갈인이 한국을 방문하고 그 이름을 유럽에 알렸다. 1853년에 네덜란드 배가 해안에 난파하고 선원은 서울로 끌려갔다. 그들은 14년의 압류 후에 일본으로 탈출해 유럽에 돌아갔고, 그곳에서 일행 중 한 명이 그들의 모험을 이야기한 책을 출판했다. 그 책은 이내 독일어, 프랑스어, 영어로 번역되었다. 지난 세기[18세기]말에 로마 가톨릭이 북경으로부터 한국에 가는 경로를 찾았고, 1885년에 개종자의 요청을 받아 프랑스 신부가 변장하고 이 나라에 들어갔다. 외국인과 현지인 모두가 겪어야 했던 탄압과 순교에도 불구하고, 신자들은 1866년까지 두 배로 증가하였다. 신앙에 정치적 내통이라는 불명예가 덧씌워졌을 때, 기독교는 배반과 동의어가 되었다. 그 해에 두 명의 프랑스 주교, 아홉 명의 신부, 그리고 다수의 현지인 개종자들이 잔인하게 사형당했다. 신부한 명이 중국으로 탈출했고, 프랑스 함대가 즉시 파견되었다. 그러나상륙한 군대는 수치스럽게 격퇴당했고, 강화도의 도시를 불태우고 만여 명의 이재민을 발생시킨 뒤에야 철수했다. 조선 정부는 그 성공에고무되어 새로운 신앙을 '뿌리까지' 파괴하기로 했고, 그 목적을 위해여자와 아이를 포함한 수백 명을 역겨울 정도도 잔인하게 순교시켰다. 같은 해에 미국 범선의 선원들이 평양 근처 대동강에서 살해당했고, 1871년에 원정대를 파견하여 이 "이유 없는(?) 잔학행위"에 복수하도록 했고 미 해군이 자랑스러워할 만한 승리를 거두었다. 1876년에 일본이 한국과 첫 번째 무역조약을 맺는 데 성공하였고, 6년 후와

7년 후 미국과 영국이 뒤따라 비슷한 조약을 맺었다. 그러나 개신교회는 1884년까지 이 오래되고 긴 어둠 속에 있던 민족에 힘써 복음을 전하지 못했다.

그것은 거의 모든 다른 선교지에서 일어난 일과 마찬가지이다. 상업과 무역, 정복과 조약, 로마 가톨릭의 개척과 순교가 우리의 소위 복음주의 개신교에 앞서 일어났다.

• 개신교 선교부의 도입

한국에 처음으로 개신교 선교의 노력을 도입한 공로는 만주의 스코틀랜드 개신교 선교사 존 로스에 있다. 그가 처음으로 만주 국경을 방문한 것은 1873~1874이다. 한국에서 공적으로 인정되는 유일한 기록 언어 매체는 한문인데, 로스는 자신의 한문 지식과 중국어를 할 수 있는 현지인의 조력을 받아 10년 동안 신약성경 전부를 언문으로 번역하는 작업을 인도할 수 있었다. 언문은 15세기 중반에 발명된 간명하고 탁월한 알파벳 표기 체계로, 학교에서 교육되지는 않지만 한문보다 더 많은 사람이 읽을 수 있는 글자이다. 그는 또한 많은 이들에게 세례를 주었는데, 그들 중 일부는 그리스도로 인해 큰 박해를 받았다. 1884년 가을에 개종자들의, 혹은 그들에 의해 개종한 다른 이들의 간청을 받아 미국 장로교회에 의해 서울에 처음으로 개신교 선교부가 설치된다. 첫 대표자는 미국 공사관 의사ー그의 안위를 보장하는 동시에 환대를 약속받는 자리ー로 임명받아 서울에 온 의료 선교사 헨리 알렌(Henry Allen)[1] 박사였다. 그러나 몇 주가 지난 후, 반보수주의 모의로 인해 폭동이 일어났고, 첫 사상자가 왕의 외척(外

戚) 민영익(閔泳翊)이었다. 젊은 귀족은 알렌 박사의 치료를 받게 되었고, 분명히 알렌 박사의 솜씨 좋은 치료 덕에 생명을 구할 수 있었다. 외척에 베푼 의술에 대한 왕의 감사 표시는 정부 진료소와 병원의 설치였는데, 압류된 반역자 재산이 이를 위해 할당되었다. 그 이후 이 기관은 알렌 박사가 속한 선교단의 통제 아래 있다.

미국 장로교가 한국에서 작업을 개시한 모범을 따라 감리교가 들어왔고, 이제는 9개 선교단이 한반도에서 활동 중이다. 그러나 총 선교사 수는 70명에 불과하고, 그중 다수는 가족을 돌보기 위해 선교 본연의 일에 적극적인 역할을 할 수 없는 부인들이다. 전 인원을 70명으로 센다고 해도, 그것은 사역자 한 명이 산이 많은 땅에 흩어져 사는 20만 명을 감당하기 위해 도보나 짐 실은 노새를 타고 돌아다녀야 하는 것을 의미한다. 그러나 역량 부족과 상황의 어려움에도 불구하고 선교사들의 성공은 두드러진다. 작년에 한 선교단의 사역자만 있는 한 지역에서만 137명의 개종자가 세례를 받았고 487명 이상이 교리문답자가 되었다. 오늘날 개종자의 총합은 3천 명 가까이 될 것이고, 그중 절반 가까이는 최근의 청일전쟁 종전(終戰) 이후 맞이한 예비 신자들이다. 이들 중 많은 이들이 가족의 배척과 공식적 박해에도 불구하고 신앙을 굳게 지켜 신실함을 증명해 보이고 있는데, 아마도 한국 사역에 가장 힘을 주는 특징은 상당한 정도로 자조(自助, self-support)를 성취하였다는 것과 현지 교회를 세워 새로운 지역에 복음을 선포할 준비가 되었다는 것이다. 8개 혹은 10개 교회가 현지 자본만으로 설립되었고, 더 많은 수는 부분적으로 자립하였다. 현지

---

1 "Horace Newton Allen"을 잘못 표기한 것으로 보임.

조력자 중에 대다수는 일부나 전부를 현지의 성금을 통해 자조하거나 스스로 임금을 충당한다. 어떤 교인들은 자기 목사를 지원하는 것에 더해 선교사와 매서인(賣書人)을 '지역 너머로' 보냈다. 작년의 총 기부액은 세례자 당 75센트를 상회하였다. 얼핏 보기에 이 금액은 커 보이지 않지만, 기독교인들이 몇몇 예외를 제외하고는 하층민이나 중산층에 속한다는 사실을 생각한다면, 우리가 말할 수 있는 것이 무엇이겠는가? 그들은 기껏해야 20~30불 정도 하는 진흙으로 된 초가집에 살며 하루 평균 임금이 10센트나 12센트를 넘지 못한다. 이것은 적어도 그들의 절약이 고국의 기독교인보다 훨씬 앞서 있음을 말한다. 이렇게 주어진 격려는 더 위대한 일을 위한 사역에 굉장한 힘이 된다. 우리는 지난 모든 성공의 원천인 우리 주님께 진정 감사드리는 유일한 방법은 미래에 더욱 희생적인 노력을 바치는 것이다.

사역에 이보다 호의적인 토양은 상상하기 힘들 것이다. 상위 계층의 한국인은 지적이고, 잘 교육받고, 뛰어난 사람들이다. 그들은 바른 몸가짐에 특히 자부심을 가진 사람들로, 항상 자기 통제력이 강하고 예의 바르며, 자기들끼리나 외국인에게나 친절하다. 하위 계층은 매우 미신적인 것이 사실이지만, 활기차고, 예의 바르고, 공손하고, 잘못에 관대하다. 모두 이방인에 친절한 것을 성스러운 의무로 여기기에, 이 나라 구석구석을 여행하면 어디에서나 사람들이 제공하는 가장 좋은 집에서 대접받을 수 있다. 가장 좋은 점은, 이 나라가 서양 문명의 도입에 개방적이고 개신교에 대한 편견을 갖지 않는다는 것이다. 선교사가 어느 마을에 거주하는 동안에도, 그의 방은 선포할 힘이 있는 한 말씀을 들으려는 열의를 가진 방문자들로 들끓었다. 적어도 내 경험으로는 그랬다.

우리는 기회에 의해 책임의 양을 알 수 있다고 말한다. 그렇다면 한국에 관한 우리의 책임이 막대하다는 점은 모두에게 분명할 것이다. 그리고 현재의 기회가 지금 당장을 이용한다는 점이 매우 중요하다. 새로운 문명의 관점에서 볼 때 미신은 급격하게 사라질 것이다. 합리주의와 무신앙이 그 자리를 대신하게 되지 않을까? 만약에 현재의 마법과 귀신 숭배의 나라가 "비어있고, 말끔히 치워져서 잘 정돈되었"을 때 기독교가 들어가지 못한다면, 악령(unclean spirit)이 "자기보다 더 악한 딴 귀신 일곱"을 데리고 올 것이고, 한국은 처음보다 더 나쁜 최후의 상태가 될 것이다.[2] 러시아가 오래도록 한국에 발판을 마련하기를 갈망했고 지난 2년간의 사건을 통해 한국 내의 입지를 강화했다는 사실을 모두 알고 있을 것이다. 만약 이 나라가 러시아의 통제로 넘어간다면 그리스 정교회가 개신교 복음주의를 더 이상 허용하지 않을 것이라고 모두 생각하고 있다. 누구도 미래를 확실히 말할 수 없지만, 현재는 우리의 것이고 과거의 성공으로 판단하건대 우리의 현재 기회를 따라잡아서 한국에 개신교회를 설립해야만 한다는 점이 명백해 보인다. 그에 반대하는 불과 홍수의 박해는 헛되이 사그라질 것이다. "추수할 것은 많은데, 일꾼이 적다. 그러므로 너희는 추수하는 주인에게 일꾼들을 그의 추수밭으로 보내시라고 청하여라."[3]

2 이 문장의 표현은 〈마태복음〉 12:44~45에서 인용된 것이다.
3 〈마태복음〉 9:37~38.

뒤집어진 산타클로스

"A Reversed Santa Claus", *The Korean Repository* 4, 1897, pp.456~457.

| 해제 |

1897년에 〈코리언 리포지터리〉에 기고된 글로, 저자는 알려져 있지 않다. 서양 아이를 위한 크리스마스 풍습에 해당하는 한국 민속을 소개한 글로, 정확한 정보를 담고 있지 않지만 초기 만남에서 일어난 비교의 사례로 흥미롭다. 민속에서 섣달그믐을 제석(除夕), 혹은 제야(除夜)라고 부르는데, 이날 묵은해를 보내고 귀신을 쫓는 다양한 풍속이 행해진다. 글의 저자는 한국 민간의 귀신을 어떤 이유에서인지 고양이라고 이해하였다. 또 머리카락을 태워 귀신을 쫓는 '귀신달구기' 풍속을 글 마지막에서 언급하였다.

서울에 있는 우수한 영어 학교에 한 한국인 친구가 있다. 그 친구를 가르치는 일은 재미가 있고, 또 그 친구는 자주 나에게 와서 자기 공부가 얼마나 늘었는지를 보여주려고 한다. 하루는 그 친구가 나에게 교재를 읽어주다가 산타클로스에 대해 언급한 부분을 발견하고는 이 착한 할아버지가 누구인지 내게 물었다.

나는 애써서 가르쳐주었는데, 서양인이 서양 것을 아시아 친구에게 설명할 때 흔히 있을 수 있는 윤색도 좀 있었던 것 같다. 그는 매우 흥미 있어 하더니 이번에는 한국인에게도 산타클로스가 있다고 말해주었다. 그는 이렇게 말했다. "모든 게 당신들과 마찬가지예요. 그가 사악하고 몇몇 특정한 부분에서만 당신네 산타클로스와는 다르지만 말이에요."

그는 한 이야기를 해주고 차이점을 지적했다. 물론 거기엔 한국인 편에서의 윤색도 있었을 것이다. 매해 음력 섣달그믐날 밤에 악령이 지하세계에서 나와서 커다란 고양이의 모습으로 나타난다고 한다. 그는 집집마다 돌아다니다 눈에 띄는 대로 신을 신어본다고 한다. 신발이 그의 발에 맞으면 그 주인은 죽거나 이듬해 액운이 닥친다.

그래서 이날 밤 한국 사람들은 항상 낡은 것까지 포함해 모든 신발을 모아다 안방에 갖고 들어와 궤짝 안에 넣고 잠그거나 다른 안전한 곳에 두어 이 무서운 고양이 눈에 띄지 않게 한다.

우리의 산타클로스는 붉은 얼굴에 미소를 띠고 가죽옷에 가죽 모자를 쓰고, 긴 부츠를 신고, 징글벨 소리 나는 은종(silver bell)을 뒤에 달고, 가는 곳마다 즐거운 음악이 울리는 금빛 순록 썰매를 타고, 지붕에 올라가 굴뚝을 통해 내려와서, 너른 등 뒤에는 풍요로운 선물을 한 짐 짊어지고 다니며 집안 아이들의 마음을 기쁘게 하는, 고상하고 인정 많고 자애로운 노인이다. 반대로 한국 사람들은 악, 괴로움, 질병, 재앙, 죽음을 가져다주러 돌아다니는 사악한 고양이를 갖고 있는 것이다. 산타클로스가 와서 선물과 좋은 물건을 양말에 채워주는 것을 바라는 대신에, 한국인들은 눈에 띄는 곳에 양말이나 신을 걸어놓기보다는 숨겨놓고, 무서운 고양이가 와서 역병과 악을 옮기는 발로 자기 신발을 신을까 봐 두려워하는 것이다.

산타클로스는 특히 아이들에게만 속한 전유물이다. 어른들의 세계에는 속하지 않는다. 우리는 어린아이일 때 얼마나 그를 사랑했으며 일 년 중 가장 행복한 날 밤인 크리스마스이브를 기다렸는지, 굴뚝으로 그가 선물을 갖고 오는 순간을 기다렸는지를 기억할 것이다. 또 우리 대부분은 이 좋은 물건들이 실제로는 어디에서 온 것인지, 그리고 사랑스러운 산타가 신화이며 사기라는 것을 알게 된 그 충격이 얼마나 급작스럽고 고통스러웠는지 잘 기억할 것이다. 그러나 고양이에 대한 믿음은 어린이들보다는 어른들에게 더 강하다. 이 미신은 다른 미신들이 흔히 그렇듯이 사람들이 나이를 먹어갈수록 더 고정되고 실재적인 것이 되어 사람들을 무서움에 떨게 한다.

그러나 이 고양이와 관련해서 한 가지 사실이 더 있는데, 이것은 똑똑한 내 한국인 친구도 산타클로스와 비교할만한 점을 찾지 못한 것이다. 한국인들은 고양이를 쫓아내는 방법을 배우며 그에 대한 치료책, 즉 효과적인 고양이 해독제를 갖고 있다는 것이다.

독자 중에서 운이 좋아 그믐날 밤에 한국에 있게 된 사람은 황혼녘에 거리를 돌아다녀보면 코를 찌르는 독한, 그러면서도 새롭고 독특한 냄새를 맡을 수 있을 것이다. 그것은 사람 머리카락을 태운 냄새이다. 한국인들은 한 해 동안 남녀노소를 불문하고 식구들의 머리카락을 하나하나 모은다. 일 년 동안 모은 머리카락 더미의 양은 결코 적지 않다. 그날 밤 길가 문 앞에서 이것을 태우면, 귀신 고양이가 사람 머리카락 타는 냄새를 견디지 못해서 많은 양의 머리를 태운 집 앞으로부터 멀리 떨어져 다닌다고 알려져 있다.

나는 이 이야기가 근거가 있다고 생각한다. 이런 매운 냄새로 보호된 집 앞에 이 고양이가 있다는 사례는 들은 적이 없기 때문이다.

(주) 나는 독자들이 이 이야기를 읽고 한국에는 오직 '악한 정령들' 만 있다고 생각지는 않으리라 믿는다. 반대로 한국에는 많은 좋은 정령들이 있어서 선물과 복을 주는 많은 아름답고 재미있는 이야기 들이 있다.

게일, 『한국 스케치』 중에서

James Scarth Gale, *Korean Sketches*, New York: Fleming H. Revell, 1898, pp.213~219.

| 해제 |

제임스 게일(James Scarth Gale, 기일츩ㅡ, 1819~1953)은 1888년 YMCA 선교사로 내한한 이후 1920년까지 활동하였다. 부산, 원산을 거쳐 주로 서울 연동교회에서 목회하였다. 그는 한국 문화를 가장 사랑하고 깊이 이해한 선교사로 유명하다. 최초의 한글 번역인 『텬로력뎡』을 비롯해 많은 책을 번역 소개하였고, 한국을 소개한 다수의 영문 기고문이 있으며, 『구운몽』을 영어로 번역하였다.

게일은 내한 직후 선교사 거주지에 머무르는 대신 황해도 소래마을에 들어가 3개월간 주민들과 함께 지내며 한국어와 문화를 배웠다. 1889년 9월부터는 부산에서, 1892년부터 1899년까지는 원산에서 선교 활동을 했다. 1898에 출판된 『한국 스케치』에는 소래마을에서 시작된 게일의 초기 경험이 반영되어 있다. 게일은 한국에 종교가 없다는 기존의 견해를 부주의한 관찰이라고 비판하였는데, 이는 선교사의 한국종교 인식의 전환을 보여주는 중요한 언급이다.

일부 부주의한 관찰자들이 한국에 종교 체계(religious system)가 없다고 말해 왔다. 그러한 진술들의 영향은 미국의 신문들에 자주 나타나기 때문에, 이 오해의 이유를 밝힐 필요가 있다. 그런 오해가 나타나는 이유는 아마도 한국에선 어떤 종교도 한국인의 국가 생활ㅡ왕으로부터 노비에 이르기까지 한국의 모든 존재는 조상숭배 체제와 얽혀 있으므로―에서 분리되어 있지 않기 때문일 것이다. 그래서 사람들은 종교가 한국인 일상의 세세한 부분까지 스며들어 있는 것을 알아차리지 못하기 십상이다.

새해에는 집마다 제사음식이 한 상 차려진 것을 볼 수 있다. 가장 가난한 집에서도 조상들의 정령 앞에 호사스러운 차림을 내놓기 위해 애쓴다. 과일, 밥, 고기, 증류주, 향, 초 등이 조상숭배를 위한 품목의 일부이다. 한국인들은 기름때 낀 옷을 벗어놓고 밤새 깨끗한 복장으로 앉아 있는다. 첫닭이 울 때 위패 앞의 초가 밝혀진다―위패는 호두나무 판 둘을 맞대어 붙인 것으로, 그 사이에는 정령이 거한다는 구멍이 나 있다. 숭배자들은 절하고 술을 돌리고 영혼들에게 제사상을 거두어 달라고 호소한다. 한 명씩 인사를 드리고 난 후에는, 정령들이 산 사람들에 방해받지 않고 제물을 흠향(歆饗)할 수 있도록 방에서 나와서 문을 걸어 잠근다. 그리고 그들은 다시 무리 지어 마지막까지 계속 절을 한다. 마지막에 그들은 정령이 남기고 간 음식으로 상을 차려 잔치를 한다―이 저녁을 먹으면 지상의 복이 생긴다고 한다. 그러나 그들에게 남는 것은 소화불량과 가난한 그들로서는 꽤 오래 감수해야 할 빈 호주머니이다.

새해는 제사 기간이지만, 모든 제사를 그 시기에 다 지내는 것은 아니다. 부모가 돌아가신 뒤 3년 동안 자녀들은 밤낮으로 망자들이 기거했던 방 앞에 밥, 고기, 담배를 갖다 놓고 묘소 앞에도 많은 제물을 놓는다. 궁궐에서부터 가장 비천한 초가에 이르기까지 삼년상과 매일 하는 제사는 매우 엄격하게 지켜진다. 그 기간에 왕가(王家)는 왕조의 번영이 제사에 달려있다고 믿으면서 망자의 정령을 모시는 일에 매달린다. 가난한 사람들의 경우에는 음식을 가져와서 장대를 짚고 크게 곡을 해서 아버지의 혼령 앞에 울려 퍼지도록 한다. 이 기간 후에는 직접 제사 드리는 것은 일 년 중 중요한 6일 - 네 민족 축일, 그리고 생일과 기일 - 로 제한한다. 조상의 고향에서 떠나 있는 한국인은 필요하다면 반도 끝 가장 먼 곳에서라도 걸어와서 묘소 앞에 정해진 시간에 도착해야 한다. 종교 의식(religious service)에 대한 이런 헌신은 가장 엄격한 가톨릭 신자(Romanists)에서도 볼 수 없는 것이다. 이슬람교인(Mohammedans)이나 힌두교인(Hinduss) 중에서도 이보다 더한 이야기를 읽은 적이 없다.

이 제사들의 보편성에 대해 말하면, 몇몇 불교인이나 몇 명 안 되는 기독교인들을 제외하고는 이 제사를 지키지 않는다는 이야기를 들어본 적이 없다. 제사를 무시하는 것은 조상들의 나라에서 범법자가 되는 것이다. 그는 "살 가치가 없는 개"가 된다. 김 씨가 관습에 따라 친척 어른에게 예를 표하러 갔다고 한다. 그를 맞은 첫 마디는 "너는 제사에 늦게 오는 잘못을 저질렀다!"였다. 김 씨는 그 후의 일에 대해 나에게 이렇게 말했다. "그렇습니다. 나는 다시는 제사에 참석할 수 없었습니다. 그 후에 집안에서 쫓겨나 당신과 함께 지내는 동안 단 한 명의 친척과도 왕래하지 못했습니다. 개새끼가 되어 조상 잊은 놈이라고 욕만 먹었습니다." 제사라는 성스러운 관습을 어기는 것은 이처럼 한 남자의 인생과 맞바꿀 만한 중대한 일이다.

제사 사이의 시간은 길한 장지(葬地)를 찾으러 산을 다니는 데 할애된다. 장지를 고르는 데는 많은 사항이 고려된다. 적당한 결정을 내리는 데 필요한 방법들이 너무 복잡하고 뒤섞여 있어서, 많은 사람이 풍수(geomancy)를 전문적으로 공부하여 업으로 삼고 있다. 무덤은 가능한 한 한쪽은 청룡(靑龍), 다른 쪽은 백호(白虎)라고 불리는 산마루를 양팔처럼 지니는 산등성이 위에 정해진다. 정면에는 안산(案山)이라고 불리는 산이 있어야 한다. 이것은 망자의 가족을 지켜주기 위해 서 있는 것으로, 안산이 없으면 무덤의 운이 계곡으로 흘러내려 흩어질 것이다. 또 개울과 지표수가 흘러나갈 출구가 필요하다. 이상이 무덤 자리의 개요이다. 그다음으로 문제가 되는 것은 안산 양편의 특별한 봉우리들을 찾는 것이다. 하나는 가족의 장수를 의미하고 다른 하나는 다산, 또 다른 하나는 부를 의미한다. 왼편이나 오른편의 모든 산봉우리는 특별한 의미를 갖는데, 지관(geomancer)들은 전문적인 지식을 통해 그것을 알아낸다.

매장 후 한국인은 조상 무덤에 접근하거나 침범하는 사람이 없나 살피는데, 이는 실질적인 중요성을 지닌다. 만일 산 사람을 옷 입히고 먹일 것이냐 아니면 망자가 머무는 곳의 외관을 꾸밀 것이냐를 선택해야 한다면, 한국인은 단숨에 후자를 선택할 것이다. 집안에 재앙이 거듭 일어나면 그들은 조상의 뼈를 파내어 다른 곳에 묻음으로써 정령을 달래야 한다고 생각한다. 특정한 지역이 누군가의 지배를 받고 있다는 생각으로부터, 모든 산, 바위, 나무에는 정령들이 있다는 믿음이 생겼다. 또한 집에서 매년 지내는 제사에서부터 음식, 기도, 벽에 붙인 문자를 통해 모셔야 할 수호 정령에 대한 개념이 생겨났다. 어떤 종류의 독사는 기와 아래 둥지를 틀고 초가지붕을 휘감고 있는 모습을 흔히 보이기 때문에 수호 관념과 연결되었고, 기도와 제물로 예배를 받는 뱀이 되었다. 여기에 수호신 용(龍)과 같은 다른 정령들을 추가할 수 있겠다. 사람들은 용이 거한다고 여겨지는 우물에 음식을 빠뜨려서 제사를 지낸다. 이 수호 정령에는 족제비, 돼지, 온갖 종류의 불결한

동물이 포함되어 있어, 매년 많
은 날이 종교 의례를 하는 데
반복적으로 소요된다.

불교의 석탑

한국에 관심을 가진 사람들
은 한국에 두 종교가 있다고
생각해왔다. 하나는 문명화된
세련된 종교로, 조상숭배라고
이해된다. 다른 하나는 도처에
있는 이교적인(heathenish) 것으로, 가장 저열한 형태의 주물숭배
(fetishism)이다. 그러나 한국인들 자신은 그런 구분을 하지 않는다. 그
들은 자신의 종교를 귀신 숭배(kwisin worship)라고 부른다. 귀신은 중
국어와 한국어 신약성경에서 '데몬'(demon)의 번역어이다. 그들은 자
신의 숭배가 모두 하나의 기원을 가진다고 주장하는데, 이것은 〈고린
도전서〉 10장 20절에 정확하게 부합한다. "이방 사람들이 바치는 제물
은 귀신에게 바치는 것이지, 하느님께 바치는 것이 아닙니다."

부모들께, 특히 부모 사후에 효도하는 이들을 명예로이 여기는 분
위기 때문에 이 땅에는 작은 사당들이 흩어져 있다. 지금 나의 집
근처에는 약 150년 전에 세워진 비석에 다음과 같은 비문이 새겨져
있다. "김익빈, 10세 때 아버지를 여읜 효자. 그의 통곡은 성인과 마찬
가지였다. 그의 살은 흩어지고 뼈만 남아있다. 17세에 제사 기간이
돌아왔을 때 장마 때문에 생선이 준비되지 못했다. 그는 바닷가에
나가 울며 고통스럽게 기도를 올렸다. 그때, 물속에서 물고기 한 마리
가 나와 그의 발치에 놓였다. 그의 효성을 볼 수 있는 일이 한 번
더 있었다. 산에 불이 나 아버지의 묘소 쪽으로 번져가 정령을 불사르

려고 하자, 그는 목숨을 걸고 뛰어가서 신들에게 조상의 자리를 보존해달라고 빌었다. 그러자 비가 억수처럼 쏟아져 불을 껐다. 그가 어찌 효자가 아니겠는가!"

학교에서 아이들에게 가르치는 책들에는 왕, 부모, 형 등을 위한 희생이라는 주제가 중요하게 다루어진다. '오륜'(五倫) – 한국에선 초보적인 교육 단계부터 모두에게 잘 알려진 책 – 에서 한 이야기를 번역해서 제공하도록 하겠다. "한나라 때 정성 지역에 동영이라는 사람이 살았다. 그의 아버지가 돌아가신 후 동영에겐 성대한 장례를 치를 재산이 없어서, 돈을 갚지 못하면 노비가 되겠다는 조건으로 만 냥을 빌렸다. 장례에서 돌아오면서 그는 노비가 될 참이었는데, 한 규수가 나타나 자신을 아내로 삼아달라고 부탁하는 것이었다. 동영이 놀라 대답하였다. '나는 너무 가난하여 이제 노비가 될 참인데, 어찌하여 당신은 나의 부인이 되려고 하오?' 규수가 답하였다. '나는 당신의 부인이 되고 싶습니다. 그뿐입니다. 당신의 가난과 힘든 처지는 부끄러울 것이 없습니다.' 그렇게 해서 그는 그녀를 맞아들였다. 주인은 그녀에게 어떤 힘든 일도 할 수 있냐고 물었다. 그녀는 '베를 짤 수 있습니다'라고 답했다. 그러자 주인은 다음과 같이 말했다. '그렇다면 비단 삼백 필을 한 달 안에 끝내다오. 그렇게 하면 둘 다에게 자유를 주마.' 이것은 평생 해도 다 할 수 없는 양이었다. 그러나 한 달 안에 비단 삼백 필이 완성되자, 주인은 겁에 질려 당장 그들을 내보냈다. 그들이 처음 만났던 곳에 도착해서 그녀는 동영에게 말했다. '이제 떠나야 하겠습니다. 나는 직녀성(織女星)에서 온 여자입니다. 하늘이 당신의 효성을 보고 감동을 하여 당신의 빚을 갚아주러 나를 보낸 것입니다' 이렇게 말하고 그녀는 하늘로 올라갔다."

스크랜튼, 은혜의 결혼식

M. F. Mrs. Scranton, "Grace's Wedding", *Korean Repository* 5, 1898, pp. 295~297.

| 해제 |

스크랜튼 부인(Mary Fitch Scranton, 1832~1909)은 1885년에 감리교 여자선교사로는 최초로 내한하였다. 1886년에 이화학당을 창설하고 여성교육사업에 헌신하였다. 스크랜튼이 1898년 〈코리언 리포지터리〉에 기고한 아래의 글은 여성선교사의 눈에 비친 한국 여성의 결혼 모습을 묘사한다. 아직 개신교 결혼식이 확립되기 이전이기 때문에 개신교인 은혜의 결혼식의 대부분은 전통적인 절차를 따른다. 하지만 전통 혼인 이후에 예배당에 가서 예배를 드리는 절차가 뒤따르고, 무엇보다도 자유연애라는 근대적 방식보다는 중매라는 전통적인 방법을 통해서라도 개신교인과 결혼해야 한다는 의식이 초기부터 확고했음을 볼 수 있다.

한국의 모든 젊은 남녀들의 삶에서 가장 크고 중요한 일은 결혼이다. 그러나 결혼에 관련된 결정에 대해 그들은 거의 아무런 권한을 갖지 않는다. 기독교인들은 자기 자녀들의 중매 상대를 교회 사람들 중에서 찾기 시작하였다. 이것은 그렇게 되어야 할 일이며 희망적인 징조이기도 하다. 우리 기독교인들은 비기독교인들의 결혼에서 보이는 반대할만한 점들은 버리고, 대수롭지 않은, 하지만 바람직한 것으로 여겨지는 점들은 지키고 있다.

얼마 전 상동 달성 예배당(지금의 상동교회)에서 기독교식 결혼이
있었는데, 이 결혼식에 관해서 이야기하겠다. 신부는 65Km 떨어진
시골에서 올라왔다. 점잖고 매력적이며 아리따운 아가씨로, 양반 계층
양갓집 규수라 훌륭한 며느릿감이었다. 그러나 이모들이나 중매쟁이
들이 제시한 여러 청년은 아무도 은혜 부모의 기준에 맞지 않았다.

은혜(Grace)의 부모는 4년쯤 전에 신실하고 착실한 기독교인이 되
었다. 그리고 은혜가 17살로 나이가 찼을 때, 나라의 풍습을 따르는
것이 바람직해 보였기 때문에, 그들은 기독교인만이 그녀의 신랑감이
될 수 있으며 시어머니도 신앙을 가져야 한다는 긍정적인 제안을 내
걸었다. 가족들이 사는 동네와 인근 마을에는 그런 사람이 없었기
때문에 어머니는 서울에 올라와 딸에 알맞은 배우자를 물색했다.

하나뿐인 자식에게 적당한 좋은 사람을 찾는 것은 미국에서도 쉬
운 일이 아니라고 생각한다. 게다가 시어머니까지 고려해서 물색하
는 것은 얼마나 더 어려운 일이겠는가. 그러나 우리는 평균 정도 된다
고 생각되는 사람을 하나 추천할 수 있었다. 두 어머니는 만나 아이들
의 장점에 관한 이야기를 나누었다. 모든 것이 유망해 보였기에 어머
니는 집에 돌아가 남편에게 청년을 빨리 만나보고 그 집안과 더 가까
이 지내라고 하였다. 남편이 와서 보고는 신랑감에 만족한다는 판정
을 내렸고, 그 직후 결혼 준비가 시작되었다. 첫째, 사주(四柱)를 보냈
다. 이것은 한문으로 배우자감이 태어난 연도, 달, 날을 쓴 종이이다.
이 문서는 붉은 비단에 담겨 녹색과 금색 줄과 술로 장식되었다. 신부
도 약혼자에게 비슷한 것을 보냈는데, 이쪽에서 보내는 것은 꼭 필요
한 것은 아니라고 한다. 이교도 집안에서는 이 종이를 무당에게 보내
어 결혼을 위한 길일(吉日)을 결정하도록 한다.

은혜의 경우 결혼을 위한 준비가 상당히 화려했는데, 이것은 그녀가 서울에 살러 가는 것은 아니기 때문 아닐까? 일상적인 혼수 외에도 비단, 솜, 린넨 등이 있었는데, 이것들은 은혜 편에서 가져온 것들이다. 신부 복장을 만드는 '새로운 패션 감각'을 가진 재단사는 없었다. 오직 어머니와 이웃 친구들의 사랑스러운 손길들로 이 옷들을 바느질해서 만들었다. 자신들을 위해 그랬던 것처럼, 또 은혜의 할머니와 증조할머니가 그랬던 것처럼.

마침내 집을 떠나 서울에 가는 날이 되었다. 은혜의 소지품들은 소 등위에 높이 쌓여서 이 불쌍한 짐승이 가분수로 보일 정도였다. 안전한 곳에 놓을 수 없는 귀중품들은 신부와 함께 가마에 싣거나 동행하는 친구들의 등짐 안에 넣었다. 아버지는 굉장한 등산용 지팡이(Alpenstock) 같은 단장을 지니고 가마 옆에 자리했다. 그리고 기차가 출발했다.

서울까지 여행은 이틀이 걸렸다. 여행객들은 우선 달성궁(達城宮)[1]에 왔는데, 그것은 어머니가 아이를 나에게 넘기고 싶었기 때문이었다. 심부름꾼이 급히 장모 되실 분의 집에 가서 나와 살피고 인사하도록 알렸다. 우리는 얼굴이나 생김새, 심지어 혼수에서도 흠잡을 것이 없음을 확신하고 있었지만, 어쨌든 은혜가 항상 온순하고 복종적이라는 것은 나중에 드러날 일이다. 시어머니는 통상적인 예물들, 즉 은비녀 두 짝, 은가락지 두 짝, 연노랑 비단 저고리와 자줏빛 트리밍, 옅은 색의 다른 저고리들, 결혼식에서 입을 붉은 비단 치마 등을 갖고 왔다.

---

1 달성궁(達城宮)은 상동교회 근처에 있었고, 현재 한국은행 자리이다.

독자들은 신랑이 신부를 보고 싶어 호기심을 가졌으리라 쉽게 상상할 수 있을 것이고, 우리의 신랑 역시 그녀를 보고 싶어 안달이 났다. 나는 한국의 청년들이 그러한 체통 없음에 대해서 죄책감을 가지지 않는다고 확신한다.

이 장면에서 그다음으로 중요한 사람은 수모(手母)였다. 이 여인이 하는 일은 신부대기실을 정돈하고, 또 한국 예식의 가장 중요한 부분인 절하는 것을 익히게 하고 도와주는 것이다. 수모의 첫 번째 일은 작은 족집게를 들고 와서 이마에 난 잔머리들을 제거하는 것이었다. 한국인들은 관자놀이까지 머리를 내리는 것을 좋아하지만, 위에 난 머리는 이마를 평평하게 보이기 위해 제거해야 한다. 그다음에는 눈썹을 손질한다. 잔털을 제거하고, 대칭되는 반원 모양만 남겼다. 그다음에는 화장이 진행되었다. 우리 은혜의 예쁜 얼굴이 화장으로 완전히 뒤덮여 회반죽처럼 하얗게 되었다. 주홍빛 작은 점들이 양쪽 뺨과 이마 중앙에 찍혔고, 같은 색으로 입술이 칠해졌다. 머리카락은 목덜미 뒤에 낮게 쪽을 지웠고, 이미 화려해서 무거워 보이는 머리 위에 예식을 위한 장식들이 더 얹혔다. 12인치가 넘는 은비녀로 전체를 고정시켰다. 비녀들 끝에는 한문으로 '장수', '부귀', '다산' 등을 의미하는 말들이 적힌 보라색 비단 리본 장식들이 달려있었다.

머리 장식 후 은혜는 옷 위에 옷으로, 치마 위에 치마로 돌돌 싸여서 커다란 물통과 같은 모양이 되었다. 최종적으로 입힌 옷은 노란 저고리와 땅에 끌리는 붉은 치마였다. 작은 관이 머리 위에 올려졌고 손은 하얀 모슬린 조각으로 감싸졌다. 모인 친구들은 그녀를 보며 '정말 예쁘다'를 연발하였다. 우리 눈에는 모든 아름다움이 떠난 것처럼 보였다. 그녀는 흡사 절에서 흔히 보던 화려한 색 그림처

럼 되어 있었다. 우리가 알던 사랑스런 소녀라기보다는 조각상처럼
되어버렸다.

때가 되자 신랑이 불려나왔다. 그는 결혼식 날의 여느 신랑들처럼
관복을 입고 등장했다. 눈을 감은 신부는 네 번 절했다. 신랑은 두
번 절했다. 그리고 나서 이들 낯선 남녀는 예배당으로 걸어가서, 거기
서 기독교식 예식을 거행했다. 피로연이 이어졌다.

이들 부부는 서울의 안락한 집에서 시부모와 함께 살고 있다. 그들
은 행복하게 살고 있으며, 상냥하고 순종적인 은혜는 시어머니의 사
랑을 받고 있다. 그들은 일요일 예배에 항상 출석한다. 우리는 다른
기독교인 가정도 한국에 등장했으리라 믿는다.

게일, 한국인의 믿음

James S. Gale, "Korean Beliefs", *Folklore* 11-3, 1900, pp.325~332.

| 해제 |

제임스 게일(James Scarth Gale)이 민속학 저널 『Folklore』에 한국종교를 소개하기 위해 기고한 글이다. 게일은 1892년부터 1899년까지 원산에서 활동하였다. 이 시기에 삽화작가 김준근을 만나 『텬로력뎡』을 번역, 출판하였고, 함경남도 석왕사를 방문하여 승려들과 대화를 나누는 등 주변 지역을 순회하였다. 이 글에는 원산에서 활동하던 시기까지 게일이 수집한 한국인의 이야기가 수집되어 있고, 하나님에 관한 독창적인 견해가 제시되어 있다.

한국 같은 나라에서 민속자료를 수집하는 것은 쉬운 일이 아니다. 만약 내가 낯선 한국인들에게 질문을 한다면, 그들은 이내 의심을 품고 그런 것은 존재하지 않는다는 말 이상의 답을 하지 않는다. 마을 가구 수가 얼마나 되느냐는 질문에도, 또는 무엇을 농사짓느냐는 질문에도, 많은 요령이 필요하다. 그렇지 못하면 당장 반감을 불러일으킬 것이다. 내가 아는 유일한 방법은 한국인들끼리 이야기할 때 귀를 쫑긋 기울이는 것이다. 당신은 그런 대화에서 많은 사실들을 알 수 있으며, 솔직하고 올바르게 답해줄 당신 친구들에게 무슨 질문은 해야 할지에 대한 힌트를 많이 얻을 것이다. 내가 찾고자 하는 관습은 언어처럼 그것을 지닌 사람에게는 무의식적인 것이다. 예를 들어서, 한국인이 무언가를 말했을 때 당신이 그에게 다시 말해달라고 했다고 해보자. 그는 정확하게 반복하지 못할 것이다. 그가 의식하고 있는 것은 사용된 언어가 아니라 그가 생각하고 있던 것이기 때문이다. 그는 생각했던 것을 좀 더 명확하게 다른 형태로 표현해서 대답하겠지만, 똑같은 반복은 나오지 않을 것이다. 관습의 경우에도 마찬가지로 그들은 무의식적인 방식으로 관습을 따른다. 그들을 일깨워 그 일에 대해 물어본다면, 마찬가지로 그들은 그런 일이 있었다는 것을 부정하면서도 그 일에 대해 솔직하지 못하다는 감정에 따위는 전혀 갖지 않을 것이다. 우리는 어디에나 있는 공기를 의식하지 못한다. 관습도 어디에나 있다. 정의를 실천하는 것은 보통 관습의 문제이다. 땅을 양도하는 것도 법에 의해서가 아니라 관습에 의해 이루어진다. 결혼도 관습이다. 관청에서는 결혼에 대해 인지하지 않는다. 극동은 관습에 싸여 있으며, 많은 경우 한국인들은 관습의 존재를 거의 알아차리기 힘든 사람들이다.

한국의 대정령(Great Spirit) 하나님[1](큰 한 분, 한 분, 하느님?)에 대한 메모:

한국어로 '하나'는 하나를, '님'은 군주, 주인, 지배자이다. 그래서 하나님이라는 이름은 글자 그대로 번역하면 다스리는 한 분, 고귀한 한 분, 큰 한 분, 한 분이다.

---

1 이 책의 다른 글에서는 기독교 신명 'God'을 '하느님'이라고 번역했지만, 이 글에서는 게일의 의도를 존중해 '하나님'으로 번역하였다.

그분[하나님]² 은 착한 자[선]에게는 복[복]을 주고 악한 자[악]에게는 벌[화]을 내린다. 여기에는 심판이나 내세에 대한 언급은 없고 다만 현세에로 한정된다.

다음은 한국인이라면 누구나 아는 장터 노래 한 자락이다. "밥 잘 먹기는 하나님 덕. 옷 잘 입기는 처권(妻眷)의 덕." 이것은 하나님이 밥을 주신다는 생각이 모든 한국인에 있음을 보여준다.

내가 말을 타고 갈 때 마부 소년은 이런 말을 했다. "하나님은 내가 윗도리가 없는 것을 아시고 오늘 볕으로 나를 따뜻하게 해주시네요." 그는 나무에 절을 하고 성황당 앞에서는 정성을 다해 침을 뱉는 사람이었다. 그래서 내가 이렇게 말했다. "하나님이 당신에게 잘 해주시는데, 절은 그만하고 하나님께 감사드리는 게 어떻겠나? 나무에 절하는 대신 말이야." 그가 답했다. "그러나 하나님은 너무 멀리 계세요. 나는 그분을 볼 수 없기 때문에 대신 나무에 예배드리는 거예요."

한국인이 잘못된 일을 보았을 때 하는 가장 흔한 말 중의 하나는 "하늘이 무심하냐?"이다. 하나님이 그런 불의에 대해서는 분명히 벌을 내릴 것이라는 의미이다.

흔히 들을 수 있는 다른 표현으로는 "고마우신 하나님 비 주신다."가 있다.

한국인들은 큰 주먹질보다는 질펀한 언어를 갖고 있기 때문에, 말싸움이 자주 일어난다. 그럴 때 흔히 사용되는 표현으로 "천앙(天殃) 입을 놈"이 있다. 천(天)은 하나님의 중국 이름이다.

왕은 날음식을 사용하고 목욕재계하고 다른 의례적 정결을 행하면

---

2 이 글에서 [ ]로 표시한 내용은 게일이 한글을 알파벳으로 음역한 내용이다.

서 하나님께 비를 비는 제사[기우제]를 드린다.

천둥번개가 칠 때 한국인들은 말한다. "하나님이 엄하시다." 그러고서 그들은 담뱃대를 옆으로 물리고 가지런히 앉는다. 여기서 다시 나는 먼 옛날로부터 전해지는 오래된 속담을 듣는다. "하나님이 지공무사(至公無私)하다."

모든 정령들[신] 위에 그분은 큰 한 분이시다.

그의 거처는 저 위이다[위에 계시다]. 그곳이 어디를 뜻하건 그분은 하늘에 있고 그곳을 소유한다. 그분의 시작과 끝에 대해서는 이야기가 없다. 그분은 결혼하지 않으며 아들도 없다. 그러나 그분과 땅 사이의 이원적 결합이 존재하는 것으로 보이며, 그로부터 모든 생명이 나온다.

하나님은 모든 세부적인 것의 창조자이다. 땅은 거친 형태로서 모든 종류가 발전해 나올 수 있는 바탕, 혹은 그 발전 자체인 것으로 보인다.

내세의 삶에 대해서는 하나님에 관한 어떤 언급도 없다.

꽃이 피고 땅이 푸르를 때, 사람들은 그것이 고대의 창조자 하나님[조화옹]에 의해 일어났다고 말한다.

하나님이 죽이고자 할 때 그는 죽이신다. 살리고자 할 때는 살리신다. 모든 정령들에 제사를 드렸는데도 효과가 없을 때에는 마지막 탄식이 "하나님 살려주소서."이다.

"하나님이 비를 내려 초목을 적실 때 그는 작은 가지 하나 소홀히 하는 법이 없다." -한국의 속담.

[하나님은 무소불위 하시다] 하나님이 할 수 없는 일은 없다. -전능하심.

[하나님은 눈이 수레바퀴 돌 듯하다.]

[귀신도 하나님을 무서워한다.]

이것들은 하나님에 대한 더 많은 속설들 중 일부이다. 이것들은 오래된 기원을 가졌으며, 고대 기독교 원천과는 아무 연결이 없는 것으로 알려져 있다.

산(거인과 산들)

한국에는 오래 전부터 산의 성인[명인], 거인[장수], 용마(龍馬)에 대한 이야기가 전해진다. 거인이 나타날 때 그를 위해 준비된 용마가 내려온다고 한다. 거인은 동굴이나 바위 아래 조용히 있다가 나라가 위험에 처할 때 갑옷을 입고 나타나며 그의 말도 산에서 솟아오른다. 이런 이야기는 한국의 옛 이야기책들[고담책]에 흔히 나온다. 거인은 바람과 비[풍운조화]를 부리는 힘을 갖고 있다. 오늘날에도 무식한 시골 사람들은 때가 되면 거인이 산에서 일어나서 서양 사람들을 모두 내쫓거나 멸망시킬 것이라고 믿고 있다.

3백 년 전 일본과 전쟁할 때 5백 명의 정예군이 한국의 수도로 오고 있다는 이야기가 돌았다. 그들은 검의 광채만으로도 상대를 죽일 수 있었고 그래서 온 나라가 멸망할 것처럼 보였다. 그러나 그들이 부산 근처에 상륙하려 할 때, 그곳 산에서 나라를 구하기 위해 태어난, 푸른 소를 탄 노인[청우노인, 靑牛老人]이 나타났다. 일본인들은 그가 좋지 않은 징조임을 알고 있었기 때문에 그를 뒤쫓았지만 따라잡는 데 실패했고, 그를 사로잡는 대신에 산골짜기에서 그에게 잡혀서 모두 살해당했다고 한다.

산지 여행:

작년 봄에 서울 가는 길에 여기[원산]에서 150마일 쯤 떨어진 곳에서 "우는 성"이라고 불리는 멋진 산을 지나갔다. 여관 주인은 이 산이 궁예 왕이 패한 곳[918년]이라고 말해주었다. 그 이후로는 우선 고기와 다른 강한 음식을 금식하지 않은 사람은 산에 오를 수 없었다고 한다. 그는 아직 궁예의 밥그릇과 수저가 거기 있다고 했다. 뭐라고 답할 지 알아보기 위해 그에게 그것을 가져온다면 사겠다고 제안을 해보았다. 그의 대답은 그런 일을 하는 사람에겐 하나님의 천둥이 내리쳐 이내 죽는다는 것이었다.

산신령(mountain spirits):

한 달 전쯤 산에서 우연히 만난 사냥꾼은 자기는 사냥을 밤에만 한다고 이야기해주었다. 내가 물어보았다. "하지만 호랑이가 많잖아요. 무섭지 않나요?" 그가 말했다. "아니오. 나는 산신령의 보호를 받는 사람입니다. 그래서 안전하죠." 혹은 이렇게 말한다. "나는 산신령을 모십니다. 그러니 무서워할 이유가 없죠." 그는 산신령이 호랑이와 산의 다른 동물들을 통제한다고 생각했다. 많은 산신각(山神閣)에서 우리는 호랑이를 타고 있는 사람의 그림을 볼 수 있다. 호랑이가 정말 그렇게 산신령을 수행하는 모습으로 그려진 것이다.

마을마다 산신령[산령]에게 제사를 지낸다. 정해진 날 금식(禁食)과 재계(齋戒) 후 제사관(祭事官)을 정하고 고기를 잡아 나물 반찬과 함께 산신령에게 바친다. 산신령의 뜻에 따라 제사가 진행될 때는 마을의 개조차도 호랑이나 산의 다른 들짐승들로부터 안전하다. 호랑이는 산신령의 개라고 불린다.

산길에는 길가에 산신령을 위한 사당이 있다. 사람들은 사당 앞에서 기도하고 밥, 생닭, 돈, 돌, 천조각 등을 바치고, 행인들은 일반적으로 절을 하고 침을 뱉는다. 성스러운 나무, 혹은 '당나무'에는 천조각을 거는데, 이것은 악을 막는 부적[액막이]으로서의 의미를 갖는다. 나무 아래에는 돌들을 제물로 쌓아놓는다. 어떤 때는 산신령 그림 앞에 돼지, 쥐, 코끼리 등의 작은 도상을 놓기도 한다.

산신령에게 드리는 기도, 사실상 일반적인 탄원에 가까운 기도의 내용은 다음과 같다. "길 속의 서낭님, 길 아래 서낭님, 퇘.(침 뱉는 소리) 입으신 덕도 만만하거니와 새로이 덕을 입어지이다."

산에 대한 믿음(이 생각은 모든 한국인들에게 공통된 것이다.) :

한국에서 산은 모두 인격화된다. 산은 일반적으로 용이 되고, 형태에 따라 무덤들이 산 위에 길하게 혹은 불길하게 자리 잡는다. 움직이는 용[나룡, 懶龍]이나 나는 용[쌍룡] 위에는 집을 짓지 않는다. 산 자리가 인간에 끼치는 영향이 너무 강하면 그곳에는 도깨비가 많이 있고 집이 무너질 것이다.

1899년 5월 17일에 나는 서울 도성 안쪽 언덕에 집 자리를 구매했다. 언덕 아래 사는 사람들이 내게 그 자리가 '소가 젖먹이는' 산[와우형, 蝸牛形]이라고 이야기해주었다. 이것은 길한 형상이기 때문에 그 자리에 살면 장수하고 번영한다고 했다. 그래서 내가 서울로 이사 올 때 미래의 길한 터를 가질 것이라고 했다.

한국인들의 마음에는 항상 산이 보호해준다는 관념이 결부되어 있다. 수도 서울에는 북쪽에 보호산인 삼각산이 있다. 이전의 궁궐(1896년 2월에 왕이 러시아 공관으로 피신하기 전에 머물던 그 궁궐)이 지어진

직후에, 20마일 남쪽에 궁궐에 불을 놓을 적대적인 산(관악산)이 있다
는 것이 발견되었다. 지관들은 두 돌사자 혹은 불 먹는 동물[해태]을
궁문(宮門) 앞에 놓아서 이 산으로부터 왕조를 보호하는 데 성공했다.
이 석조 형상은 오늘날에도 서 있다. 이전 수도들에도 항상 보호 산
[주산]이 있다. 우리는 여기서 기원전까지 거슬러 올라가는 한국 전통
의 흔적을 본다. 무덤들에도 보호 봉우리[주봉]가 있으며, 그렇지 않
으면 집안이 번영하지 않을 것이다. 풍수에서 이런 속설이 있다. "용
은 돌을 보지 않고, 사람은 먼지(허공 속의)를 보지 않고, 개는 눈을
보지 않고, 호랑이는 종이를 보지 않는다."

사람들은 조상의 무덤이 놓인 산의 형세에 따라 태어난다. 바위가
많은 풍수 형세에서는 무인이 태어나고, 부드럽고 둥글둥글한 형세에
서는 학자가 태어나고, 뾰족한 형세에서는 작가가 태어나고, 대립하
는 형세에서는 도둑이 태어나고, 옥봉(玉峯)에서는 미녀가 태어난다.
물론 어떤 형태에서 어떤 운명이 정해지는지 이 모든 것들은 풍수가
[지관]만이 보고 검증할 수 있다.

현재 한국의 수상 신기선(申箕善)은 최근에 한국이 독립적이지 못
한 것은 산이 너무 많아서라고 말했다.[3] "산은 서로 의지하고 있어
의존을 의미한다."라는 것이다. 사람들은 산에 금단지나 은단지가 숨
겨져 있다고 믿어서 그것들이 어디 있는지 알기 위해 부지런히 제사
를 드린다. 산신령은 기도와 제사에 응답하여 꿈에서 단지가 묻힌

---

3 신기선(申箕善, 1851~1909)는 조선 말기의 학자, 문신으로 게일이 이 글을 쓸 무렵인
   1897년 중추원부의장, 1898년 법무대신, 1899년 학부대신과 의정부참정 등을 역임하
   였다.

곳을 알려준다. 그러나 이런 미신이 생긴 이유에 대한 나름의 설명도
있다. 삼백 년 전의 일본 침공 때 사람들이 침략자에게 뺏기지 않기
위해 많은 돈을 산에 숨겨두었고, 이것들이 때때로 발견되기 때문에
산마다 금은보화가 있다는 미신이 생겼다는 것이다.

　나는 항상 산을 이어주는 흐름이나 기운의 줄기에 관한 한국인들
이 생각을 완전히 이해해본 적이 없다. 이 힘의 적절한 순환에 모든
재산이 좌우된다. 1899년 4월 27일에 나는 원산에서 117마일 떨어지
고 서울에서 60마일 떨어진 한 도시에 도착했다. 근처에서 세로로
서 있는 돌 세 개 위에 놓인 거대하고 평평한 돌들을 많이 볼 수 있었
다. 나는 들판을 가로질러 이들 중 하나에 다가갔는데, 그 위에서 카
드리유(quadrille)⁴ 춤을 추어도 될 정도로 넓었다. 줄자가 없어 걸음걸
이로 측정해보니 근방의 돌은 넓이가 18평방피트에 두께가 2피트였
다. 3피트 정도 땅에서 올라와 있었고, 밑의 지지하는 돌은 8평방피트
정도의 공간을 차지하고 있었다. 그것들은 '고인돌', 즉 받침돌이라고
불린다. 이 돌들의 의미에 대해 묻자 이런 설명을 들었다. 삼백 년
전에 일본군이 이 지역에서 용감한 군인과 장수가 많이 나오는 것이
산의 기운의 흐름 때문이라는 것을 알게 되었다. 일본군은 가능한
한 그 기운을 차단하려 했고, 산세의 맥(脈) 위에 받침대로 고인 큰
돌들을 올려놓음으로써 이 목적을 달성하였다. 다른 이야기에서는
백 년 후의 만주족이 이런 일을 벌였다고 설명한다.⁵ 나는 후자의 이
야기를 더 믿는 편이다. 첫째, 이 돌들은 일본인이 다루기에는 너무

4　네모꼴을 이루며 네 명이 짝지어 추는 프랑스에서 기원한 고풍(古風)의 춤.
5　병자호란을 말함.

크다. 둘째, 일본인은 산의 기운에 큰 관심을 보인 적이 없다. 이 역시 일본인에 대한 한국인의 생래적 혐오가 그런 비극적인 일에 대한 증오의 대상을 중국에서 일본으로 바꾸도록 했을 것이다. 강원도에는 이러한 괴물이 수백 개나 있다고 들었다. 내가 직접 본 것만도 20개가 넘는다.

나는 주막의 노인에게 왜 돌을 굴려서 흐름을 풀고 기운을 돌려놓지 않았는지 물어보았다. 그러자 그는 "아, 너무 늦었습니다."라고 말하였다. 한국인들은 산의 기운의 관점에서 특별한 숙명론을 갖는다. 그들은 일반적인 운의 운행을 방해하는 것이 기운을 잃어버리는 것보다 더 안 좋은 것이라고 느낀다.

섬:

한국인 모두에 공통된 특별한 미신으로, 서해에 있다고 상상되는 섬, '남조선'에 관한 믿음이 있다. 그들은 이 장소가 매우 초자연적이라고 여기는데, 최근에는 거기서 온 사람이 외국인에 개방된 전라도 목포항에서 상품을 거래했다는 이야기도 있다. 그런 장소는 없지만, 현지인들은 주변에 있는 어떠한 실제 섬에 관한 이야기보다도 이런 이야기를 훨씬 많이 한다.

호수 정령과 용:

일반적으로 연못에 빠진 사람과 익사한 사람의 정령을 제외하고는 연못에 정령은 없다. 그러한 사고가 일어난 직후에 망자의 정령은 연못의 정령이 되고, 사실상 그곳에 갇혀 다른 사람이 빠져 죽어 자리를 맞바꾸기 전까지는 떠날 수 없다. 또 호랑이에게 죽은 사람은 호랑이 정령이 되고, 호랑이가 다른 사람을 잡아먹어 처음 희생자의 정령을 보내줄 때까지는 사로잡혀 있어야 한다.

호수에는 '용'(dragon)과 용보다 약한 괴물 '강철이'가 있다. 용은 연못에서 연못으로 옮겨 다니거나, 현지인의 말로는 '올라간다'. 나는 서울 북쪽으로 60마일 떨어진 송도 근처에서, 한국에서 가장 유명한 연못을 본 적이 있다. 그 연못은 깊고 어둡고 고요했다. 너비가 30피트 정도밖에 되지 않았지만, 물이 극단적으로 맑지만 깊이는 눈으로 가늠할 수 없었다. 이 용들은 흰색[백룡], 검은색[흑룡], 황색[황룡], 청색[청룡]이라고 일컬어진다.

뱀은 용과 거의 동일하게 취급된다. 때로는 잉어가 물고기-용[어룡]이 되는 경우도 있기에 물고기도 용과 비슷하게 여겨지곤 한다. 어부가 용의 호수에 너무 가까이 가는 것은 위험한데, 뱀이 갑자기 꼬리를 휘둘러 그를 호수 깊이 던져넣을 수도 있기 때문이다.

모든 생물이 용의 단계에 도달하는 것은 아니다. 뱀은 산에서 천년, 물속에서 천년을 보내며, '도를 가깝게 따른 후에야[도 닦다] 드디어 용이 된다.('도닦다'(to-lak-ta)가 정확히 무엇을 의미하는지 아무도 말해주지 않지만, 그러한 표현은 존재한다. 사람들은 같은 표현을 공자의 제자를 언급할 때도 흔히 사용한다.)

내가 이해하기로는 바다에서 볼 수 있는 용오름이 용으로 여겨지고 대부분의 용 신앙의 연원이 되는 것 같다.

우물에도 용이 있어서, 정월이나 보름, 혹은 출산과 같은 특별한 경우에 용을 달래기 위해 밥을 던져준다. 여기서도 호수와 마찬가지로 익사한 사람이 있으면 망자의 정령이 우물을 담당한다.

강과 하천:

강에도 다양한 형태의 정령이 있는데, 대부분은 달밤에 빨래하는 여성의 모습이다. 때로 정령이 고기 잡는 이를 잡아 강물 깊은 곳으로 끌고 간다. 정령을 달래기 위해 제사를 올리고 음식을 강에 던져준다.

뱃사람의 기도:

"물의 여성과 뱀의 왕자여, 편안한 항해가 되게 해주소서."[물아씨, 긴다 서낭님, 행선 잘 하게하여 주소서.(Mul-a-ssi kin-tă so-nang-sim hang-sun chal hage-hayö chu-so-so)]

1889년에 황해 북쪽 해안을 따라 배를 타고 6일간 항해하고 있을 때, 우리는 험한 날씨를 겪었다. 그러자 선원들은 즉시 배를 돌보기를 멈추고, 밥과 생선으로 제사를 차리고 기도를 한 후 바다 정령을 달래기 위해 갑판에 음식을 쏟아부었다.

게일(Jas. S. Gale)

1899년 6월 29일, 한국 원산.

게일, 한국인의 하나님 관념

James S. Gale, "Korean Ideas of God", *The Missionary Review of the World*, 1900, pp.696~698.

| 해제 |

제임스 게일(James Scarth Gale)은 1892년부터 1899년까지 원산에서 활동하였는데, 이 시기에 기독교의 신 명칭에 관한 그의 견해가 확립된 것으로 보인다. 최초로 성경을 번역한 존 로스(John Ross)는 'God'의 번역어로 '하느님/하나님'을 제안하였는데, 로스가 생각한 이 단어의 의미는 천상의 존재(the heavenly being)이었다. 반면에 게일은 이 단어에 유일신(the Only One)의 의미가 부여되어야 한다고 주장하였다. 게일의 주장은 이후 성경 번역에 수용되어 신 명칭이 정립되는 데 큰 기여를 하게 된다. 아래의 글은 게일이 하나님에 유일신 관념을 부여하게 된 경험적 계기를 설명해준다는 점에서 중요하다.

눈앞에 갈대 울타리 너머로 간신히 보이는 갈색 초가가 있었다. 문 안으로 들어가자 안에는 풀이 나 있지 않고 깨끗이 치워져 있음을 알 수 있었다. 부엌에서 쌀을 씻던 주 씨(朱氏) 부인은 소매를 걷어붙이며 나와서 나를 맞아들였다.

"안녕하세요? 부인과 아이들은요?" 부인이 물었다.

"우리는 잘 지냅니다. 부인과 주 씨는 안녕하신지요?" 내가 답했다.

주 씨는 내 목소리를 듣더니 몇 자나 되는 담뱃대를 들고 사랑방에서 나왔다. 나는 즉시 안으로 안내되어 상석의 방석 위에 양반다리로 앉았다. 주 씨는 맞은편에 앉고, 주 씨 부인은 안에서 이야기하는 것을 들을 수 있도록 문을 열어둔 채 부엌에 일하러 돌아갔다. 그는 한국에 대해, 한국의 미래에 대해, 지역의 일에 관해 얘기해주었고, 나는 동양인에게 느껴지는 관심을 억누르지 않으며 지켜보고 있었다. 친절하고도 자신감에 찬 그의 검은 눈이 나를 바라보고 있었다. 너무 까매서 동공과 홍채를 구별하기 힘들 정도였다. 피부는 올리브 빛이었고, 머리는 흑청색의 직모였으며, 치아는 강건하고 상아처럼 하얬다. 코는 예쁘다고 하기에는 다소 납작했지만 곧았다. 그의 얼굴은 다소 가늘고 나약해 보였지만, 규칙적인 심장 박동 같은 안정감, 순수함, 이타적 의지를 지닌 그는 다른 서양 기독교인보다도 하얘 보였다. 동양인은 자유롭게 사유하지 않기 때문에, 주 씨 역시 특별히 사유가 깊은 것은 아니다. 그러나 그는 훌륭한 기억력을 가졌고 지식으로 가득 찬 사람이었다. 황색 피부와 튀어나온 눈을 가진 그로부터 조상들의 전통들이 끊임없이 실려 나왔다.

내가 말했다. "주 씨, 오래 전 우리나라 남부 지역에는 톱시(Topsy)라고 불리는 흑인 소녀가 있었습니다. 하루는 교회에서 돌아온 그녀에게 주인이 말했죠. '톱시야, 목사님이 오늘 뭐라고 설교하셨니?' 톱시가 답했죠. '하나님이요, 피비 주인님. 그는 하나님에 대해 설교했어요.' 주 씨, 이제 내게 하나님에 대해 설교해 주십시오. 기독교 시절 이전에 한국인들이 그분에 대해 알았던 모든 것에 대해 말해주세요."

주 씨가 말했다. "우리의 하나님은 큰 한 분(the Great One)이고, 하나를 뜻하는 말 '하나'와 군주, 주인, 왕을 뜻하는 말 '님'으로부터 나온 말 '하나님'(Hananim)[1]이라고 불립니다. 우리는 그분이 우주[천지][2]를 만들었다고 여기기에 그분을 고대의 창조자[조화옹]이라고도 부릅니다."

나는 주 씨의 이 말이 만물이 물질적인 것으로부터 진화했다는 순수한 유학자들의 생각과는 뭔가 다르다는 것을 알아차렸다. 그들은 "만물은 스스로 생겨난 것이다"라고 말한다. 만물이 부모 혈통이나 기원의 종이 아니라 혼돈으로부터 나온다는 것이다. 우리가 보기에 이것은 서양이나 현대 진화론의 분파보다도 더 일관된 진화론적 견해인 것 같다. 집비둘기가 가만히 있는 푸른 바위에서 발달해 펑 하고 나올 수 있다면, 무한한 무(無)에서 나오지 말라는 법은 없지 않겠는가? 그들의 말에 따르면 "사람은 정점에 이르기까지 발달하며, 그 후에는 늙어 퇴화하게 된다." 발달과 함께 퇴화도 갖고 있는 것이다. 그러나 이런 것들은 잘난 체하는 지식인들의 견해이지 주 씨와 같은 소박한 사람들의 생각이 아니다. 그의 말에 따르면, 천상에 거하며 자신이 하시는 바에 따라 베풀어주시는 하나님이 만물을 창조하고 이루어냈다. 그분은 삶의 중요한 운행에만 관여하신다고 한다. 한국인들은 평범한 사건들에 대해서는 제2의 정령들에게 직접 빌고 기도하고 제사를 드리지만, 모든 희망이 좌절되었을 때는 하나님을 부른다. 나는 이와 관련해서 내가 원산의 한 거리를 지나갈 때 하나님을 부르며 아들을 살려달라고 하는 한 할머니를 본 이야기를 주 씨에게 해주었다.

주 씨는 말했다. "그것이 그 노인의 마지막 호소인 거죠. 왜냐하면

---

1 이 책의 다른 글에서는 기독교 신명 'God'을 '하느님'이라고 번역했지만, 이 글에서는 게일의 의도를 존중해 '하나님'으로 번역하였다.
2 이 글에서 [ ]로 표시한 내용은 게일이 한글을 알파벳으로 음역한 내용이다.

하나님은 영적 존재의 극한이고 그분을 넘어 이야기할 곳은 없으니까요. 비바람에 영혼이 양지를 떠나는, 폭풍우의 고통 아래서만 그분에 다가갈 수 있습니다."

"우리는 하나님이 지극히 공평하고 사사로움이 없으시고[하나님 지공무사(至公無私)하다], 거룩하시다[거룩하시다]고 말합니다. 그분은 우리 인간들이 호소할 수 있는 마지막 관청이지만, 그분께 다가가는 길은 무섭고 천둥 번개가 치는 곳입니다."

나는 천둥이 칠 때 한국인들이 항상 갖고 다니던 담뱃대도 치워두는 것을 본 적이 있다. 그래서 주 씨에게 그 이유를 물어보았다.

"우리는 관리 앞에서도 담배를 피우지 않습니다. 그런데 하나님이 말씀하실 때 어떻게 감히 담배를 피우겠습니까? 하지만 무섭긴 해도 그분은 인자하시고 비를 내려주십니다.[고마우신 하나님 비 주신다] 그리고 매일 우리에게 먹을 것을 주십니다. 장터에서 예부터 전해지는 노래가 있죠. [밥 잘 먹기는 하나님 덕 / 옷 잘 입기는 처권의 덕 / 재주 잘 나긴 조상의 덕 / 신수 잘 나긴 부모의 덕 / ……]"

이 일반적인 장터 노래에서 한국인들은 하나님을 사람을 먹이는 존재로 묘사하였다. 옷은 여자가 마련하고, 지위는 조상에서 오고, 아름다움은 유전되고, 자식은 부모를 사랑하고, 친구들 간에는 우의가 있지만, 이 상황의 기반이 되는 것은 대지의 선물이며, 이는 하나님[하나님]이 주신 것이다.

"그러나 사람들은 배은망덕하여 죄를 짓습니다. 하지만 하나님은 기다려 주시고 시간을 두고 벌을 내립니다. 옛날부터 전해져서 한국 사람들은 대부분 아는 이야기가 하나 있습니다. 다음과 같습니다.

처음에 하나님은 지상의 일에 대해 끈기 있게 기다렸지만 그의 기다림은 수포로 돌아갔다. 사람들은 점점 하나님의 존재로부터 멀어지고 세대가 지날수록 더 사악해졌기 때문이다. 마침내 화가 난 하나님은 천둥 천사(Thunder Angel)를 불러 사악한 자들을 멸망시키라는 명령을 주어 무장해서 내려 보냈다. 처음에는 천사의 눈에 모든 사람이 사악해 보였고 그들을 멸망시키는 것이야말로 지구를 정화하는 길이라고 여겨졌다. 그는 여러 나라를 둘러보고 모든 곳을 다녔다. 마침내 여행 막바지에 그는 수백만 명의 사람들 중에 죄를 짓지 않은 단 한 명의 의인을 만나게 되었다. 천둥 천사는 수만 명 중에서 전적으로 사랑할만한 단 한 사람을 보았고 그를 보고 사랑했다. 천사가 하게 된 일은 무엇이었을까? 남들을 모두 멸망시키고 이 사람 하나만 살리는 것이었을까? 오래 생각한 후 천사가 말했다. '어떻게 할지 정했다. 한 명의 의인을 죽여 모든 악한 이들을 대신할 것이다.' 그리하여 천둥번개가 천사가 사랑한 이에게 내리쳐서, 그는 모든 인류를 대신하여 죽었다. 그것은 천사를 보낸 하나님의 명에 의한 것이었다.

당신은 우리의 하나님이 위대하고 거룩하고 정의롭고 전지하고 전능하며 편재해 있고 경이롭고 두려우며 불가해한 분임을 알 수 있을 것입니다. 그러나 이제 기독교 교사들이 와서 하나님이라는 이름과 우리가 밤에 전해 듣는 이 작은 이야기에 새로운 의미를 불어넣고 있습니다. 우리가 전에는 알지 못했던 의미, '하나님은 사랑'이라는 것을 우리에게 말해주고 있죠."

주 씨는 세월의 부침을 겪었고, 그의 검은 눈으로 슬픈 일들을 힘없이 지켜봐왔다. 그러나 이 이야기는 그의 내부를 충만케 했으며, 그의 마음속에서 예수는 그와 다른 많은 이들을 대신해 돌아가신 단 한 명의 의인으로 존재했다.

제3부

원문 자료

- John Ross, *History of Corea*
- William Elliot Griffis, *Corea: The Hermit Nation*
- A. W. Douthwaite, *Notes on Corea*
- William Elliot Griffis, *Corea, Without and Within*
- The Hour for Korea
- J. R. Wolfe, "A Visit to Korea"
- Percival Lowell, *Chosön, the Land of the Morning Calm: A Sketch of Korea*
- John Ross, "Our Attitude toward Confucianism"
- George Heber Jones, "The Religious Development of Korea"
- Daniel L. Gifford, "Ancestral Worship as Practiced in Korea"
- George W. Gilmore, *Korea from its Capital*
- Alexandis Poleax, "Wayside Idols"
- Louise Jordan Miln, *Quaint Korea*
- H. S. Saunderson, "Notes on Corea and Its People"
- E. B. Landis, "Notes on the Exorcism of Spirits in Korea"
- Horace N. Allen, "Some Korean Customs: Mootang"
- R. A. Hardie, "Religion in Korea"
- "A Reversed Santa Claus"
- *Korean Sketches*
- M. F. Mrs. Scranton, "Grace's Wedding"
- James S. Gale, "Korean Beliefs"
- James S. Gale, "Korean Ideas of God"

John Ross, *History of Corea*

Language and Geography, London: Elliot stock, 1891[1879], chap. 11.

CHAPTER XI.

RELIGION.

THE Coreans have one native name, and one borrowed from the Chinese, for the Supreme Being. The former is *Hannonim*, from *hanul*, heaven; the latter *Shangde*. The name *Hannonim* is so distinctive and so universally used, that there will be no fear, in future translations and preachings, of the unseemly squabbles which occurred long ago among Chinese missionaries on this subject;—even though the Romanists have introduced the name which they employ in China. The idea conveyed by the term Hannonim is much like that of *Tien laoye*, the popular Chinese name for the Almighty, the all-present, but invisible One.

Taoism, which divides Chinese attention with Buddhism, is almost unknown in Corea; while Confucianism is a moral system, and not properly a "religion." Hence Buddhism has no rival, unless indeed Romanism, which has had many adherents for nearly three centuries, may be regarded as such.

Booldo or Buddhism is profoundly believed in, and the celibate *Joong* or priests or monks are so numerous, that they are said to form a fourth of the male population; several myriads of them are said to be in the capital alone. The principal images, *Bootte*, are of brass; the secondary, *miriug*, of carved stone; none being of clay, as almost all Chinese images are. The priests are held in greater esteem than in China; and apparently a better class of men shave their heads in Corea than in China, for they are frequently ministers of State, commanders of armies and governors of Provinces, and occupy other important magisterial posts. The priest *Samiungdang*, celebrated to this day, was commander-in-chief, during the Japanese invasion three centuries ago. The Governor General (Tsongdo) of Pingyang in 1877 was a priest.

356　　　　　　　　RELIGION.

This magisterial priest is addressed, not *Joong*, but *Desa*, "He, the Temple."

The dress of the priests is black or grey, their trousers being as universally black as that of the rest of the populace is white. Their official robe, *gasa*, which they wear at worship, is in shape like the Chinese; passing over the right shoulder, and under the left arm. They also use a crooked staff in their chanting. Their rosary consists of one hundred and eight beads, which they diligently count over in prayer. Their remarkable similarity to the various ecclesiastical grades and the ordinary forms and ceremonies of Romanism, is very extraordinary; so much so, that the priests accuse the devil of having stolen the rites of holy mother church and of teaching them to Buddhism. The priest is severely beaten if discovered breaking his strict rules of vegetarianism and chastity. In this respect they seem to be superior to the Chinese.

The believers in Buddhism are not in equal proportions over the kingdom. In some places scarcely a third follow the priests; in others, almost all the people. Fervent believers assiduously frequent the temples; others once a month, or once a year, at the great festivals. There are more believers in the god of the mountains than in Buddhism. This god is the representative of the mountains, and his temples are on the highest and most precipitous slopes. This god is worshipped once a year; the family making it the occasion of a picnic. Seven days before, and as many after the day of worship, no meat is eaten; and the cereal and vegetable food must be of the cleanest possible kind,—the rice being pounded many times more carefully than during ordinary times, and the vegetables are washed with sevenfold care. Everything on the person and in the house must be without spot. It is in this respect like the Pongol of India. Though the mode of worship differs *in toto* from the Chinese, we imagine the idea of gods for the mountains came from China, where it exists and has long existed much as it did in ancient Greece.

Loongwang, the god of rain, is believed in by all the believers in the mountain god ; comprising all the believers in Buddhism, in addition to many more who do not believe in Buddhism. The god of war is worshipped only in the capital, where there are two temples in his honour ; but China has one in every city. Confucius is worshipped twice a year,—once in spring, and again in autumn ; but only by the magistrate who is over each city. The king worships him in the capital. Some of his disciples are also worshipped. The magistrate in all cases sacrifices sheep in the stone built temples. There are no sheep in Corea ; those sacrificed are purchased at the "Corean gate" from the Chinese.

The doctrine of immortality is necessarily believed in, wherever the Chinese form of Buddhism flourishes ; for the ambition of priest, monk, or vegetarian believer, is that, by his abstihence and his diligent `chanting of litanies, he may become a "god," the equivalent of the Roman Catholic saint,—attained in much the same fashion. But the highest aspiration of Buddhism, is that the soul should be absorbed into Nirvana or nothingness, which really means annihilation ; for the soul is to cease to exist as a separate entity. Yet that the soul of every man is immortal, does not seem to be a universal,—it is certainly not among the Coreans universally a practical,—belief. The first Corean with whom the writer ever came in contact, regarded the notion that all had souls destined to endless existence, one to be ridiculed ; for only the priests and pious people could thus live. True, he was a very ignorant youth ; but when the Corean scholar, who is with me now, came under my notice, he was about to drink some opium, to end a life of poverty among strangers ; and to one capable of such a deed, immortality can be only a fiction.

The sacrifices and addresses to the departed, as recorded above, might seem to imply a belief in immortality ; and it cannot be denied that there is, of necessity, a hazy kind of spiritual existence, after death, believed in wherever Buddhism prevails ; and especially where dead ancestors are sacrificed to, in the belief that the departed spirits can exert an influence for good or evil upon the living. We do not believe that any of the

358   RELIGION.

eastern people have yet attempted to solve for themselves even
an approximation to an idea of the nature of that disembodied
state. It is very evident from the above Burial Ritual, that
death is regarded as an eternal separation between the dearest
of friends and the best of men. The bitter wailing of survivors,
to whom the departed was very dear, is the necessary accom-
paniment of that black despair, which says to the departed, that
he must go hence "for ever;" and what a contrast this, "We
shall never see your face again," of eastern philosophy and
religion, compared to "Not dead, but gone before," of the
Christian. Even supposing it could be false, the belief that
death is but a temporary separation of those dear to us as life,
is one full of soothing comfort to the living one, for which we
owe deep gratitude to Him who has "brought life and
immortality to light," if even He had done no more for mankind.
The condition of Corea, as of all eastern lands, proves that the
most ordinary morality has no foothold, apart from the belief in
an endless existence hereafter, whose character is to be decided
by the "deeds done in the body."

The following is again a translation from a Corean treatise on
Religion :—

There are four sects in Corea—1st, THE RELIGION OF REASON.
Its teaching is summed up in the two words: "Clean" * and
"Empty." † It teaches its disciples to be humble and not
arrogant. But if a man join them who is of a disreputable
character, he ceases prayers and music (which can restore a man),
and forsakes benevolence and uprightness.

2nd, GEOMANCY, originated with Hü and Ho, two ministers of
Yao Wang.‡ If a man joins them who is of some mental

* "Clean" in heart, in person, in temple.

† Void of thought and desire of any kind, either good or evil; for perfection is
the absolute serenity of mind consequent on the total absence of all thought.
Ergo, the man who did not waste his talent but kept it in a napkin, should have
been a good man. And therefore ceasing to exist as a separate individual is the
perfection of happiness. Though called Tao here, the name and description really
belong to Buddhism.

‡ This gives Geomancy a much more recent date than the Fuhi of the Chinese.

capacity, he induces men to act according to his rules, as to when there is a lucky opportunity of doing anything, and when he should abstain from doing. If a man of very limited capacity joins them, he forsakes the rules of human conduct, and becomes a devoted servant of *gweishun*—"demons and gods,"—or superstition.

3rd, LAWYERS or LAW SECT, consisting of those appointed to be magistrates over the people, to reward the good and to punish the evil, and to act according to principle and law. But if a selfish man is in office, he ceases to instruct the people, and casts away benevolence and love.

4th, INK SECT. Ink is that by means of which every man gains knowledge. Ink is therefore most valuable and highly to be honoured.* The founder of this sect, contemporary of Mencius, called himself Modsu (Son of Ink), and instituted the Mojiao. He regarded a poor house or a mountain cave as a proper home. One of their tenets orders the younger people to get up at the fifth watch (2 a.m.), and wait upon the Three Elders (father, mother, and elderly guest) ; and they teach all to "love." But if a narrow-minded man join this sect, he follows out the doctrine of universal love too logically, and makes no distinction between his nearest relations and the outer world.

"But," says one writer, "under heaven there is only one true doctrine, and all the rest are false ; the true man must be treated according to his truth, and the false according to his falsehood." "That," says the Annotator, "is the speech of a child ; for who can equalise the unequal? Among one hundred men there. is one thief; but if you dont know who it is, how is it possible to treat ninety-nine of these as honest men? One cock pheasant crows, one hundred hens follow him. Swift as the wind, quick as the lightning, man has no standing ground. Who is there in this world who has not at some time been the object of groundless suspicion and back-biting? This is what is hard to endure. Wun Joongdsu said that in rectifying the conduct, the mind must be inflexibly bent in one direction (i.e., regardless of the *vox populi*).

* Compare the English saw about the "Pen and Sword."

360   LAWS.

This is a statement of the utmost consequence. It should be
thought of constantly, and acted out always till knowledge is
added to knowledge; each sentence more pregnant of meaning
than each last; branch should spring from branch, and bud
increase on bud, till, when you hear words hard to bear, you
will resemble Boo Yi when accused of stealing the silver, and
Bo Yen when charged with designs on the revenue; who
continued faithful to their post, even though charges were made
against them by the hundred cart load. The bird wounded by
an arrow afterwards fears every crooked stick; and the ox who
has suffered from the sun will bellow when the moon appears."
Here we stop the Corean moraliser while proving the difficulty
of distinguishing the true from the false, and only wish that all
men "calling themselves Christians" had as much real
knowledge; and were ready to cultivate the same forbearance.

William Elliot Griffis, *Corea: The Hermit Nation*

New York: Charles Scribner's sons, 1902[1882], chap.37.

CHAPTER XXXVII.

RELIGION.

A CAREFUL study of the common names applied to the mountains, rivers, valleys, caves, and other natural features of the soil and landscape of any country will lay bare many of the primitive or hidden beliefs of a people. No words are more ancient than the aboriginal names given to the natural features of a country amid which the childhood of a nation has been spent. With changing customs, civilization, or religion, these names still hold their place, reflecting the ancient, and often modified, or even vanished, faith.

Even a casual examination of the mountain, river, and other local names of places in Corea will give one a tolerably clear outline of the beliefs once fully held by the ancient dwellers of this peninsula. Against the tenets and influences of Buddhism these doctrines have held their sway over the minds of the people and are still the most deeply-seated of their beliefs. The statements of ancient Chinese, and later of Japanese writers, of foreign castaways, and of the French missionaries all concur in showing us that Shamanism is the basis of the Corean's, and especially the northern Corean's, faith. In the first historic accounts of Fuyu, Kokorai, and the Sam-han, we find the worship of the spirits of heaven and earth, and of the invisible powers of the air, of nature, the guardian genii of hills and rivers, of the soil and grain, of caves, and even of the tiger. They worshipped especially the morning-star, and offered sacrifice of oxen to heaven. From such scanty notices of early Corea, especially of the northern parts, we may form some idea of the cultus of the people before Buddhism was introduced. From the reports of recent witnesses, Dutch, Japanese, and French, and the evidence of language, we incline to the belief that the fibres of Corean superstition and the actual religion of the people of to-day have not radically changed during twenty centuries, in spite of Buddhism. The worship of the spirits of heaven and earth, of mountains and rivers and caves, of the morning star, is still reflected in the names of these natural objects and still continues, in due form, as of old, along with the sacrifices of sheep and oxen.

The god of the hills is, perhaps, the most popular deity. The people make it a point to go out and worship him at least once a year, making their pious trip a picnic, and, as of old, mixing their eating and drinking with their religion. Thus they combine piety and pleasure, very much as Americans unite sea-bathing and sanctification, croquet and camp-meeting holiness, by the ocean or in groves. On mountain tops, which pilgrims climb to make a visit for religious merit, may often be seen a pile of stones called siong-wang-tang, dedicated to the god of the mountain. The pilgrims carry a pebble from the foot of the mountain to the top. These pilgrims are among those held in reputation for piety.

The other popular gods are very numerous. The *mok-sin*, the genii of the trees, the god of rain and of the harvest, are all propitiated, but the robust Corean, blessed with a good appetite, especially honors *Cho-an-nim*, the tutelary genius of the kitchen. To a Corean, the air is far from being empty. It is thickly inhabited with spirits and invisbile creatures. Some of these figments of imagination, and the additional powers for good and evil, which the Corean attributes to animals of flesh and blood, are treated of in a former chapter on Mythical Zoölogy. Even the breezes are the breath of spirits, and "a devil's wind" is a tempest raised by a demon intent on mischief. When a person falls dead suddenly, heart-disease is not thought of; he has been struck by a devil's arrow. There are not wanting sorcerers who seek to obtain supernatural force by magic, which they use against their enemies or for hire, direct the spirits to wreak malignity against the enemy of him who fees them. These sorcerers are social outcasts, and reckoned the lowest of humanity.

The unlucky days are three in each month, the figure of ill-omen being five. They are the fifth, fifteenth, and twenty-fifth. On all extraordinary occasions there are sacrifices, ceremonies, and prayers, accompanied with tumultuous celebration by the populace. The chief sacrifices are to heaven, earth, and to the King or Emperor of Heaven [1] (Shang Ti of the Chinese).

---

[1] This word, pronounced in a slightly different way in Corean, is the term which Dr. James Legge, in his "Religions of China," and many missionaries of Reformed Christianity, translate God (Jehovah, Theos), but which the Roman Catholic missionaries are forbidden to use. Dr. Legge holds that Shang

328   COREA.

The various superstitions concerning the direction of evil, the auspicious or the ill-omened lay of the land, the site for the building of a house, or the erection of a tomb, will be well understood by those who know the meaning of the Chinese term, Fung Shuy, or the Corean Pung-siu. This system of superstition has not only its millions of believers, but also its priests or professors, who live by their expertness and magnify their calling. The native vocabulary relating to these pretenders and all their works is very profuse. Among the common sights in Corea are little mounds raised on eligible, propitious places, in which a pole is planted, from which little bells or cymbals are hung. These jingled by the breeze are supposed to propitiate the good spirits and to ward off the noxious influences of the demons. The same idea is expressed in the festoons of wind-bells strung on their pagodas and temples. Pung-siu means literally "wind and water," but in a broad sense is a rude cyclopædia of ideas relating to nature, and bears nearly the same relation to natural philosophy as astrology does to astronomy. Its ideas color every-day speech, besides having a rich terminology for the advanced student of its mysteries.

Upon this system, and perhaps nearly coeval in origin with it, is the cult of ancestral worship which has existed in Chinese Asia from unrecorded time. Confucius found it in his day and made it the basis of his teachings, as it had already been of the religious and ancient documents of which he was the editor.

The Corean cult of ancestor-worship seems to present no features which are radically distinct from the Chinese. Public celebrations are offered at stated times to ancestors, and in every well-to-do house will be found the gilt and black tablets inscribed with the names of the departed. Before these tablets the smoke of incense and sacrifice arises daily. In the temple also are rooms for the preservation of duplicates of the tablets in the private houses for greater safety. Like the iron atoms in his blood, the belief in ancestral piety and worship is wrought into the Corean's soul. The Christian missionaries meet with no greater obstacle to their tenets and progress than this practice. It is the source, even among their most genuine converts, of more scandals, lapses, and renunciations, than are brought about by all other causes.

Confucianism, or the Chinese system of ethics, is, briefly stated,

Ti is the most ancient title of Deity in the language of the Chinese, and was used by their ancestors when they held to primitive monotheism. "In the ceremonies at the altars of heaven and earth, they served God" (Confucius).

an expansion of the root idea of filial piety. It is duty based on relation. Given the five great relations, all the manifold duties of life follow. The five relations are that of king and subject (prince and minister), of parent and child, of husband and wife, of the elder brother and the younger brother, and between friends. The cardinal virtues inculcated, or " The Five Constituents of Worth," or constant virtues displayed, according to the teachings of Confucius, by the perfect man are : 1, Benevolence ; 2, Uprightness of Mind ; 3, Propriety of Demeanor ; 4, Knowledge or Enlightenment ; 5, Good Faith ; or, Affection, Justice, Deference, Wisdom, Confidence.

With the ethics of the Chinese came their philosophy, which is based on the dual system of the universe, and of which in Corean, *yum-yang* (positive and negative, active and passive, or male and female) is the expression. All things in heaven, earth, and man are the result of the interaction of the *yum* (male or active principle) and the *yang* (female or passive principle). Even the metals and minerals in the earth are believed to be produced through the *yum-yang*, and to grow like plants or animals.

The Confucian ethics, suiting well a state of feudalism, and being ever acceptable to the possessors of authority, found congenial soil in the peninsla, as they had already taken root in Kokorai. They nourished the spirit of filial piety and personal loyalty, of feud and of blood-revenge, by forbidding a man to live under the same heaven with the murderer of his father or master. Notwithstanding the doctrines and loftier morals of Buddha, the Chinese ethics and ancestor-worship, especially in the northern part of the peninsula, underlaid the outward adherence of the people to the religion of the Enlightened One. As the average Christian, in spite of the spirit of Jesus and the Sermon on the Mount, is very apt to base his behavior and legal procedure on the code of Justinian, so the Corean, though he may believe in Fo (Buddha), practises after the rules of Kong-ja (Confucius).

Official sacrifices are regulated by the government and are offered up publicly at the national festivals. Something of the regulated subordination in vogue among the Chinese prevails in Chö-sen when ancestors are honored. High officials may sacrifice to three ancestors, the gentry only to father and grandfather, and the common people to father only. In every province, capital, and city ranked as *Tai-mu-kan*, there are buildings containing statues

of Confucius and his thirty-two disciples, which are maintained
at the public expense.

Confucianism overspreads the whole peninsula, but during the
prevalence of Buddhism, from the fourth to the fourteenth cen-
tury, was probably fully studied and practised only by the learned
classes. Under the present dynasty, or from the fifteenth century,
the religion of China has been both the official and popular cult
of Chō-sen, long ago reaching the point of bigotry, intolerance,
and persecution. Taoism seems to be little studied.

In Corean mouths Buddha becomes *Pul*, and his "way" or
doctrine *Pul-to* or *Pul-chie*. Introduced into Hiaksai in the fourth,
and into Shinra in the sixth century, the new faith from India
made thorough conquest of the southern half of the peninsula, but
has only partially leavened the northern portion, where the grosser
heathenism prevails. The palmy days of Corean Buddhism were
during the era of Korai (from 905–1392, A.D.). The missionary
work had been accomplished, the reigning dynasty were pro-
fessors and defenders of the faith, and for these four centuries it
was the religion of the state. The few surviving monuments of
this era of splendor are the grand pagodas, monasteries, and tem-
ples that are found, especially in the southern provinces. The
profusion of legal and ecclesiastical terms in the language which
relate to lands set apart to provide revenues for the temples, and
to their boundaries and rents, and the privileges of monks and
priests, are more probably the relics of a past time, being only
verbal shells and husks of what were once fruit and kernel.

Until the fifteenth or sixteenth century the Japanese Buddhists
looked to the "Treasure-land of the West," as they termed Chō-
sen, for spiritual and even pecuniary aid in their ecclesiastical
enterprises. The special features of many renowned Japanese tem-
ples, libraries, collections of books, images, altar furniture, etc.,
are of Corean origin. This is especially noticeable in the old seats
of the faith in Kiōto. Images in gold, gilt wood, bronze, and
some fire-resisting material—perhaps platinum—are known and
duly certified by genuine documents in temples in other cities.
In a building at Kamakura is a copy of the Buddhist canon in a
revolving library, said to have been obtained by Sanétomo from
Corea in the thirteenth century. Among the amusing passages in
the letters from Ashikaga in Kamakura, two hundred years later,
is the hint given to the king of Corea that a contribution in aid
of the repair of certain Japanese temples would be acceptable.

The site and general surroundings of Corean Buddhist temples and monasteries greatly resemble those of China and Japan. They are often situated on hills, rising ground, and even high mountains, and walled round by lofty and venerable trees which seem to inspire awe and veneration in the worshipper, besides acting as extinguishers to sparks drifted from neighboring fires. An imposing gateway is usually built at some distance before the temple, with massive curved roof of tiles, and flanked by a wall of masonry which, in its upper part, consists of plaster tiled at the top. On the frieze of the portal, the name of the temple is inscribed in large Chinese characters. Sanskrit letters or monograms are occasionally seen. Under a roofed shed in front hangs the drum on which the bonze beats the hours for prayer, or of the clock. On the other side stands the coffer for the cash of the faithful, or a well for the manual ablutions of pious worshippers. Boards, on which are written the names of those who have contributed money to the temple, are suspended near by, and the thatched houses of the neophytes and bonzes are close at hand.

The idols seen in a Corean temple are the same as those found throughout Buddhist Asia. The chief is that of Shaka Muni, or Buddha, the founder of the religion. In their sculpture and artistic treatment of this, the central figure of their pantheon, the image-carvers of the different countries do not greatly vary, adhering strictly to their traditions. The sage in Nirvana sits on his knees with the soles of his feet turned upward to the face. His hands touch, thumb to thumb, and finger to finger. The folds of the robes, the round bead-like caste mark of his forehead, the snails on his crown—which tradition says came out to shelter his head from the rays of the sun—and the lop or pierced ears, are substantially the same as those seen on idols from India, Siam, and Thibet. The eye is only slightly oblique, and the ear-lobes are made but slightly bulbous, to satisfy the tastes of worshippers in Chinese Asia. The throne, consisting of the fully opened calyx of a lotus flower—the symbol of eternity—with the petals around the base and seed-holes open, is the same.

In the representation of local deities the artist asserts his patriotism and displays his own taste. In the various countries overrun by Buddhism, the indigenous heroes, sages, and gods have been renamed and accepted by the Buddhists as avatars or incarnations of Buddha to these countries before the advent of the teachers of "the true religion." There are also saints and subordinate magnates in the Buddhist gallery of worshipped worthies, with whose effigies the artist does not scruple to take certain liberties. One can easily recognize an idol of Chinese, Corean, Siamese, or Japanese manufacture, though all bear the same name. The god of war in Chō-sen holds the double-bladed sword, with its tasselled cord, and wears the Chino-Corean armor and helmet. In the aureole round the head are three fiery revolving thunder-clouds. On the battle-flags captured by the American forces in 1871 were painted or embroidered the protecting deities of those who fought under them. One of these, whether representing a Buddha, as seems most probable, or, as is possible, some local hero—perhaps Dan Kun or Ki Tsze—deified, rides on one of the curious little ponies, stunted and piebald, of Ham-kiung, with which, even in ancient times, one could ride under a fruit tree. Evidently it would have been safer for Absalom in Corea than in woody Palestine.

The tutelary god on the stunted piebald horse is dressed in the peculiar winged head-dress and frilled collar which travellers on Ham-kiung soil noticed fifteen centuries ago. His armor is in scales, or wrought in the " wave-pattern " characteristic of Corean art. His shoes and saddle are of the Chinese type. He rides among the conventional clouds, which in the native technique, are different from those of either China or Japan. Evidently the Buddha and saints of Shaka Muni are portrayed by the native artist according to the strict canons of orthodoxy, while in dealing with indigenous deities, artistic licence and local color have free play. Most of the artists and sculptors of temple work are priests or monks. The principal idols are of brass, bronze, or gilded wood, the inferior sorts are of stone. The priests dress just like the Japanese bonzes. They attend the sick or dying, but have little to do with the burial of the dead, owing to the prevalence of the Pung-sui superstition, to which a Corean in life and in death is a bond-slave. This all-powerful disease of the intellect is the great corrupter of Corean Buddhism, many of its grossest ideas being grafted into, or flourishing as parasites on a once pure faith.

In its development Corean Buddhism has frequently been a potent influence in national affairs, and the power of the bonzes has at times been so great as to practically control the court and nullify decrees of the king. With the Fuyu race—that is in Chō-sen and Nihon—the history of Buddhism has a decidedly military cast. During the first centuries of its sway in the peninsula the ablest intellects were fed and the ablest men were developed by it, so that it was the most potent factor in Corea's civilization. Over and over again have the politcial and social revolutions been led by Buddhist priests, who have proved agitators and warriors as well as recluses and students. Possessing themselves of learning, they have made their presence at court a necessity. Here they have acted as scribes, law-givers, counsellors, and secretaries. Often they have been the conservers of patriotism. The shaven-pated priest has ever been a standard character in the glimpses of Corean history which we are allowed to catch.

Not always has this influence been exerted for good, for once possessed of influence at court, they have not scrupled to use it for the purpose of aggrandizing their sects. Tradition tells of high nobles won from the pleasures of the palace to the seclusion of the cloisters, and even of Corean queens renouncing the bed of their royal spouses to accept the vows of the nuns. As in Japan, the frequent wars have developed the formation of a clerical militia, not only able to garrison and defend their fortified monasteries but even to change the fortune of war by the valor of their exploits and the power of their commisariat. There seems to be three distinct classes or grades of bonzes. The student monks devote themselves to learning, to study, and to the composition of books and the Buddhist ritual, the *tai-sa* being the abbot. The *jung* are mendicant and travelling bonzes, who solicit alms and contributions for the erection and maintenance of the temples and monastic establishments. The military bonzes (*siung kun*) act as garrisons, and make, keep in order, and are trained to use, weapons. Many of their monasteries are built on the summit or slopes of high mountains, to which access is to be gained only with the greatest difficulty up the most rocky and narrow passages. Into these fastnesses royal and noble professors of the faith have fled in time of persecution; or pious kings have retired after abdication. In time of war they serve to shelter refugees. It was in attacking one of these strongholds, on Kang-wa Island, in 1866, that the French marines were repulsed with such fearful loss.

Many temples throughout the country have been erected by the old kings of Korai or by noblemen as memorials of events, or as proofs of their devotion. The building of one of these at great expense and the endowment of others from government funds, sometimes happens, even during the present dynasty, as was the case in 1865, when the regent was influenced by the bonzes. He rebuilt the temple in an unparalleled style of magnificence, and made immense presents to other temples out of the public treasury. It has been by means of these royal bounties, and the unremitting collection of small sums from the people, that the bonzes have amassed the vast property now held by them in ecclesiastical edifices, lands, and revenues. Some of these mountain monasteries are large and stately, with a wealth of old books, manuscripts, liturgical furniture, and perhaps even yet of money and land. The great monastery of Tong-to-sa, between Kiung-sang and Chulla, is noted for its library, in which will be found the entire sacred canon. The probabilities of American or European scholars finding rare treasures in the form of Sanskrit MSS. in this unsearched field are good, since the country is now opened to men of learning from Christendom. As a rule, the company of monks does not number over ten, twenty, or thirty, respectively, in the three grades of temples. Hamel tells us that they live well and are jolly fellows, though his opinion was somewhat biased, since he remarks that "as for religion, the Coreans have scarcely any. . . . They know nothing of preaching or mysteries, and, therefore, have no disputes about religion." There were swarms of monastics who were not held in much respect. He describes the festivals as noisy, and the people's behavior at them as boisterous. Incense sticks, or "joss" perfumery, seemed very much in vogue. He bears witness to their enjoyment in natural scenery, and the delightful situation of the famous temples.

Even at the present day, Buddhist priests are made high officers of the government, governors of provinces, and military advisers. Like as in Japan, Buddhism inculcates great kindness to animals—the logical result of the doctrine of the transmigration of souls, and all who kill are under its ban. Though beef, pork, and mutton are greedily eaten by the people, the trade of the butcher is considered the most degraded of all occupations, and the butchers and leather dressers form a caste below the level of humanity, like the Etas in Japan. They are beneath the slaves. They must live in villages apart from the rest of the people, and are debarred from receiving water, food, fire, or shelter at the hands of the people. The creation of this class of Corean pariahs and the exclusion of these people from the pale of recognized so-

ciety is the direct result of the teachings of the bonzes. Like the
Chinese, and unlike the Japanese bonze, the devotees will often
mutilate themselves in the frenzy of their orgies, in order to gain
a character for holiness or in fulfilment of a vow. One of these
bonzes, appointed by the magistrate to dispute publicly with a
Christian, had lost four fingers for the sake of manufacturing a
reputation. The ceremony of *pul-tatta,* or "receiving the fire," is
undergone upon taking the vows of the priesthood. A moxa or
cone of burning tinder is laid upon the man's arm, after the hair
has been shaved off. The tiny mass is then lighted, and slowly
burns into the flesh, leaving a painful sore, the scar of which
remains as a mark of holiness. This serves as initiation, but if
vows are broken, the torture is repeated on each occasion. In this
manner, ecclesiastical discipline is maintained.

In the nunneries are two kinds of female devotees, those who
shave the head and those who keep their locks. The *po-sal* does not
part with her hair, and her vows are less rigid. Hamel mentions
two convents in Seoul, one of which was for maidens of gentle
birth, and the other for women of a lower social grade.

Excepting in its military phases, the type of Corean Buddhism
approaches that of China rather than of Japan. In both these
countries its history is that of decay, rather than of improvement,
and it would be difficult indeed for Shaka Muni to recognize the
faith which he founded, in the forms which it has assumed in
Chō-sen and Nippon; nor did it ever succeed in making the
thorough missionary conquest of the former, which it secured in
the latter, country. The priority of the Confucian teachings and
the thorough indoctrination of the people in them, the nearness
of China, the close copying of Chinese manners, customs, and ma-
terialistic spirit, the frequency of Chinese conquests, and perhaps
the presence of an indigenous religion even more strongly marked
than that of Shintō in Japan, were probably the potent reasons
why Buddhism never secured so strong a hold on the Corean in-
tellect or affections as upon the Japanese. Nevertheless, since
Buddhism has always been largely professed, and especially if
Confucianism be considered simply an ethical system and not a
religion proper, Corea may be classed among Buddhist countries.
Among the surprises of history is the fact that, in 1876, the Shin,
or Reformed sect of Japanese Buddhists, sent their missionaries
to Corea to preach and convert. Among their conquests was a
young native of ability, who came to Kiōto, in 1878, to study the

336   COREA.

reformed Buddhism, and who later returned to preach among his
own people.   In 1880 five more young Coreans entered the Shin
theological school in Kiôto, and a new and splendid Shin temple,
dedicated to Amida Buddha, has been built at Gensan.   Evidently
this vigorous sect is resolutely endeavoring, not only to recoup
the losses which Christianity has made in its ranks in Japan, but
is determined to forestall the exertions of Christian missionaries
in the peninsula.   The question of the future may be, " Shall Chô-
sen be Buddhist or Christian ?"

A. W. Douthwaite, *Notes on Corea*

Shanghai: Shanghai Mercury Office, 1884, p.47.

Religion

What in Western nations is usually understood by the term "religion" has no existence in Corea, and in this it differs somewhat from the other countries of Asia. What is called the "state religion" is the ethical system of Confucius, which is in no sense a religion; and the doctrines of the great Chinese sage, though theoretically adhered to by the official and literary classes, have had little if any influence over the minds of the great mass of the people.

Buddhism was introduced into Corea in the fourth century and rapidly spread over the peninsula and thence into Japan. For several centuries it was the established religion of the kingdom, and its priests had great influence at Court, but on the accession of the present dynasty some five hundred years ago it was vigorously suppressed, and Confucianism declared to be taught in the country.

Buddhism had not gained such a firm hold on the hearts of Coreans as it had over the Chinese and Japanese, or it could not have been so easily or so thoroughly eradicated as it was. A few traces of it are left, such as the doctrine of transmigration of souls, but only a few of the more superstitious believe in it. Some of the more prominent and popular public benefactors are deified after their decrease and worshipped by the people; and ancestral worship, which is common to both Buddhists and Confucianists is universally practised, and will prove the greatest osdtacle to the progress of Christianity.

What in Western nations is usually understood by the term "religion" has no existence in Corea, and in this it differs somewhat from the other countries of Asia. What is called the "state religion" is the ethical system of Confucius, which is in no sense a religion; and the doctrines of the great Chinese sage, though theoretically adhered to by the official and literary classes, have had little if any influence over the minds of the great mass of the people.

William Elliot Griffis, *Corea, Without and Within*

Philadelphia: Presbyterian board of publication, 1885[1884], pp.161-71.

PART III.

CHAPTER XV.

RELIGION.

" A S for religion, the Coreans have scarce
any." This is the testimony of the
Protestant Dutchman in the seventeenth cen-
tury. A Scotch clergyman who spent six
weeks of the autumn of 1883 in the capital
and treaty-ports seems to agree with Hamel.
He says: " What in Western nations is usu-
ally understood by the term 'religion' has
no existence in Corea; and in this it differs
somewhat from the other countries of Asia."[1]
French Romanist missionaries who have
dwelt long in the land, and various visiting
travelers, tell the same story.

Yet, though there are no gorgeous ritual
systems, voluminous sacred literature or dis-
ciplined priesthoods, as in Siam or Japan,
there is a sad deficiency of religion of the
right sort in the peninsula. The national

---

[1] *Notes on Corea*, by A. W. D., Shanghai, 1884.

162   *COREA.*

intellect is sunk in a tangled network of su-
perstitions. These form a baneful *re-ligion*
that binds and holds back the souls of her
ten millions of people from their Creator,
and to mental slavery, terror and the gross
darkness of ignorance. The preaching of
Christ to the Coreans will be a real "opening
of the prison to them that are bound."

There are three distinct strata of ideas
which, in their historic order, underlie the
native belief. These are the aboriginal fe-
tichism and shamanism—worship of visible
objects and invisible imaginary influences—
Confucianism and Buddhism.

All three of these phases of the benighted
Coreans' faith have their representative
"temples." Yet to any one accustomed to
the size and splendor of the sacred edifices
of China and Japan this word has scarcely
any meaning for Corea. Most of the village,
and even of the city, temples are surprising-
ly small, poor and bare. In Séoul few of
the Buddhist temples are any larger than
common dwellings. They are, as a rule,
recognized merely by the fluting or carving
round the eaves or by their peculiar gate-

ways. In the villages the "temples" are
nothing more than huts.

One of these village shrines not far from
the newly-opened seaport of In-chiun is
thus described : In the centre of a small
grove of low fir trees, on a bluff about two
hundred yards from the hamlet of nine
houses, was the sacred structure—the symbol
of the aboriginal religion, of which Shintō
(the way or doctrine of the gods) is the an-
alogue in Japan. It consisted of a conical
straw hut, nine feet high and the same in
diameter at the base, in the shape of those
old-fashioned beehives which were made of
twisted straw and had a small square hole at
the base for the entrance of the bees. In
this Corean temple the opening was triangu-
lar, three feet high, and faced the east. In-
side were no idols, incense or pictures. The
ceiling was formed of bare rough poles laid
across and sloping toward the back, the av-
erage height from the back being four feet.
At the rear wall, facing the opening and tied
to one of the rafters, hung a bundle of strips
of white paper—the unmistakable counter-
part of the *gohei*, or wand of wood holding

164   *COREA.*

white paper, in Japanese temples. On these strips of paper the spirit of the gods is supposed to dwell. It is believed to be death for an ordinary person to enter these shrines.

Gutzlaff in 1832 was unable to discover any traces of idol-worship, nor did he ever witness the performance of religious rites. On visiting the village temple on the hill he found that it consisted of one apartment hung round with paper, and with salt fish in the middle. No idol was visible. A small metal dragon rested on the ground. The names of the contributors, with their several sums, were carefully noted down.

Comparatively few wayside shrines, so common in Japan, are seen in Corea, but the cemeteries on the hills or mounds, the milestones carved on the top into grotesque human figures, the sacred trees gayly hung with colored rags, the heaps of stone laid beside chosen places or objects, the avoidance of injury to serpents and the feeding of these reptiles, which find a home in the foundation stones or thatched roofs of the houses, are all significant of the primeval religion.

The Chinese superstition called Feng-

Temple Gateway and Court-yard.

Page 164.

shuey (wind and water) dominates all Corea and gives employment to crowds of sorcerers, fortune-tellers and geomancers, who fatten upon the purses of the people. No Corean would think of building a house, selecting a field, garden or tomb, without consulting one of these gentry. The influences of the spirits are believed to be ever potent; and one of the common sights everywhere is the pole stuck up on mound or house with its strap of bells or tiny cymbals jingled in the breeze to ward off their malign breath. Already the empty petroleum-cans from America are utilized to rout the goblins. Feng-shuey is the great national school of superstition in which innumerable professors teach millions of docile pupils.

The air is far from empty to a Corean. It is populous with active and malignant spirits. Every tree, mountain, water-course, and even the kitchen or chimney, has its tutelary genii, who must be propitiated by prayer, gifts or penance in some form or another.

The cult professed by the official and literary class is founded on the ethics of Confucius and the system set forth in the classic

books of ancient China. Temples in honor
of the sage are found in the large cities of
Corea. Strictly speaking, Confucianism is a
system of morals and politics, but not a re-
ligion. It has no element of progress in it,
but is a mode of thought and practice calcu-
lated to stereotype the human intellect and
petrify a civilization into unvarying routine.
It is largely responsible for the inertia and
arrested development of China and for the
hermit-like seclusion and foolish pride of
Corea. It will be, as it always has been, the
unyielding foe of Christianity. It is pagan
agnosticism, with no root of progress in it.
Its force is all conservative. Its tenets are
summed up in the doctrine of " the five re-
lations "—of king and subject, of parent and
child, of husband and wife, of the elder
brother and younger brother, and between
friends. The relation expressed, the duty
follows. In spite of its excellences, it is
atheistic. It makes no provision for the
greatest of all relations—of man to God.
The chief enemies of truth, progress and
spiritual religion in Corea have been, and
for generations to come will be, Confucian-

ists. Christianity, that levels the pride of man, must by its nature arouse the wrath of the literati.

At the expense of the State sacrifices of pigs, sheep and goats are made by the magistrates at particular seasons. The ceremonies are very similar to those practiced by the Chinese in honor of the spirits of earth and heaven.

Older than the Confucian cult, yet closely connected with it, is the worship of ancestors. The veneration of forefathers, the burning of incense and doing of homage to their tablets are as universal in Corea as in China. The system is so deeply implanted that nothing but a total change in the Corean mind and heart can extirpate it. Piety and worship become one in theory and practice. It is a great tree, the roots of which strike into the soil of primeval history, while its dense outgrowth of superstitions overshadows every household. Against it the axe of Christianity is to be laid with many a sturdy stroke before it disappears. To preserve the spirit and letter of the fifth commandment, with its gracious promise—the salt of national

preservation, as shown in China's long con-
tinuance—is the problem of the missionary
of Jesus in Corea.

Booldo or Buddhism first entered Corea in
the fourth century, probably by way of
Thibet and Mongolia, and again directly
from China in the sixth century. Its golden
days were during the dynasty of Ko-rai
(960–1392 A. D.). Having overspread the
peninsula, and being patronized at court, it
was made the state religion. The Buddhist
priesthood was during this period very nu-
merous, influential and learned; the monas-
teries were numerous and costly and the
temples grand and magnificent. Education
and the arts were fostered, and the status of
Corean civilization was higher than at the
present time.

Since the accession of the house of Ni,
which now rules the kingdom, Buddhism
has been disestablished, the faith has sunk
into decay, the priests into ignorance and
most of the finer temples into ruin.

A village shrine visited by an English
gentleman last year is described as standing
in a grove of firs. It was a hut six feet

square, the sides of which were formed of coarse wicker and straw, while a thick mat, suspended by a rope, formed the door. The roof was tiled. A rough stone image about three feet high, of a Buddhist saint, in the usual sitting posture, with a square stone in front containing a few copper coins, were all that the "temple" contained. While, however, Buddhism is in low estate in and near the capital, it flourishes in greater strength in some of the provinces. Certain neighborhoods are strongly Buddhist, and there the monastic establishments and temples are old and rich, the shaven pates more numerous and the revenues from temple-lands yield handsomely. Some of the most famous shrines, visited annually by crowds of pilgrims, are in the mountains.

Idols are of three grades—bronze, stone and wood. Some of these are highly artistic in workmanship. Many of the images of Buddha and his disciples which are now found in Japanese temples came originally from Corea, which to the priests in the Sunrise Land was long the "Treasure-Land of the West."

Buddhism, being a humane system of morals and of aspirations to noble character, stimulates men to good works for the sake of their own salvation and to the advantage of their fellows. Hence it is a civilizer, and in its first energy and freshness it fills a country with benefits, nourishes art, diffuses education, makes roads, establishes resting-places, promotes beneficence and multiplies comforts in a thousand forms. Buddhism did much for Corea—far more, we think, than Confucianism, which soon becomes intolerant, bigoted, hidebound and narrow, paralyzing all progress. The high-water mark of Corean civilization was reached under Buddhism.

Yet, after all that may be said in its favor, Buddhism is an atheistic system, and, like all such cults, becomes the prey of parasitic superstitions which smother its vitality. Its force in Corea seems to be wellnigh spent.

The mind of the Corean peasant resembles a peat-bog in its mixture of decay. The faiths which influence him once had each a distinctive life and form. Their frame and substance now gone, he propitiates all gods and professes all superstitions. Yet doubtless he has the soul and heart of a man, and yearns for a religion which can satisfy both. How eagerly he grasped at that form of Christianity first presented to him our pages following will show. How earnestly he will receive the purer faith of Christ the future is yet to reveal.

The Hour for Korea

"The Hour for Korea", *The Foreign Missionary* 44, 1885, pp.153-156.

They passed through Phenice and Samaria, declaring the conversion of the Gentiles ; and they caused great joy unto all the brethren.—Acts, xv., 3.

It is a remarkable providence that Christianity should be entering Korea, as it entered the old Roman world, just at the time when all the ancient faiths are in a state of decay. The one fact which seems to strike all recent travelers in the land is the strange want of any one distinct and controlling religion.

Undoubtedly the chief organized opponent of Christianity will be Confucianism. This is the religion—if it can be called a religion—of the educated classes and of the officials. Their class-pride is built upon it. Yet Confucianism is weak at the very point where Christianity is strong. It does not lay hold on God. It scarcely offers even a false God to the hearts of men. It is a set of rules ; a code more than a faith, with nothing to speak to the heart, with no motive in it except the memory of an old philosopher, dead five hundred years before Christ was born.

The religion of the masses is nominally Buddhism, and in the villages and mountains and remoter districts, in the neighborhood of famous shrines, that faith has still much remaining power. Yet in the kingdom as a whole, Buddhism is enfeebled and plainly doomed. The reigning dynasty long since decreed its disestablishment. In the capital and in official circles it is virtually proscribed. In some provinces its temples are little more than huts ; its priests, ignorant and despised.

The real religion of the people is the worship of their ancestors. They are in bondage also to innumerable superstitions, half fetichism, half spiritualism, a medley of goblins and genii, which could not stand before the science of a schoolboy, to say nothing of the whole apparatus of Western learning and the revelations of Christianity. Ignorance, inertia, immorality, degradation—these are the real obstacles which missions are to overcome. Yet these, formidable as they are, constitute no such barrier to Christianity as the subtle and plausible philosophy of India, or the proud and fiery fanaticism of Moslem lands.

It is difficult to account satisfactorily for the present poverty of Korea. The successive conquests of the land by Chinese, Tartars and Japanese, the deportation of its skilled artisans, together with the influence of a most exacting native Government, have had much to do with it.

There was a period, five hundred years ago, when Buddhism stimulated the progress of the kingdom. Its more humane and civilizing influences were then fresh and strong. Architecture, agriculture, many useful, and decorative arts, held for four or five centuries a very high plane of development. Korea, indeed, gave religion and letters and art to Japan. Woven goods, brocades and silk fabrics of great variety, cut and polished jewels, armor inlaid with silver and gold, bronze utensils of every sort, vases, censers and chandeliers, bronze bells and images, flags, trumpets, drums and saddles, with pottery of exquisite shapes and workmanship, were sent, not merely by ships, but by fleets, from Korea to Japan, Even in Persia and Arabia the influence of Korean art may easily be traced. But the early influence of Buddhism as a stimulant to imagination and material improvement waned at last. It ran its course and Confucianism entered. Here, as in China, it was the foe of all progress. Development was arrested, and soon decay began.

In addition to this, whole families and colonies of skilled Korean workmen were persuaded or compelled to emigrate to Japan. "Skilled artisans, both male and female, artists, designers, decorators, as well as scholars, teachers, astronomers, priests and physicians,"[1] we are told, left Korea and settled in Japan throughout the later middle ages. As the Huguenots of France carried their arts to the adjacent lands and to England, so the Korean potters and porcelain-makers and wood-carvers, and even the dressmakers and flower-weavers, settled in the cities of Nippon, and gave the Japanese their first lessons in nearly all the arts for which Japan has become renowned It will be seen, therefore, that the present poverty and degradation of the people of Korea are not to be attributed to any inferiority of race, or native lack of intelligence and force. It is true that the first missionaries will find no such civilization as Japan presents, and, as Dr. Hepburn writes us, they will be called upon to suffer many more inconveniences than the pioneer missionaries of Japan endured; yet they may feel that they are laboring, not only in behalf of a race which the Redeemer died to save, but for a race full of intellectual vigor and promise, a race even physically greatly superior to that of Japan, with a history and with a future, able to add greatly to the aggressive power of Christianity in Eastern Asia.

Dr. Hepburn expresses the fear that the national temperament of the Koreans is more Chinese than Japanese ; that a strong anti-foreign and

---

[1] "Korea, Without and Within." William Elliott Griffis.

conservative feeling will characterize them for many years. He makes special mention, however, of the very liberal spirit and progressive notions of the Koreans now in Japan, and expresses the hope that if they do return and are restored to the confidence of the Government they will be good friends of the missionary and of national progress.

They are at present refugees, forbidden by the party in power to re-enter Korea. Three of them have already left Japan for America They are all of them citizens of the highest rank. While nothing could be more uncalled for, or more injurious to our real missionary work, than for us to seem to take any part in the political factions of Korea, it is to be hoped that these men will find friends in the United States who will help them to a true knowledge of our educational and political life, and, above all, of Christianity. In reading the narrative of an English missionary who recently visited Korea, we were struck by the frequently recurring notice he takes of this trait: "The people were very friendly, and good-naturedly came forward for my help." "All were wonderfully civil, frequently coming out of their fields to greet me." "The villagers were very friendly, and did all they could to show their friendship." "The people were extremely civil. Having accosted a Korean gentleman in the street, I endeavored to ask him to direct me. He very kindly tried to make out what I wanted, and most politely walked along with me to the very place I was in search of." Who can help contrasting such treatment given by the Koreans to a solitary, stammering stranger, utterly unknown, jogging along on a halt-starved pony, over miry roads, with the treatment that a lonely Chinaman in such a plight would be likely to receive in many neighborhoods in America?

But if these Korean refugees shall visit this country, whether they come as noblemen of wealth, or as destitute exiles, we are confident that there are quarters where they will receive kind welcome and every form of Christian attention and aid.

J. R. Wolfe, A Visit to Korea

"A Visit to Korea", *The Foreign Missionary* 44, 1885, pp.161-163.

The City of Seoul is situated in a valley, the beauty and loveliness of which it is hard to describe. It is fertilized by the deep and broad waters of the Han, which roll down from the mountains on the east, and bring much of the precious ore which the natives collect from the beds of its diverging streams. The hills which bound it on all sides are well covered with trees, and its fields and gardens are well cultivated with wheat, millet, rice, beans and other vegetables. The country a bounds with game, and in the Valley of Seoul I saw immense flocks of wild geese hovering about, apparently fearless of man and ready to alight upon a large rice crop in a field hard by.

The city itself is not well built ; the houses are of the very poorest description, and betoken a condition of extreme poverty among its inhabitants ; but this can hardly be the case, for every one looks gayly-dressed and well fed, and scarcely a beggar can be seen in the streets. The crowds that assembled on the parade ground to witness the military exercises, from the variety of colors in their dress, and the peculiar but graceful costume of the Ming dynasty which the Koreans still retain, presented a gay, pleasing and picturesque scene. Women are frequently met walking in the streets, but covered all over with a long cloak, with a hood closely drawn over the head and face, so that the features are hidden from the gaze of men. It is, however, only the elderly women who are allowed this freedom. The younger women, except those of the very poorest, are scarcely ever seen in public. The women of the poor est class, old and young, have the privilege, as we Westerns would think it, of walking about freely with their heads and faces uncovered.

In the City of Seoul the curfew bell rings out every night at 9 o'clock ; after which time all the male population are to retire within doors. It used to be at the risk of their lives to disobey ; but now the law, though still in force, does not apply to Chinese and other nationalities living in the city. After the curfew rings and the men retire, the women come out to walk and get some fresh air. I heard the curfew ring clear and loud over the city ; but my curiosity was not sufficiently strong enough to trangress propriety and take a walk after 9 o'clock at night in the streets to witness a city of females taking fresh air.

The abominable and cruel custom among the Chinese of foot-binding is unknown in Korea. The crime of infanticide, also so common and extensive among the Celestials, is a crime punishable by death in Korea, and, scarcely, if ever, practiced.

The population of Seoul is 400,000, according to the account given me by Mr. Möllendorf, the Commissioner of Customs, and a Minister of State to the Korean King. The population of the whole kingdom, he assured me, was not less than fifteen millions. The people of Seoul are very friendly to foreigners. On one occasion I was stopped in the streets by two Koreans, who produced their inkhorns and pencils, and wrote in my pocketbook the following words in Chinese : "To behold you is like seeing a friend who comes but once a year, like the red autumnal leaves of the maple tree." I may remark that the literati of Korea are as well versed in the literature of China as are the Chinese themselves, and they can write its classic characters with fluency and ease. These

Koreans are a fine stalwart and robust race of men. Their physique is infinitely superior to that of either the Chinese or the Japanese. The latter look like a nation of pigmies next to the Koreans.

I was much interested and surprised at not seeing an idol or an idol-temple in the country anywhere, or in the City of Seoul. The people seem to have no love for idols, and they erect no temples to the gods. There is not a temple in the entire capital, [We are led by other authorities to regard these statements as a little too broad—EDS.] and, practically, the Koreans have no system of religion at all. Buddhism, though traces of it exist here and there in the remote and secluded parts of the kingdom, is a proscribed religion, and for the last five hundred years it has been vigorously and successfully suppressed by the reigning dynasty, and thoroughly eradicated out of the hearts and sympathies of the people. Confucianism, though not a religious system, is adhered to by the literary and official classes, but it has little or no influence on the masses of the people. The Koreans are, however, a very superstitious and spirit-fearing people. They deify and worship the spirits of deceased heroes and public benefactors, and the worship of deceased ancestors is universally practiced. The superstition of Pung-chui, which has so paralyzed every attempt at civilization in China, also influences, universally and perniciously, the minds and the conduct of the Koreans. No house can be built, no wall can be erected, no road can be opened, and no grave can be dug without consulting the telis or masters of this occult superstition. Fetichism is also extensively practiced by this people. Favorite trees and stones are worshiped, and along the road it is common to see some trees gayly covered with rugs hung on the branches as tokens to the deity that the individual who placed them there had paid his devotions to the tree. Others, in order to obtain forgiveness of their sins, carry round stones to the top of some mountain or hill, and leave them there, after they have paid their devotions to them, or to the spirit which is supposed to reside in them. The fear of ghosts and spirits also haunts this poor darkened people, and they have recourse to the most childish expedients to relieve themselves of this fear, and frighten away these spirits. Near lonely houses and on mountain roads, where people seldom travel, gibbet-like frames are erected, and from these arc suspended bells and old kettles and kerosene-oil tins, which make a jingling noise, which is supposed to frighten away the spirits and inspire them with mortal dread. When an individual is dying, before life has departed, the head is turned to the west ; the old garments are then taken off and replaced by a new suit of clothes. Then four friends of the dying man place each his finger simultaneously on the body, and then go out and stand on the roof, and with loud cries call |back the departing spirit. The husband must not be present at the death of the wife, nor the wife at the death of her husband. The period of mourning for the dead is three years, as in China. During this time mourners are required to wear a huge hat in the form of an umbrella half closed, made of bamboo or wickerwork, and reaching down over the shoulders so as to hide the face and upper part of the body. "They are also required, in addition, to wear a frill of sackcloth, or else to hold a sackcloth fan before the face when they go abroad ; and it is not considered proper or polite to force into conversation individuals thus wearing these emblems of grief. In the times of the dreadful persecutions of the Roman Catholics, some years ago, in Korea, the priests took advantage of this custom in order to escape observation, and put on these symbols of mourning. And well indeed might they mourn, when many of their brethren and native converts were cruelly murdered on account of their faith. For many years these devoted men, by this means, remained unobserved in the country, and were enabled to minister to the comfort of their persecuted converts till the storm had blown over.

Surely one cannot help admiring and envying the devotedness and self-sacrificing and self-denying spirit of these noble men, who willingly and enthusiastically exposed their lives to the most cruel tortures and death rather than fly from their field of labor, or desert the converts that they had won from heathenism. I know and detest the deadly errors of Romanism ; I know the system of Popery is full of the most deadly poison to the souls of men ; but I absolutely refuse to join in any cry that would endeavor to depreciate in the slightest degree the labors of such noble heroes, many of whom have laid down their lives in the City of Seoul rather than desert their missionary work. The record of their efforts in Korea is a record of the most exalted heroism, and worthy of the days when Christianity went forth from the hands of her founder to die or conquer for Christ. Alas ! alas ! that such exalted devotedness should be in the service of a system so utterly false ; but all honor to the men. There are at the present moment seven Roman Catholic missionaries laboring in Korea, headed by a self-denying Bishop, ready to die with his clergy, as his predecessors have done, if called on to do so. — *Church Missionary Intelligencer.*

Percival Lowell, *Chosön, the Land of the Morning Calm: A Sketch of Korea*

Boston: Ticknor and U.E. company, 1886, chap.19.

CHAPTER XIX.

THE WANT OF A RELIGION.

IF you were to stand upon the wall of the city of Söul, and
let your glance wander over the roofs that, not unlike the
waves of a sea, lay stretched out before you, you could hardly
fail to be struck by a very conspicuous absence, — the absence
of anything in the shape of a building which rose above its fel-
lows. The wide sameness of construction would affect your
senses, and influence the general impression made upon you by
the view at your feet, without at first your being quite conscious
of the cause. Some feature, common to panoramas of the kind,
is here wanting. As you came to analyze the sensation, you
would find that it was the effect of uniformity. Before you lie
some square miles of thatch and tile, with little or nothing
beyond the natural unevenness of the ground to diversify the
view. Your eye seeks in vain those loftier structures which
serve to fix it, and give it, as it were, points of departure for
the rest. It is a view lacking accentuation. It is a view
which suggests, by inference, a singular equality among the
people, which could show itself in so striking a uniformity in
their dwellings. One would think it the expression of advanced
democracy, not to say the fulfilment of an ultra-extravagant
socialistic dream. And yet there could be nothing so unfounded.
There is probably no country in the world so completely the
opposite in its institutions to such a supposition. Not only is

its government no rule by the people, it is in no sense a rule for
the people.   It is as much in the interest of a few, as the power
is in the hands of those few; and at the top of all sits a des-
potic king.   What is it, then, that is wanting?   A religion.
No spire leads the thought to heaven.

   If we will consider for a moment, we shall realize that it is
to religion that cities have been indebted for the greater part of
their architectural monuments.   Whether the religion be Chris-
tianity, Islam, Buddhism, or something else, has not ˙mattered
to the result.   The fact is just as true in Kioto or Delhi as in
Rome or London.   All religions have been powers which, in
the matter of building, have universally surpassed even that of
the rulers of the land themselves.   The vast extension and the
zeal of the organization has been such as to call into play the
resources of every one of its legions of followers; and its wants,
architecturally, have been on a scale with its resources.   No
wonder that in all times and among all peoples it has usurped
the lion's share of the talents of architects.   Take away this
patron, therefore, and at one blow you deprive a place of the
greater part of its imposing structures.   This is what has hap-
pened in Korea.   There is not a single religious building in the
whole of Söul, nor is any priest ever allowed to set foot within
the city's gates; and what is true of Söul is true of every walled
city of the land.

   The fact is as unique as it is, especially in its consequences,
of singular interest.   China, on the one hand, and Japan, on the
other, offer, in their general characteristics in this respect, no
difference to European customs.   In both lands religious build-
ings dot the cities in the same diversifying manner as with us.
Detailed differences in appearance there certainly are, but these
are due far more to a difference ˆin architecture than to any
change in the motive cause.   Neither people being architect-
urally great, there is very little of the grand in their productions;

and in Japan especially, owing to a comparative absence of pagodas, religious buildings do not stand out to the eye as do our spires or cathedrals. But they are there, for all that; and a little knowledge and attention will reveal them, even in a panoramic and distant view, as clearly as elsewhere. Korea stands in this respect in isolated suggestiveness.

For such an utter dearth suggests something beyond what meets the eye. It not only attests a present, but it hints at a past. It suggests the sudden banishing of a religion which once held sway; for had no religion worthy the name supplanted the aboriginal superstitions which form the emotional thought-product of all peoples in their primitive state, this superstition itself would have left its own monuments behind it. Now, in the case of Korea, remains of this description are not numerous enough to satisfy the principle. There are, it is true, certain shrines, sacred trees, and memorial buildings to be found throughout the land; but they are neither common enough nor sufficiently imposing to have ever marked the full development of a live and all-absorbing superstition. Especially are they few in just the places where we are seeking them now, — namely, in the cities. We are therefore led to suppose the existence, at some past time, of a social cataclysm, — a cataclysm which at once and completely overthrew an existing faith. Such a cataclysm did actually take place in Korea, and the land to this day has never recovered from its effects.

As to the way in which it came about, the following is a Korean explanation: It was at the time of the great Japanese invasion of three hundred years ago. Up to that time, Korea was like its neighbors, who have ever been rather tolerant than otherwise of religious beliefs. They have usually harbored two or three at a time, which have managed to live at peace in the placid bosom of the race. The invasion took place just as the sixteenth century of our era was lapsing into the seventeenth.

184   THE LAND OF THE MORNING CALM.

In 1598 Kato and Konichi set sail from Japan — much as William the Conqueror did from Normandy, with only the reciprocal change of continent for island in the two cases — to subjugate their neighbor kingdom across the sea; and after a passage of much the same length, they landed at Pusan, as he did at Pevensey. There is certainly something grander in a flotilla bound for conquest than in any army. We are moved by the daring that braves both Nature and man. So was Nature touched herself, and she let them across in safety. Then began the march up from the sea; for, unlike England, there was no gallant Harold to oppose them, — none who, after worsting one enemy, had marched (as is even to-day a marvel in tactics) from sea to sea to front the other foe. Korea was paralyzed by the boldness of the deed. She seems hardly to have realized the situation. Her seclusion has always colored to her mind the actions of the outside world with something of the impossibility of fulfilment of a dream. And the Japanese column moved on with the irresistible force of a natural catastrophe.

The invaders were plucky then, as they are plucky now. For all that, they did not despise stratagem, so Korean tradition informs us; for the two rival generals were racing by different roads to the capital, and time, for once in the history of the East, became of account. Neither could afford to stop and lay siege, lest his rival should get ahead of him. To gain access, therefore, to those citadels which they could not take by assault, the Japanese adopted a disguise ready at hand. Some of them donned the broad-brimmed hats of the Buddhist priests, that sweep down on the sides so as to conceal completely the face of the wearer. They give men the appearance of mushrooms walking. Thus insured against detection, the invaders gained admittance to the outstanding castles and put the garrisons to the sword.

The inoffensive priests suffered for the depredations of the wolves in sheep's clothing. When the Japanese withdrew, which did not happen, permanently, till thirty years afterward, the Korean Government decreed that for future safety no priest should ever, on any pretence whatsoever, set foot within the gates of a walled city. The expulsion of the priests was naturally followed by the gradual disappearance of the buildings. The body of religion — its structures — crumbled again to dust, and the spirit winged its flight from persecuting man to rest among the mountains. So religion in Korea died.

Such is one explanation. But there is grave reason to doubt it. It savors far too much of a desire to father upon the hated victorious Japanese the destruction of everything that Korea has lost. The account given in the native histories is more prosaic, but more trustworthy. The other is interesting as showing up one side of the Korean character, — an utter untrustworthiness in matters between themselves and others. It comes out even more markedly in their accounts of battles which they are forever winning, and yet somehow after which they invariably retreat.

According to the historical version, some centuries ago, there were two parties in the State, — one wedded to Confucianism, the other equally attached to Buddhism. The Buddhists had grown exceedingly corrupt. A struggle took place between the two parties; the Buddhist supporters were worsted, and their expulsion was decreed and carried out.

Buddhism was banished; thenceforward it lived only in the depths of the country. Still, it was, properly speaking, not so much banished as in part destroyed; its existence in cities came to an end. But the life of Buddhism has always consisted of two parts; the Church has ever sought communion with Nature as much as converse with men. The

186   THE LAND OF THE MORNING CALM.

monasteries scattered throughout the country are as integral and important a portion of it as are the temples to which throng the crowds of the great cities. In consequence of the decree, the temples in Korea ceased to exist, but the monasteries continued as before. The law did not directly affect them; but indirectly they suffered from its effects. Banishment from the cities produced two results. First, desuetude rendered the mass of the people quite oblivious to religious matters; and secondly, the withdrawal of religion from the seats of power threw the profession into disfavor with the aristocracy. Members of the highest families would not enter it, and its ranks were consequently recruited from a less educated class. This tended to lower it still further. Endowments became less in number, and smaller in amount; and religion, even the monastic half, instead of being as in Japan a live and powerful institution, dwindled till it became only the hermit remains of its former self. The nearer to the cities the worse the curse; so that now it is only afar in the mountains that anything approaching its old-time glory still lingers. What its features are, I shall have occasion to mention later when I come to describe an expedition I took to a certain monastery to the north of Sŏul.

Here, then, we have a community without a religion, — for the cities are to a peculiar degree the life of the land, — a community in which the morality of Confucius for the upper classes, and the remains of old superstitions for the lower, take its place.

The materials of which the monuments were constructed have still further effected their eradication. Throughout the far-East wood is the common article employed in the building of temples. Though occasionally stone or some other more durable substance is used, temples or pagodas so constructed, in whole or in part, are rare.

It is to one of these rare exceptional occasions — in this instance to the stone of which it is made — that is due the preservation of the only pagoda still extant in Söul. This structure is not a true pagoda. It is a pagoda only in form; and now it is but a neglected ornament in a certain man's back-yard. But it deserves to be mentioned for its beauty as well as for its lonely survivorship. It hardly rises above its present lowly position, for it is not above twenty-five feet high. So little does it overtop the roofs of even the low Korean houses that surround it, that it baffles by a singular delusiveness one who attempts to reach it. It lies almost in the heart of the city, not far from one of the main thorough-fares; and it is while walking down this thoroughfare that one catches a distant glimpse of it. The distant glimpse never becomes a nearer view. From afar it is a conspicuous object, and on a closer approach it vanishes. It reappears only when it has once more been left a long distance behind; while from any other point of view than this street it is hardly visible at all. Piqued into curiosity, I determined to ferret it out and see what it was, even at the risk of dispelling the charm.

The approach, as I expected it would do, led me up several narrow cross streets, and eventually landed me before an ill-kept little garden, in the midst of which rose the deserted solitary pagoda. As I could get no good view of it, such as I wanted, from the alley-way where I stood, I was obliged to ask permission to break one of the most sacred of Korean rites, — no less heinous an offence than the climbing to a neighboring ridgepole. The act was not reprehensible on the score of trespass, — my asking permission precluded that, — but the climbing to any, even one's own, roof is in Korean eyes a grave affair, for it is a question of statute. It is forbidden by law to go upon one's own housetop without giving

188   THE LAND OF THE MORNING CALM.

one's neighbors formal notification of one's intention to do so. The object of the law is to prevent any woman's being accidentally seen by one of the other sex. The women's suite of houses are in the rear of the compound, and their occupants might easily be overlooked when in the enjoyment of their gardens from such a vantage-ground.

The owner of the building I was at present desirous of scaling courteously granted me permission to mount upon his roof, and himself afforded me the best means he could to do so. By the help of some nondescript wooden constructions and the zealous rather than dexterous assistance of the family and its friends, we all managed to get up, including the camera. The good Kim, an invaluable attendant, performed, for a Korean, prodigies of skill; but habit was so potent that all the other Koreans, including the owner of the house, remained below. They found the sight, however, a most interesting spectacle, and collected in the alley-way till from above the line of spectators looked like a ribbon of upturned faces. I have reason to believe that the proprietor neglected to notify his neighbors of my intention, as I caught a woman in an adjoining back-yard in the act of hanging out some washing. Unfortunately, she did not tarry long enough for me to photograph her, but dodged under shelter again with virtuous rapidity.

The pagoda was well worthy the toil involved in the getting a view of it. Although it was eight stories in height, it was composed, the whole of it, of two pieces of stone. Not, properly speaking, a real pagoda, it was an ornamental structure in the form of one. The stories were carved to represent an actual building, while what should have been their sides was exquisitely chiselled in bas-reliefs of celebrated personages. The white granite had become slightly discolored with age, but enough of its former purity remained to bring it into effective contrast with the sombre gray of the houses. The

THE PAGODA.

THE WANT OF A RELIGION. 189

garden in which it stood was a shabby, sad-looking little hole, not above twenty feet square; and the whole place, pagoda and all, looked — as in truth it was — utterly forgotten.

As soon as we descended, the good man asked us in to a little afternoon tea, and added to his native hospitality much interest in the proceedings.

The idea of the pagoda is Indian; and the Chinese, when they adopted, together with the Buddhist religion, this which had come to be one of its expressions, took the idea without directly copying the form. When the Koreans, in their turn, came to borrow, they took both idea and form from the Chinese, their predecessors in the line of possession.

What I mean by the idea, as distinguished from the form, will appear by looking at the structure itself. The most cursory examination will show the pagoda to be unlike other tall and slender structures in one peculiar and fundamental respect. It is not a unit, but a conglomerate. Instead of being a perfect whole, it suggests a series of buildings of the ordinary Chinese type, placed one above another skywards. The suggestion is no accident, but the result of design. Each of these stories, whose number varies in different specimens, typifies a Buddhist heaven. They represent the successive stages through which the soul, in its advance toward purification, must inevitably pass. This is the idea embodied in the pagoda. This much, then, the Chinese adopted; but in the expression of the stories they followed their own models, just as they did in the temples which they erected in honor of the same religion. This intent — that of repetition — counts undoubtedly for something, in the quaintness with which the pagodas impress the Western eye.

Closely connected in the far-East with the subject of religion is the matter of fixed and stated amusements. The church is the first link in a chain of development of which the stage is the last. The beginnings of theatrical representations consisted of certain religious performances at the Buddhist temples. Strictly religious at first, these were simply processional chantings, which were, in fact, services of the Buddhistic ritual. From this sacred origin they became gradually secularized and separated, until they appear as solemn chanted renderings of historical events. It was very slow music to very slow movement, and there was no stage setting. This period is still kept alive in the No dances of Japan. To call them serious would be to make of the ordinarily serious the frivolous, by contrast. Statues endowed with appropriately stiff motion, and with voice to endure but not to change, form a more fitting parallel. Splendid automata they appear, with clothes a very marvel of starch for rigidity of shape. And yet, once toned down to the occasion, the spectator cannot but be impressed with a dignity which is itself artistic.

Then the comedies were written, and the separation from the parent stock was complete. From this point the stage advanced, as it has done everywhere, from the remote and unnatural to the every-day and near at hand, — as we may say, from the abstract to the concrete. In Japan the result has been one of the finest stages the world has produced. In fact, it is not going too far to rank the Shintomiza, the great theatre of Tokio, as but little inferior to the Théâtre Français, with which, of all theatres, it is most worthy to be compared.

In view of this ancestral connection, therefore, it is not surprising that consequent upon the abolition of religion in the past should follow at present an absence of the stage. The theatre proper does not exist in Korea. Whatever histrionic talent lay innate in the people, never got the encouragement of a place from which to make its *début;* and to no profession are a local habitation and a name more conducive to successful development. The setting of a piece is, in a twofold manner, an aid to its effect. It encourages the performer to believe in his own illusions, and thus be what he would seem, while it adds another element of attraction to the audience. He is criticised, if we may so express it, with only half a mind, while he himself is left with a whole one to create.

This aid Korea has lacked. Histrionic art there has never risen above the nomadic stage. Character performers, who stroll the streets, and let themselves out in unaided simplicity for entertainments, are the only representatives of the profession; and it speaks volumes for their inborn ability that they produce the illusions they do. If the art in the peninsula had not received the check we have mentioned, and had not been hindered from other sources, there seems no reason why it should not have rivalled that of Japan. How much more interesting, as well as gay, life in Söul would become under such circumstances, will be fully appreciated only by those who have passed a winter in the Korean capital.

These bands of performers combine other kindred callings with that of actor. They are, first and always, musicians. Their instruments consist of the big and the little drum, — the latter shaped like an hourglass and struck with the palm of the hand, — the two-stringed fiddle, and several flutes. They are the same instruments that are used in the Buddhist temples, both in Korea and Japan; and the character of the music is similar to that of the religious services. Secular music thus differs in Korea from what it has become in Japan. In the former it has remained what it was in its sacred days; in the latter it has, in course of time, entirely changed from its original idea, both in instruments and in style. The change has been markedly for the better, for the Korean music sounds plaintive. Contrast and some slight adaptation have rendered the sober the sad. The musicians play commonly squatting upon the floor, like the priests in the temple, but without all the ceremony which attaches to the laying down of the instruments and resuming them at the proper moment, and the many other formulæ which convert the service into a pageant.

The acting is confined principally to one man. He is not only the star, but the all in all, the others being merely necessary accessories. He learns no written part, but improvises according to his own versatile genius; and he does it exceedingly well. All the events of Korean life, all the humorous traits in city or country character, find in him a ready and clever mimic; and he affords amusement, not only to his audience, but to his fellow-actors, who find it impossible at times to keep their countenances.

John Ross, "Our Attitude toward Confucianism"

The Chinese Recorder 18-1, 1887, pp.1-11.

CHINESE RECORDER

AND

Missionary Journal.

Vol. XVIII.	JANUARY, 1887.	No. 1.

OUR ATTITUDE TOWARDS CONFUCIANISM.

By Rev. John Ross.

(A paper read before the North China Religious Book and Tract
Society, Peking, May, 1886.)

*"All things are lawful unto me, but all things are not expedient;" "I am made all
things to all men that I might by all means save some."*

IN these words we have the principles in accordance with which the
greatest and most successful of missionaries carried out his
work. Their full significance is revealed by examination of his life,
his speeches and his letters. Preaching to Jews familiar with and
revering the Old Testament, his arguments were based on that book,
and out of Scripture he proved that "Jesus is the Christ." His
audience on Mars' Hill, having been composed of literary Greeks,
could not infer from Paul's address that such a book existed as the
Old Testament. By this mode of action we are to understand that
Paul adapted himself to his circumstances. Like the fisher casting
for trout or codfish, Paul applied common sense in his endeavours
to gain men, or in his own words he " being crafty caught men with
guile." Before this process of adaptation is satisfactorily accom-
plished the circumstances must be clearly understood. Hence a
careful investigation is necessary of the mental and moral stand-
point of the hearers. With the same end in view and the same
general truths to teach, Paul would adopt a totally different style in
speaking to the Roman soldiery from that in which he addressed
the Areopagus, just as his speech before Agrippa differed entirely
from that delivered to Felix.

Now if Paul, a missionary to peoples differing but little from
himself in education and customs, in modes of moral thought and
intellectual training, felt compelled to adapt himself to his various
hearers, how much more needful is such a process of adaptation for
missionaries in China, where education, customs, mental training and

modes of moral thought are so diverse from our own. To scan with observant eye and listen with trained ear was all Paul had to do. The missionary in China has to conquer a stubborn language ere he understand what is being said around him. And the language in which Chinese write differs so widely from that employed in ordinary conversation that a painful and prolonged study is requisite to acquire even a superficial acquaintance with Chinese thought. There probably are enthusiastic people who regard this more difficult task as needless. But if the easier course is "lawful" it fails to commend itself as "expedient," while it can scarcely be said to be an effort in the way of becoming "all things to all men." It appears to me that we can hardly consider ourselves of Paul's mind if we do not by careful study place ourselves abreast of Chinese thought on moral subjects. And as far as my personal experience is worth it has taught me that there is no more satisfactory, thorough, and authoritative, as well as direct and speedy method of gaining a knowledge of Chinese thought, than an acquaintance with Confucianism as contained in the Four Books.

Again, it does not seem "expedient" that one occupying the responsible position of a missionary—the accredited representative of Christianity—should assume a pronounced attitude towards any religious system of the people among whom he labors without such previous examination of its character as will warrant him to speak of it from personal knowledge and conviction. He should be able to render to "every one a reason" for the hostility assumed or the friendship expressed towards any system. The well equipped workman who need "not be ashamed" will inform himself upon the principal obstacles against the reception of the Gospel. These are in China more numerous and serious than any which Paul had to encounter. We are foreigners. Our customs and manners differ no less than our garments. Our language is strange. Our object is misunderstood. We are credited with designs upon the integrity of China. We are supposed to be emissaries of foreign governments to deceive by fine speeches as many Chinese as possible to become partisans of our western nations. But above all we are supposed to be bent on upsetting in China the authority of much revered Confucius.

Now the missionary who is not only "harmless as a dove" but "wise as a serpent," who is bent on gaining men, will take no avoidable step to strengthen Chinese prejudice against him. Nay more, he will go as far as truth allows to undermine that prejudice. Instead of rousing anger by a defiant or scornful attitude towards everything which does not square with his education in a western land and his habits as a member of a Christian and civilized country, he will make the most generous allowance for everything not actually sinful in the customs and practice of the people. You will never convince a man that you are his friend by any amount of knocking him down. Even of his faults you must speak gently and make the most of whatever is worthy in him. Similarly, the general condemnation of his beliefs or an indiscriminating judgment against his ideals, is not the way to secure the confidence of self-respecting Chinese. If it is found that there are one or more things or men whom the Chinese regard with special honour, search out what that root is out of which has grown this honour. And if in their jade you perceive flaws to which they are blind, do not prove your superiority by exultingly pointing out the blemishes. Dwell rather on those features which they esteem and allow them every credit for their regard for any degree of excellence. It needs not an intellectual giant to become thus "all things to all men" in order to save some, but it implies unselfishness and sympathy and a kindly feeling towards the people.

But what has all this to do with Confucianism? "Much every way." Addressing a mixed audience which you never saw before and may never meet again, you are free to expose the follies of modern Buddhism and ridicule the absurdities of Taoism, you may express as freely as you choose your disgust that reasonable men should bow down before masses of painted clay; your audience will laugh with you and applaud your sentiment as "proper." But say a word against Confucius, even give an unconditional hint that his system is incomplete and needing both amendment and addition, you will hear murmurs rise instantly, and possibly angry words. The audience which agrees sympathetically with all you may say against idol-worshipping religions, resents as if it were a personal affront a breath of suspicion directed against Confucianism. And if antagonistic thoughts are roused in the breasts of an audience, their ears are at once closed against you, "charm you never so wisely." When the skater skimming over the shimmering ice suddenly sees rising before him a post and a board with large letters "Dangerous," he quickly turns on his heel and avoids the spot which would not bear his weight. Such a post and board is anything which steels against the missionary the hearts of his audience. The motives of men of a certain temperament for ignoring Confucianism can be understood and appreciated, but a hostile criticism of Confucianism publicly expressed to a mixed audience is, to say the least of it, unwise. That any good can follow is inconceivable, it is all but certain that evil will result. An unconditional condemnation of Confucianism cannot fail to largely increase against the preacher the prejudices already existing in the Chinese mind.

The Chinese have indeed much reason to be proud of Confucius. He originated a system of education, and if he did not introduce the elements of civilization he crystallized them into shape and permanency. To him more than to any other known cause do the Chinese, formed of various nationalities and of mixed blood, owe their cohesion as a homogeneous people. Hence my conclusion negatively that hostitily against or contemptuous references to Confucianism cannot further but may hinder the object of the missionary in coming to China.

Let us now grapple a little more closely with our subject and without attempting to minutely demarcate the boundary lines of either, let us look at the main design of both Christianity and Confucianism.

Confucianism is usually designated a Religion. It is, however, open to question whether Confucius himself would have been willing to accept this term in our sense of it as a correct classification of his system. The term seems to have been adopted from the fact that Confucianism is called with Buddhism and Taoism the Three Chiao (教) of China. But the term means, not "religion," but "Instruction," a "System of Teachings." It appears to me that the author of the De Officiis could present a stronger claim to have his system known as the Ciceronic Religion, or the great teacher of Plato as the Socratic Religion, than Confucius to have his surviving doctrines styled a "Religion." Indeed on two occasions when his disciples sought instruction on spiritual matters Confucius replied evasively. True, there are a few sentences bearing upon religious ceremonies; but though his intense conservatism would not hear of altering any of those ancient religious customs, they form on his system only an excrescence glued on, the removal of which would leave that system still unimpaired. We therefore desire to classify Confucianism not with the religions but with the moral systems of the world.

This system we discover to have been evolved with the design of regulating all human relationships as these were understood by Confucius and his successors. No philanthropist will deny that such design is worthy of all honor, and we think that any one who has endeavoured to master Confucianism will ungrudgingly bestow upon it the meed of high excellence. The ruler is to guide his people by the example of a correct life rather than by the threats of penal laws. The minister must be faithful to the trust reposed in him by his sovereign. The integrity and kindliness of the magistrate will ensure the obedient devotion of the people. The father, besides feeding, is to love and carefully train his child, and the child is to reverence and obey his parents. The friend can approve himself so only by sincerity. The stranger from a distance is to be welcomed with gladness. Each is to love all, and what one does not wish done to himself he is to inflict on no other. This, the embodiment of the Five Constant Duties implied in the five-fold relationship of man, I consider the essential portion of Confucianism. It is then an attempt to define man's duty to man.

Salvation through a crucified Saviour is that which distinguishes Christianity from every other religious and moral system. Though on this particular all Christians are unanimous they do not all signify by it the same thing. To a large proportion of Christendom salvation is the avoidance of hell, *i.e.*, escape from the punishment of sin. That so generally entertained a belief should have so slender a foundation in Scripture is remarkable. Nowhere is the manifestation of the " Word made flesh " ascribed to the design of saving from hell. Christianity according to Scripture does not mean salvation from the penalty of sin, but the destruction of sin itself; and sin being destroyed ceases of course to be punitive. He is " Jesus because He saves His people *from their sins.*" As the Shepherd He seeks out and restores *lost* sheep. The Physician heals the sin-distemper of the soul. The soul away from God is in the dark—He is its light. By actual and active sin the soul is dead— He bestows life by taking away sin. He washes away the filth and mire of sin from heart and conscience. He was manifested to destroy the *works* of the devil. He is the Root to influence all His branches to bring forth *good fruit.* The whole burden of the New Testament is Repentance from sin unto holiness, a turning away from the works of the flesh which are no less unmanly than ungodly, and a cleaving to and diligence in the works which are of the Spirit, and which alone are becoming and ennobling to man.

Intentionally we keep out of view at present those higher revelations made through Him who brought " Life and Immortality to light." Confining ourselves to the field covered by the essentials of Confucianism we find that Christianity teaches and enforces the whole duty of man. It shows by implication how rulers should act, directly sets forth the obligations of subjects, declares the respective duties of parent and child, of teacher and taught, of neighbours and strangers in all circumstances. Without entering into details we find that in regard to human relationships the difference between Christianity and Confucianism is not of kind but of degree, and that degree a by no means irreconcilable one.

We are now, therefore, able to advance a step further and to show that as Confucianism is an attempt to define the duties of men in their several relationships, and as Christianity in treating of the same relationships inculcates virtually similar precepts, there appears to be no substantial reason against the use of Confucianism as an ally in our work. The British troops in the Soudan were in most respects very dissimilar to the native tribes, yet of these tribes those who had the same or parallel objects in view were always gladly welcomed by the British authorities. Now Confucian is much more allied to Christian morality than the friendly Soudanese resembled British troops. Is it right that "the children of this world" should be always "wiser than the children of light?" Foolish indeed and reprehensible would have been the conduct of British officers if, with supercilious contempt because of their own superiority, they had haughtily driven the friendly tribes into the hostile camp of Osman Digma or the Mahdi. And is the Christian soldier a wise man who of a possible ally makes a powerful foe?

Those who most highly revere the doctrines of Confucianism are the men who form the most powerful and vital force in China. The literary classes are the real masters of the land, and its policy and action when not dictated is modified by them. Without them, government can take no important step and the common people are virtually under their sway. The missionary, therefore, who aims not merely at the conversion of a few farmers here and some artizans there but at the Christianization of China, must look this fact seriously in the face. He must remember that this large, all-pervading, virtually united, and powerful class cannot fail to regard with suspicion any teachers of any system with which they are not familiar and which may in their estimation tend to deteriorate their position and undermine their influence. This natural suspicion must be taken into account, and whatever we consider as "lawful," it is not "expedient" for us to do anything avoidable to make this class our enemies, nor to leave undone anything conscientiously attainable by which we may draw them nearer to us. It is sometimes rumoured that in various places this class is inimical to the missionary and has endeavoured not unsuccessfully to stimulate the people against him.

In this connexion, as it may serve to illustrate my position, I may be pardoned the egotism of introducing a little bit of my own experience. Mookden station was opened little more than two years after my arrival in China, so that my speech must have been more eager than lucid. Well-dressed audiences of the numerous idlers of the city daily crammed the little chapel. For the first month peace was interrupted only by occasional and not disrespectful questions. But opposition gradually formed itself into a combined and determined attack. Several teachers and a number of undergraduates began to express hostile criticism, declaring that while they lived never would a convert be made in Mookden. Often did I stand, my evangelist my only acquaintance in those crowds, admiring and coveting the remarkable eloquence with which in scathing language and fierce declamation the young silk-clad leader poured out his daily denunciations. He was never stopped and but rarely interrupted, for I was eagerly listening to his fiery speeches in order to discover the real causes of hostility to Christianity. The only argument ever adduced in favor of idolatry was that of vested interest— " What would become of the makers of incense, the painters, and image makers, if Christianity were universally embraced ? " But day by day with abundant iteration came the charge of instigating the Chinese to treason. " We are of the Middle Kingdom. We are the *Ta Tsing* and never shall we become foreigners." To this misunderstanding time alone could reply. The other charge, that our object was to destroy Confucianism and uproot their ancient customs, was at once taken up. A small house was rented and a teacher engaged to begin a day school where nothing should be taught but the Four Books and into which I should not enter. Two dozen boys were enrolled in the first year and as many more boys and girls in that following. All of these after a time asked for Christian books and took pleasure in learning Christian hymns which the evangelist taught them. From the time when the establishment of this school on those principle became known there has been no accusation of hostility to Confucianism launched against Christianity, while the literary class, instead of inciting the people against us, have been our good friends. Foreigners visiting Mookden before that period were subjected to mobbing, and to prevent mischief a guard was always provided by the authorities. Now foreigners walk the streets without escort or molestation. Other causes have doubtless been at work, but to this attitude towards Confucianism I am inclined mainly to credit the great change in Mookden towards the foreigner. And if a kindly word of Confucius or an encomium on his moral system can aid in producing such an impression, abstention from speaking the word or from passing the eulogium does not seem the highest wisdom.

The great missionary Paul did not regard it beneath the dignity of his office to quote a sentence of no great importance, his chief apparent reason being to enforce his teaching by a reference to the poet Epimenides, who was held in much esteem in Crete. We can quote sentences not a few of considerable value from Confucianism, all the more important as any phrase from that source carries far greater authority than the same idea conveyed in other words. The word we employ for "sin" 罪, to the ordinary Chinaman means "crime." It is not, therefore, unnatural that the hearer should sometimes indignantly ask "We are no law-breakers, how can we be called criminals?" The shortest way to teach him our idea of sin is to refer him to the five cardinal virtues—"Benevolence, Integrity, Propriety or Law, Wisdom and Truth" (1). Though not grouped by Confucius, these are essentially Confucian. Founded on them few questions are needed to convict the man of shortcoming and transgression. More confounding still to the self righteousness of literary pride is the Confucian dictum, "The man of virtue I have never met" (2). To denounce the universal falsehood of China no text is so potent as "The man destitute of truth is but a useless thing, like a yokeless cart" (3). Among so essentially materialistic a people as the Chinese the interests of the soul do not by any means occupy a high place. To enforce the Christian doctrine a powerful advocate is found in the "Bear's paws and Fish" parable of Mencius (4). Thus, too, Confucius would renounce the honours and emoluments of office and hide in private life if the government were conducted on unjust principles (5), indicating that righteousness and not power or wealth is the Confucian ideal for man, for "the superior man has his mind fixed on integrity, but the mean man thinks of profit" (6). The Chinese literary man who devotes thought to the problems of life avows his faith that virtuous conduct is rewarded by long life, wealth, honor and happiness in this world, or by the well being of the virtuous man's descendants. Without referring to the experience of every day life the language of Confucius upsets this belief. The favorite disciple of Confucius, who most perfectly followed his precepts, died when about thirty, and while he lived was the poorest of men (7). Another disciple who slighted his teachings became a high state official. This latter is useful to rebut the conceit of scholars who pride themselves on being disciples of Confucius and who consider their fellow countrymen disgraced who assume the name of "Jesus." He had learned long and well at the feet of Confucius, yet on hearing of the manner in which he was conducting the affairs of state, Confucius openly denounced him saying "He is no disciple of mine, my children denounce him with beat of drum" (8). Thus, not learning but doing, constitutes the true disciple. The application is evident. The fallacy of the general statement that the "Three Systems are become one," is exposed by quoting and explaining that "in order to regulate the conduct you must first correct the heart" (9). Proof this of the radical difference between Confucianism and the two chanting and fasting monastic religions which reverse that idea, as well as of affinity between Confucianism and Christian morality.

To the assertion that Confucius from infancy was all-knowing and received no wisdom from man, he gives the refutation in the sentence where he mentions the various degrees of knowledge and wisdom acquired according to the steps in his years (10). One of these steps I have often quoted to show the superiority of Christian teaching, viz., that "at fifty he had learned that all comes to pass by the decree of Heaven,"—in respect to which the smallest in the kingdom of Heaven is greater than he. Other arguments against gods many, are sufficiently convincing, but none have I found un-answerable save the declaration that "birth and death are by decree, wealth and honors at the disposal of heaven" (11). Where then is the child-giving queen of heaven? Where the lord of death and the nether regions? And to what profit is the fortnightly service to the god of wealth? These deities being thus easily demolished, the rest fall down in their train as the temple of Dagon when the pillars gave way. *Fungshwi,* too, with all it involves, totters hopelessly; for who will dare to openly declare that "wealth and honors" come out of the earth or "mountain veins" when Confucius declares that their source is in heaven. The Confucian may also be asked for any reason founded on the system he adores, for building a temple or worshipping any of the myriad gods of China. If he hesitatingly appeal to the *gweishun,* he never denies that they refer only to the spirits of departed men. Why, it may be also asked, did Confucius when seriously unwell refuse to authorize a disciple to go to a temple to pray for his recovery (12)? Could he have believed in the efficacy of such worship? Nay, further, did he not reply that he was always praying (13)? If so, to what deity? His disciples were unaware of this constant praying. Yea, but at fifty he knew that all was by the decree of Heaven; and to Heaven he prayed in secret, unseen of his disciples.

If it is intended to prove that temple services of all kinds are profitless you have but to explain that "If you sin against Heaven, in no place can you offer prayer" (14). This sentence I have often made the basis of teaching the necessity for the revelation of "mercy" and the interposition of the Son of God, inasmuch as all have thus sinned and no man can of himself find the praying-ground. Out of Jesus is no hope of mercy, for "virtue has virtue's reward; evil, that of evil" (15). Again, you cannot sin against a house, or a tree, or a mountain, you can sin only where there is authority; hence Heaven is living and all-powerful and therefore can decree

" whatsoever comes to pass." Not that azure heaven, however, nor the " Three Lights "* thereof, nor limitless, lifeless space, but the unseen and "formless,"† ruling that heaven and controlling this earth as your invisible soul commands your body. This Heaven, this Supreme Ruler, present always, working everywhere; this Heaven of whom Confucius knew somewhat, but of whom you have lost all knowledge, " Him have we come to declare unto you."

These passages freely translated are amply sufficient to show that Confucianism from an enemy can be converted into a friend helpful to Christian teaching. All truth being of God, whatever particles of truth we find among the Chinese we should make into the thin edge of the wedge of Christian truth. By the agency of this thin edge which is allowed free access you can gradually drive home the whole body of truth.

To prevent misapprehension as to my stand-point let me add that it is not the object of this paper to declare what Confucianism can do, but to suggest what we can do with it. Confucianism, like all merely moral systems, appeals to the intellect but touches not the heart. To move the heart to repentance, to a new, a holy and a truly noble life, the Love of God as seen in Christ is essential. In connexion with the social life of China, Confucianism is all-powerful; as regards the moral life of the individual man it is as inoperative as the wise saws of Seneca or the correct sentiments of Cicero among the Romans, or the Athenian philosopher in Greece. Like Horace in Rome the disciples of Confucius in China can truthfully say " We know and approve the good, but follow the evil." Moral systems all the world over are themselves dead and cannot live. But as the healthy man transforms dead fish, beef or vegetables into living active blood, so Christianity can and should convert dead Confucianism, Buddhism and Taoism, rejecting the poisonous and the useless, into spiritual pabulum, which the Spirit of Life can change into healthy blood, influencing this great nation into moral and living religious activity.

To sum up :—much prejudice, presently forming serious obstacles, must be removed ere the Gospel is universally embraced in China. Familiar knowledge and wise utilization of Confucianism seems to me the speediest way to uproot that prejudice. As a good steward of the mysteries of God the missionary should give diligence to make Confucianism the handmaid of Christianity. Were the sentiments in favor of morality no more in number than those referring

---

* Sun, Moon, Stars, 三 光.

† 無 形.

to Ancestral Rites I would still lay hold of these fragments of truth and claim them as belonging to the rounded perfection of truth which of all religious and moral systems Christianity alone possesses. Gifts more precious than those of Sheba's Queen are contained in the treasury of Confucianism and they must be laid at the feet of King Jesus. The Sage Confucius *shall* bow the knee. Confucianism shall be yoked to the plough of Christianity and shall assist, and *must* assist, in breaking up the stubborn soil. Its teachings will be made to convince those who revere them that no man is sinless, and will have to aid in bringing the Chinese mind to acknowledge the necessity of " Repentance towards God and of Faith towards the Lord Jesus Christ."

(1) 仁義禮智信　(2) 善人吾不得而見之矣　(3) 人而無信不知其

可也大車無輗小車無軏　(4) 熊掌我所欲也魚亦我所欲也云云&c.

(5) 邦有道則見無道則隱　(6) 君子喩于義小人喩于利　(7) 賢

哉回也一簞食一瓢飲在陋巷人不堪其憂　(8) 非吾徒也小子鳴鼓

而攻之　(9) 欲修其身者先正其心　(10) 吾十有五而志于學三十

而立四十而不惑五十而知天命六十而耳順云云&c.　(11) 生死有命

富貴在天　(12) 子路請禱　(13) 子曰丘之禱久矣　(14) 獲罪于天

無所禱也　(15) 善有善報惡有惡報

George Heber Jones,

"The Religious Development of Korea"

Gospel in All Lands 16, 1891, pp.415-417.

The *Kokkai* does not seem to stand on solider ground than this gentleman did. Like him, it has a vague idea that missionaries should always be preaching among cannibals or savages, and that the intervals of their propagandism should be devoted to self-torment of some kind or other.

But though this quaint conception provokes only laughter, we do not find it so easy to treat lightly our Tokyo contemporary's attempt to discredit the educational efforts of the missionaries. What they have accomplished in this line, what they are yearly accomplishing, deserves to be kept in grateful remembrance by Japan for all time. It is true that the curricula of missionary schools do not always include scientific training of a high character. But it is also true that by means of missionary schools a sound and sufficient education has been given to thousands and tens of thousands of Japanese youths who would otherwise have been condemned to comparative ignorance. We did not suppose it possible that any thoughtful Japanese, above all the editor of a journal like the *Kokkai*, could be at once so ungrateful and so unjust as to sneer at the admirable record of missionary educational work in this country.

The Religious Development of Korea.

BY REV. GEORGE HEBER JONES.

The religious development of Korea presents certain phenomena which are worthy of notice. Demonolatry, Buddhism, and ancestral worship share, in common with the same manifestations in other nations, certain genus-marks which declare their common source or similarity of origin ; but outside of these they have distinct characteristics which are the outgrowth of the centuries of their development on the peninsula, and which mark them as the peculiar property of Korea.

These present us with what are really three cults, all distinct and well defined, and existing close together, yet not inharmonious. With true pagan tolerance a Korean may identify himself, as far as the great mass of the people are expected to identify themselves, with all three and not stand in danger of excommunication from any one of them. In no country do we find a better exemplification of that so much lauded "pagan toleration" than in Korea. No mighty strife for religious supremacy has, as far as is known, marked the history of the nation. The overthrow of Buddhism, which would seem to controvert this, was on political grounds and because of its identification with an overthrown *régime*, and not because of any religious agitation. Whatever may be the theories, practices, or tenets of any one of these three cults, history seems to teach that no great truth was held in such a manner as to lead one to look upon the presence of the other cults as incompatible with its own existence. As a result the native takes his religious ceremonies from ancestral worship, seeks the efficacy of Buddhistic prayers, devoutly bows his head at the shrine of some mountain demon, and

his conscience will not even suggest to him that he has been guilty of heresy.

In considering the diversified religious phenomena of Korea it should be born in mind that only the first of the three mentioned cults can be regarded as peculiarly native. Buddhism was introduced centuries ago, either from India direct or from Thibet. Ancestral worship was derived probably from the same source which gave it to Japan, China, and other nations of the East. We have, then, first, what has been called by Roman Catholic writers demonolatry, but which is known among the people as

THE SUPERSTITIONS.

The term is apparently not a derogatory one, but refers to an immense body of traditional belief which lies outside the systematized cults, though the arrogant Confucianist will apply the same expression to Buddhism and the almost obsolete Taoism. The "Superstitions" comprise a vast number of gods, demons, and demi-gods, the legacy of centuries of nature worship. A distorted and tainted imagination has peopled earth, air, and sea with supernatural beings whose multiplicity makes them ubiquitous, and whose power for good or evil demands worship. To these darkened souls the whispering of the wind through a tree becomes the voice of the spirit dwelling in the branches ; the black depths of a pool or lake conceal the dragon forms of water-sprites, powerful for weal or woe ; while on the mountain summits dwell the office-bearing gods of a populous pantheon, who dictate the fortunes of mortals and immortals alike.

Trees are a favorite place of residence for the local deities, and sacred trees are found every-where. Along the road-sides, and especially near cities and villages, they may be seen, indicated by the strips of cloth and paper fluttering from their branches, and the great pile of stones about the trunk. The method of honoring the resident deity is to place one or two new stones on the pile at the trunk, or to tie some token to the branches. What the true significance of these acts is the writer has been unable to learn, the almost invariable answer being, "it was so from the beginning." When the special aid of the spirit is desired the ceremonial is more pretentious. A party, usually of women, gathers beneath the tree and worships ; a sacrifice of rice and choice food is placed on the great pile of stones ; and while the deity feasts on the essence or spiritual element of the food, lighted paper is kept burning beneath the branches and prayer offered for the desired blessing.

The worship of mountain spirits is universal. Shrines, ranging from pretentious temples to mere piles of stones at the foot of trees, crown the tops of mountain passes, and exact homage from passers-by. The sanctuary of one of these mountain temples will be draped with white and red cloth, and contain a picture of the deity. The latter is represented usually as an elderly man, of high rank, clad in official robes and surrounded by attendants. This picture is the object of reverence, and before it incense is burned at the time of worship.

Where the shrine is simply a pile of stones the scenes at the sacred trees are repeated, the suppliant, however, always spitting before adding his offering to the stone-heap. This is said to be a relic of some old snake fetich which has long since disappeared.

Water-sprites are said to frequent all springs, falls, lakes, and rivers. Among the most famous is the Dragon of Lake Yenan, near the Yellow Sea. This imaginary being is supposed to control the food supply of that portion of the country, and to grant fruitful or disastrous years as it pleases him. Wonderful stories are related of him, and to propitiate him, especially in the time of drought, elaborate sacrifices are offered, generally under official supervision.

While the dualism which underlies all Korean thought and philosophy causes a well-defined distinction to be drawn between the gross, material subjects thus sanctified and a supposed inner spiritual presence which the Korean claims is the object of worship, the dreadful effects of that unmooring of the soul from its anchorage on the eternal God is seen in this prostitution of the noblest faculty of that soul to render homage to material and sensual objects. But not only does nature-worship dwarf and abase the moral nature of the Korean, but the dread espionage of creations of his imagination fills his heart with fear at times, and leads him into grotesque methods of exorcism. The gods of sicknesses cast their foul shadows on the floor of his pantheon, the deifications of astrology disfigure its ceiling, and the ghosts and specters of evil deeds perch on the heads of its idols or flap their wings against its walls. Of demi-gods there is no small number. The apotheosis of humanity is a well-known doctrine to the Korean. Heroes of great wars, sages of distant antiquity, the benefactors of the people in times of disaster, all have their niches and reverent homage.

Turning from these native creations in the religious world, we have

BUDDHISM.

Introduced in the time of the three kingdoms, it has maintained a foothold among the people for nearly fifteen hundred years, and now, in an effete old age, appears to be gradually sinking into its own Nirvana of nothingness and non-existence. Its history is suggestive. In its early days, when conviction was sufficiently strong to inspire its devotees with missionary ardor and zeal, it came in its career of propagation to the peninsula, and attempted to spread its doctrines in Shilla, the southernmost of the three kingdoms. Met with opposition, proscribed and persecuted, exposed to all the vicissitudes of a hunted existence, it even found a martyr whose blood, if we are to believe the legend concerning him, proved a seed of propagation. Succeeding at last in securing an entrance among the people, it gradually extended its sway until in the later years of the last dynasty it reached the summit of its prosperity. At that time the power and influence of Buddhism were paramount and the nation was priest-ridden to the verge of anarchy. Not only were these celebates potent in

the ordinary life and affairs of the nation, but casting aside their religious character they entered the world of politics and became dominant there. Priests thronged the courts and council halls of the monarchs, administered the great offices of the realm, marshaled armies in time of war, and eventually placed the offspring of a priest on the throne.

The effect of this worse than secularized priesthood upon the people was demoralizing in the extreme. History describes the public morals as at the lowest ebb ; even pagan moral sense is shocked at the iniquity, the violence, the shameful practices of that period. The Buddhist priesthood in the height of their prosperity were simply immorality personified.' The tenets of their cult which impose chastity, abstinence, and self-abnegation were flagrantly and universally violated. The monasteries became great sores upon society and the body politic, leavening the whole with a moral rottenness which threatened final dissolution. But that was 500 years ago. A change came, and the nation in self-defense was compelled to put an end to such a state of affairs. As Buddhism had exchanged its religious field for a political one, so the reformation which nearly annihilated it in Korea was primarily a political reformation. The great founder of the present dynasty, himself a sagacious and an able statesman of the time, undertook to clean out the Augean stable, and before him guilty royalty and criminal priestcraft alike fell. Since then Buddhism has been in disgrace, its priests exiled from the capital city, and forming a caste in society only a remove from butchers, slaves, headsmen, etc.

The tenets of Korean Buddhism are much the same as in other nations, though its millennium and a half of residence on the peninsula has given it peculiar features of its own. It has its images, saints, prayer-books, chants, rosaries, fasts, and other paraphernalia. There are many monasteries built among the mountains, and the total number of priests is variously estimated at from ten to thirty thousand. The monasteries are often sought by the childless and unfortunate to pray for a rectification of their unblessed state, but this is about the only support given this once powerful cult. Public propagation is not permitted, and the ranks of the priesthood are recruited to a large extent by chance. In summing up the present status and work of Buddhism in Korea, whatever inherent power or energy it may possess, apparently, the priests alone study the doctrines, long for Nirvana, and gladly accept any stray copper, while the people confine themselves to the cold, expressionless face of the idol.

We now turn to the last and most powerful of the three mentioned cults,

ANCESTRAL WORSHIP.

This is the State creed. Its chief adherent is his majesty, and law and custom unite in imposing its obligations upon all people. It has an elaborate ceremonial, an ancient and honored code of ethics, and some doctrines. It teaches not only the immortality of the human spirit, but its multiplicity, assigning to each man three souls. After death one of these souls enters the ancestral tablet, the second occupies the grave, and the third goes to the final destination of the deceased. The obsequies to the dead are thus full of a deep religious signification to the Korean, leading him to exercise a faculty which is among his noblest characteristics —that of reverence and worship. Immediately after death the dead body is placed in an inner room, with its head toward the east, and the immediate relatives gather about, with disordered clothing and disheveled hair, to mourn ; this mourning is maintained for three days. On the night of death a curious custom, derived from Buddhism, is observed ; it is known as the " calling of the souls." A coat worn by the deceased is taken outside by relatives, who, calling him three times by his clan name, advise him to come back and get his garment. According to popular belief his three souls are held in chains by three spirits—constables who have come from the lower depths to conduct them before the Judge of all the dead. Throwing the coat on the roof, the relatives enter the house quickly, but immediately reappear with a sacrifice to the visitors from beneath—three bowls of food for their refreshment, and three piles of money for their traveling expenses. After three days the body is temporarily interred beneath the floor of the house, or just outside the door, where it is left for a period ranging from two to six months, according to the social position of the dead. The children then assume the somber garb of mourners, and withdraw themselves—theoretically, at least—from all active life for three years. At the proper time the corpse is dug up and buried in its final resting place, and the sacred tablet is inscribed and enshrined, and from that time tablet and grave become the scenes of reverential worship and homage.

The underlying principle of ancestor-worship is filial piety. The human heart longs for a father, and the Korean, knowing nothing of the divine Father, turns to satisfy his own soul-aspirations in the one who held that tender relation to him in life. It is his way of not forgetting the dead ; doomed by his own false system to a life circumscribed by time, he strives to maintain the sacred ties of the past even after death has broken them. But when judged by the sum of all light and truth ancestral worship stands out in its true character, a blighting curse. Dreary and cheerless, exposing the warmth and tenderness of heart affection to the chills of death, it sends that dread chill into the very soul itself. A creed without a priesthood, its sanctuary is shrouded in the darkness of death, its altar is the grave, its homage the grief of bereaved hearts. Surely nowhere does the unbalance of the heathen mind betray itself more unmistakably than in this cult, which, under the specious pretext of exalting filial piety, robs the soul of God. Here extremes meet and become entangled. Its ethics the Confucian Code, it theorizes about God and worships man. The Romans apotheo-

sized only their emperors ; with a consistency which is startling, the ancestor-worshiper carries the principle to its conclusion and exalts the entire male population.

THE OUTLOOK.

Korea is a pagan country—pagan in its life, its religion, its morals. We cannot express the actual condition in better words than those chosen by an honored missionary who has traveled the world over. He said : " Heathenism in India is vile, in China defiant, in Japan desperate, in Korea indifferent, in Africa triumphant." No better term describes Korea than " indifferent." While fervor, zeal, and conviction may be found in the monasteries, the great mass of the people seem skeptical and indifferent. The old systems have lost their hold on the masses, morality is held at a commercial value, and a Korean always finds himself able to adapt himself to circumstances. The pool of heathenism is stagnant, while from it rises a moral miasma of death. To describe the present condition of morals would be to quote Paul's description of the heathen world. A whited sepulcher may be fair without, but inwardly it is full of rottenness and dead men's bones.

A nation without a religion is Christianity's opportunity. In spite of law, custom, tradition, or belief the Korean's soul has remained untouched by the exercises in which he engages. To him, then, the truth as it is in Christ Jesus comes as a most glorious experience—it is his first taste of religion. It sinks through his mind into his heart and soul and fills him with the ineffable delight of peace above understanding and joy unspeakable. We thank God this has already been the experience of some, but the hard facts of the present stare us in the face. However enthusiastic we may be—and faith senses a glorious future for the peninsular kingdom—heathenism is intrenched here ; it is intrenched in habit, custom, and law, in tradition, thought, and purpose. It is the basis of social, domestic, and political organization; it touches life in its widest circumference, and controls while it blights it. But it has lost much of its energy. The day of its greatest power is past, its most golden opportunities are gone, and after having fooled the people for so long it is ready for eviction. When Christianity enters the field moral stagnation ends; the air of indifference cannot be maintained perpetually, and whatever may be the travail and sorrow which shall lead to triumph, or however long the final result may be delayed, the time will surely come when even the Korean will behold in the benefits and blessings of the Gospel the soul's true heritage, and in its propositions the solution of all his difficulties.

Seoul, Korea, June 23, 1891.

" The language of the people of Korea is intermediate between Mongolo-Tartar and Japanese, and an alphabetical system of writing is used to some extent ; but in all official writing, and in the correspondence of the upper classes, the Chinese characters are used exclusively. Religion holds a low place in the kingdom."

Daniel L. Gifford,

"Ancestral Worship as Practiced in Korea"

Korea Repository 1, 1892, pp.169-176.

ANCESTRAL WORSHIP AS PRACTICED IN KOREA

THE religious beliefs of Korea show a blending of Confucianism, Buddhism, and Tauism. The Confucian learning as we know forms the basis of the education of the country. Every magistracy throughout the land has somewhere in its town a temple dedicated to Confucius where twice a year, in the spring and in the fall the magistrate with his numerous writers worship the spirit of the sage. The social fabric of the country is largely Confucian. Ancestral worship is Confucian. Again the temples and priests of Buddha are scattered throughout the country—a faith with much of its lustre gone, but said to be favored with palace patronage. Taoism has its representatives in the *hpansu* ° or blind sorcerer, the *mutang* † or sorceress, and the *chigwan* ‡ or geomancer.

Each religion furnishes its share to the mythology of the country. At the head of their system of belief is Sangchei § or Hananim ‖, whom the king alone worships once a year or less. Many would introduce as next inferior to him Buddha (indeed some go to the temples upon the death of a relative to pray the Buddha to send his spirit to the good abode). Then come the Ten Judges of Hades, the Siptaiwang ¶, whose pictures may be seen in Buddhist temples. Through their servants they are said to be well versed in the affairs of mortals. Upon the death of a man, one of his souls is seized by official servants of these judges and hurried to hades. The judges knowing whether his deeds have been good or evil, give sentence, and in accordance with the judg-

° 首人 판슈 ‡ 地官 디관 ‖ 天主 하ᄂᆞ님
† 巫 무당 § 上帝 샹뎨 ¶ 十大王 십대왕

ment the spirit is sent either to the Buddhist heaven or to the Buddhist hell to spend the rest of his existence. In the latter place are manifold kinds of punishment. Next below the ten judges come the *sansin*° or mountain spirits. Each mountain of the checker-board of Korea is supposed to have its presiding genius in the person of a mountain spirit, of whom more anon. Below the *sansin* are many other kinds of spirits. We come now to the *kuisin*† or devils, with the *tchon-tok-gabi*‡ at their head, answering in our system to Satan. Nearly all the women and three fourths of the men of Korea stand in mortal terror of these malevolent beings. They are believed to be universally powerful, able to give happiness or misery alike as suits their fiendish fancy. From the top to the bottom of the social scale of Korea, men offer through the blind sorcerers or the *mutang* sacrifices to these demons. Is anyone sick, or in trouble, going on a journey or moving his lodgings, the demons are propitiated by sorcery. The houses are said to have their guardian demons. I am almost ready to say that *kuisin* worship is the religion of Korea.

With this brief look at the religions of the country, let us center our attention upon the ancestral worship as practised in Korea. Ancestral worship is Confucian in its origin. Confucius was intensely practical in his philosophy. His mind took no pleasure in dwelling upon the supernatural. He said: "Spirits are to be respected, but to be kept at a distance." On another occasion he said: "While you are not able to serve men, how can you serve their spirits." He found ancestral worship existing among the ancients he so much venerated, and he passed on the custom almost without comment. And yet, while he set before men a beautiful array of virtues to be practiced, because he gave to the virtue of filial piety an excessive import-

---

°山神산신 †鬼神귀신 ‡天魍魎텽독갑이

ance and made it the foundation stone of his structure, he may be said to have furnished the principle for ancestral worship.

The customs regulating ancestral worship in Korea differ so from those of China, that it may be profitable to consider the procedure after death somewhat in detail. Koreans believe that every man has three souls, and upon death one goes to hades, one to the grave, and one takes his abode in the ancestral tablet.

In the last moments before death, silence reigns through the house. Sad ministrations follow, and the remains are placed in new clothes for burial. Outside the door is at once placed a little table with three bowls of rice, and a red *hobak* or squash; and alongside of it are ranged three pairs of sandal shoes.

Three *sajas*° or official servants have come to take the soul to the Ten Judges in Hades. These are presents to them. Smelling the flavor of the cooked rice they are refreshed. The shoes being burnt they are shod for the journey. The *hobak* is a present to the prison official who lived 2000 years ago and was fond of *hobaks*. Then the rice is thrown away, and the *hobak* broken. This is done during the first half hour after death. Then the inner garments of the deceased are taken out by a servant, who waves them in the air and calls loudly to the deceased by name. At the same time the friends and relatives of the dead man loudly lament. After a time the clothes are thrown upon the roof of the house and left there.

The choice of the site of the grave is considered a matter of great importance to Koreans. The semiglobular mounds are invariably placed upon hill-sides. While they may be placed upon slopes facing any direction, a south exposure is preferred, probably for reasons such as carry weight in China, the belief being there that inasmuch as warmth and life pro-

° 使者 사자

ceed from the south, and cold and frost come down from the
north, that grave is most fortunately located which is at the
same time sheltered from the north and open to the good in-
fluences supposed to emanate from the south. But if that were
all, the choice of a grave site were a simple matter. There
are many intricate points connected with the subject, which
only the initiated are versed in. The relatives are obliged to
consult a *chiguan* or geomancer. He is a learned man who by
long study of books upon the subject in his possession, knows
all the superstitions relating to the good and bad influences
supposed to be in the ground. He must choose the burial site.
It is believed that a well chosen site brings rank and money and
numerous sons to the children of the one buried there.

The day of the funeral arrives. The remains have been
placed in a coffin more or less expensive according to the means
of the family. At dusk they start with a long train of lan-
terns, the brilliantly colored hearse, the loudly weeping mourn-
ers, of whom the male members are dressed in the bushel bask-
et hat and the yellow mourners' clothes. The grave at last has
been reached, the interment has taken place, and the mound
has been rounded up. Now occurs the first sacrifice, called the
piongto cheysa °. Small tables are placed in front of the grave.
Upon them are set offerings of wine and dried fish. The rela-
tives facing the offerings and the grave, bow to the ground in
five prostrations. A formula is repeated wishing peace to the
spirit who is to dwell in the grave. Afterward, at a little dis-
tance behind the grave, like offerings and similar prostrations
are made to the mountain spirit. This is called the *Sansin
cheysa* †. The mountain spirit is supposed to preside over the
place. Prayer is offered to him invoking his protection as host
to the spirit of the grave they are committing to his care. It

---

° 平土祭祀평토제사 † 山神祭祀산신제사

is deemed necessary in order to secure hospitable treatment for the spirit at the grave. After these ceremonies the wine is thrown away, and the fish is divided among the servants.

We now come to the third soul of the man. He returns from the grave with the mourners to take up his abode in the ancestral tablet. In the room the tablet is to occupy (a vacant room if possible) another offering is made, called the *pan hon chyesa* †. The offerings consist of native bread, wine, meat, cooked rice, and vermicelli soup. These articles of food are placed before the tablet that the spirit may regale himself with the flavor. The relatives and friends bow five times. Then the food is taken into another room and eaten by the assembled company.

At this point it may be well to make a few explanations. The ancestral tablet consists of a strip of white wood upon which is placed the family name and other writing. It is set in a socket. After three years of mourning it is put with the other ancestral tablets in the little cabinets in the ancestral temple ° adjoining the house. During the intervening time, if the man is wealthy he places the tablet in a vacant room, usually in his wife's apartment. But if the man is poor and has no ancestral temple, the tablet is placed in a box on one side of a room, and on the occasions when he worships his other ancestors, strips of paper with writing on them are pasted on the wall in lieu of the proper tablets. The common people worship not only for their father, but also for their grandfather and great-grandfather. Some go back two generations or more. High officials worship for four while the king worhips for five ancestors. Some curious customs regulate the period of mournnig, strictly so called.

If the father dies, the family goes into mourning for three

° 祠堂 사당   † 返魂祭祀 반혼제사

years. If the father and mother die the same day, the same period of mourning is observed; and likewise, should the mother die sometime after the father's death. But if while the father is alive the mother dies, the family wear mourning garments for one year.

Again suppose three generations of a family to be living. The father dies and the family goes into mourning for three years. The grandfather dies next, and the son takes his dead father's place in wearing mourning clothes for another three years. Where a man received rank, posthumous rank is sometimes given to his departed father from the feeling that the father must always be considered higher than the son. An official cannot hold office during the three years of mourning. And we remember how in the recent year of mourning for the Dowager Queen custom required that the public offices be closed for a long period of time. Custom also prescribes that no matter how young a king may be at the time of his decease, his successor must be younger than he, so that he can perform the sacrifices.

But to return to the family in mourning. Allusion has been made to the mourning clothes ordinarily worn. On the minor sacrificial occasions a robe called the *to pho* ° is worn. It consists of a flowing-sleeved garment, split up the back to the waist, over which portion a fold falls to the bottom of the garment. During the three years, upon the two national mourning days, and upon the anniversary of the father's death, an especial attire called the *chey pok* † is worn by the male relatives during the period of mourning. Among other features the official hoop belt is worn; and the hat is peculiar, in which a white loop goes up over a baggy skull-cap from front to rear.

During the three years a dish of fruit is constantly kept before the ancestral tablet.

° 道袍 도포   † 祭服 졔복

ANCESTRAL WORSHIP AS PRACTICED IN KOREA. .   175

Let us consider the sacrifices further demanded by the laws
of ancestral worship.   During the three years certain sacrificing
is rendered only before the deceased father's tablet, and not in
the ancestral temple.   On the first and fifteenth of each Korean
month the *sak mang cheysa* ° is observed, and rice or vermicelli
soup amid lamentations is placed before the tablet. The time
for the sacrifice is one or two hours after midnight.   The an-
niversary of the father's death is a very important occasion dur-
ing the mourning years.   The first anniversary has a name,
the *sosang*†, the second is called the *taisang*‡.   In after years
when the tablet has been placed beside the other tablets, this
anniversary goes by the name of *kuil cheysa* §.   While in mourn-
ing, on the night before this anniversary, sacrifice is made before
the tablet. The next morning friends visit the family in mourn-
ing and sympathize with them, upon which occasion food in
many varieties is set before them. Some time during the day the
mourners repair to the grave and repeat the sacrifices of the
previous year to the soul in the grave and to the mountain spirit.

The constitute the sacrifices peculiar to the first three
years. Afterwards the offerings upon the first and fifteenth days
cease, while sacrifice on the father's anniversary day goes on
perpetually, but in the ancestral temple where the other tablets
are.   Mention should be made here of the anniversaries of the
grandfather's and great-grandfather's death, when sacrifice is
made in the *satang* or ancestral temple, and at their graves.

We come now to the eight Korean holidays upon which
sacrifice to the dead must be performed.   Only in these cases
the name is changed and the relatives are said to *chey rey hao* ‖.

The occasions are New Years's day, (about the 1st. of

° 朔望祭祀삭망졔ᄉ   § 忌日祭祀긔일졔ᄉ
† 小祥쇼샹   ‖ 爲祭禮졔례ᄒᄋ
‡ 大祥대샹

Feb.), the 15th. day of the first month which closes the New Year's holiday season, the two national mourning days, and four other festivals. Upon these days sacrifice is offered at day-break. One peculiarity marks the celebration of these eight festivals during the mourning years. A double sacrifice is performed at the house, one in the *satang* before the remoter ancestors' tablets, the other later before the father's tablet in the other building. The two general mourning days come in the spring and in the fall, one in the third month corresponding to April, the other in the eighth month, our September. Upon these two days the practice is various. Some visit their father's grave, and some do not. Others again visit in addition the graves of their grandfather and remoter ancestors, upon which occasions they bow and offer their food at the graves and before the presiding mountain spirit.

Now as to the significance of all this ancestral worship. The literature upon the ancestral worship of China, especially the pamphlet by Dr. Yates, seems to indicate that the Chinese believe that the happiness of the dead and of the living is directly connected with ancestral worship. Whether their fathers are rich or beggars in the other world depends upon the fidelity of their children in keeping up the prescribed sacrifices, and that their fathers reward or punish the living children according to their faithfulness in ancestral worship.

The Koreans on the other hand seem to believe that the condition of the dead is permanently fixed by the sentence of the ten judges upon their arrival in the other world.

As nearly as I can learn after considerable inquiry, two views are held among Koreans as to the significance of their ancestral worship. One class would hold that whether a man worships his father or not, does not affect the happiness of either the father or the son. It affects the *reputation* of the son among his acquaintances, as being a man who shows disrespect to the spirit of his father living in the ancestral tablet in his house.

Still other Koreans would say, that if they worship their ancestors well, Hananim, the head of the Korean mythology will reward such a man with money, honors and other promoters of happiness and on the other hand will punish with trouble the man who neglects to sacrifice. Such are some of the features of the ancestral worship of Korea.

DANIEL L. GIFFORD.

George W. Gilmore, *Korea from its Capital*

Philadelphia: Presbyterian Board of Publication
and Sabbath-School Work, 1892, ch.10.

CHAPTER X.

RELIGIONS.

RELIGION in Korea has attained neither the intensity of growth which it has reached in China nor the luxuriance it shows in Japan.

In Japan art and nature have lent their charms to the deepening of religions fervor. The temples and shrines have absorbed the devotion of artists and mechanics and the resources of the wealthy. The result is that tourists in Japan visit the temples as the repositories and embodiments of beauty. The people frequent them in masses and as individuals. The visitor becomes accustomed to seeing the wayfarer stop to throw his cash into the treasury, ring the bell and clap his hands to catch the attention of the god absorbed in meditation, and say his prayer. The peddler lays aside his pack while he bows his head. The mechanic on his way to work stops and says a prayer. Many a priest may be heard chanting his orisons and varying his notes with strokes on a gong. The blind and diseased bring their troubles to the gods of wood and stone, and to those whom a piece of paper represents in the Shinto temples. Everywhere the religious life of the people forces itself into prominence. Temples and worshipers abound on every hand, and in most houses there are family altars, as in the old days of Rome.

In China religion has petrified. As wood hardening in the process of silicification becomes heavier and colder and presses its way down upon the matter lying beneath, religion in China has hardened and grown weighty until its prescriptions have become the formula, of life. His religious belief is the citadel of the Chinaman's conservatism. You may reconcile him to a difference in domestic environment; he may be brought to accept the results of Western researches in social and political economies, until the point is reached when advance comes into contact with religious life; but there the advance stops. Religion is not demonstrative, but it is intense and unyielding.

In Korea an altogether different aspect confronts us. The temples are few, and lack the element of picturesqueness. They reflect the poverty of the country. Stately structures on commanding sites, approached through rows of votive lanterns, rich in lacquer and wealthy in decorations and gifts, are conspicuous only by their absence. Thus, the conditions we find in Japan are lacking. In Korea extended association with the people for a decade has convinced us that among the masses the conservatism and intense opposition to a change of religion found among the Chinese has not to be encountered. A fair start has been made by Protestant missionaries in the six years they have been at work in the peninsula. While China and Japan have each three cults or forms of religion, in Korea only two are found—Buddhism and Confucianism. Of course the introduction of both of these was from China.

From what we have learned of the literature and language of the peninsula, we should infer that the dominant religion there is Confucianism. In fact, such is the case. From the lowest peasant up to the king, Confucianism is practiced by all. But, as is natural, since the upper classes are the most influenced by the Chinese classics, it is there that the most strenuous opposition to the introduction of Christianity is found, and where there is the most resistance to all innovation. The worship of ancestors before tablets and at their graves is the one practice which all follow. This worship seems a perfunctory performance. When officials and peasants have been asked why, on a certain day in the year, they go to the ancestral tablets or to the graves of their ancestors and present offerings—whether it is that they fear that those ancestors have power to bring them evil, or that they wish to implore their active favor and intervention in the matters of this life, the uniform answer has been, "No, we neither apprehend evil nor anticipate good; it is *law*, it is *custom*, to do this." We have been able to elicit no other answer. Religion, then, is not among Koreans a motive force which controls the will, operates on the emotions and moulds the life. On the contrary, it seems to be in its senescence. It is a dutiful following out of time-honored customs. Of course the ethics of Confucianism rule the country. Its crowning jewel, filial regard, appears as prominently in the peninsula as in the Celestial empire. A young man, of whatever station, regards with respect the speech of an old man, no matter how lowly his social status. Confucianism has moulded state relations, and in times of famine and pestilence the king is the one who appeals to the Lord of heaven to avert the plague.

There are traces throughout the country of a former more extensive worship of Buddha. At present, while not tabooed, Buddhism is little followed. True, the guardians of some of the fortresses are Buddhist monks. They are supported by His Majesty from the public granaries in return for this service. The monks who have the care of the little

Buddhist Shrine Outside the Capital.

shrines placed here and there along the way do not have this advantage, but they beg from the people, and certainly do not seem to suffer. There is no mutilation, no maiming of the body—nothing that repels one from the priests and monks except the shaving of the head. Yet the status of Buddhism in the eyes of the people is fixed by the fact that no monk may enter the capitals. One found within the walls is put to death. Consequently, there are no temples inside the walls of the capital. There are ancestral tablets before which Confucian rites are performed, but there is no temple except one in the north-west comer, a "Temple of Heaven", really no temple at all, but an open space paved and surrounded by a low wall and with a grove as a background.

One who visits, say, the fort of Puk Hon, a fortress ten miles to the north of the capital, will find the men inside it all monks. He will see these men with shaved heads lounging around, doing nothing that looks at all like either military or religious duty except that a number may be found at a dingy temple in which are disreputable images before which attendants mumble or chant prayers unintelligible even to themselves. Diligent inquiry would show that these monks are not such upon deep conviction and for religious principle, but that the rice given from the public stores suffices to make this mode of living attractive to them. Among the people I never met a single hearty Buddhist. I found persons who spoke of the monks with a laugh or a sneer, showing in their way of speaking that they pitied them. The monks themselves were harmless enough. They seemed too lazy to do anything. They were in a state of harmless inactivity. Occasionally one is met with miniature drum or cymbal, begging, singing a song in native fashion and receiving alms in goods or cash for his monastery. These gifts are made to secure the prayers of the community, on the principle that no harm could, and good might, result from the prayers thus bespoken. But little efficacy was expected from any such interposition, and the alms were given rather from the generosity which is a component of Korean character.

The real worship of the Koreans is before the ancestral tablets and at the graves. This is simple in character. It consists merely in setting out, on email tables, offerings, principally rice with various condiments, before which prostrations are made and prayers offered. The spirit is supposed to be present and to partake of the gifts thus presented. Among the upper classes more is attached to this ceremony than among the peasants, to whom, indeed, it is often a meaningless ceremony. Read, as are the literati, in Confucian lore, these upper classes find there the guarantee and strength of their eminence, and the urgent reason for supporting Confucianism and for opposing all other forms of worship. This ceremony becomes to them the warrant of their respectability and orthodoxy and the guarantee of the permanence of their position.

But subsidiary to these two religions, which are the prominent religious features, is belief in a multiplicity of spirits and demons of different powers and various characters. The gates of the cities, palaces and temples, and often of private houses, are surmounted by tiles cast as ridge-pieces and corner-pieces, in grotesque shapes of birds and monkeys and contorted figures of men. These are to frighten off the various spirits of evil and the demons which otherwise might enter the city to disturb its peace and destroy its prosperity. During the cholera season of 1886, as I passed from street to street, I often found stretched across the entrances of the narrower ways bits of string from which depended slips of paper or pieces of rag inscribed with invocations to cholera devils not to enter that street and carry off the inhabitants. Fires were burned outside the walls to scare away or propitiate the same malicious beings. As the traveler goes along any road or path he will every little while pass a tree or bush decorated with bits of colored rag or paper; occasionally a prayer is attached, and beneath the tree will be found an irregular pile of small stones. He will find that these bushes or trees are the reputed homes of sprites or genii, and that the stones are cast there by chance wayfarers, who deposit with the stones whatever bad luck the journey might have brought them.

Here and there the tourist may be shown a little hut inside of which he will find some figures painted on paper, representing the patron deity, and hung on the walls prayers in Korean and Chinese, in which the petitioner begs "for one year of 360 days to be delivered from all sorts of sickness and disease, and from all unprofitable ventures." Occasionally a more stately building will be seen, which is perhaps erected to the memory of some celebrated warrior, who after his death was deified, and to whose honor the temple was built. Passing in from the street through the gate, at each side of which is stationed, in a little chamber, a wooden horse of wonderful variety of color, held by a wooden image of a *mah-poo* (groom), of surpassing ugliness, the visitor will find himself in a courtyard, on one side of which is the main building, while the other sides may be given up to rooms open in front, though cut off by railings, and on the inner wall of which are depicted the principal scenes, drawn in a stereotyped and grotesque manner, of the mundane existence of the demigod. The main building will generally be found dark, but when opened, the figure of the deified warrior, in red and gilt, with glaring eyes and impossible mustache, may be seen, seated in defiant attitude on his throne. In close proximity to each other may be seen the strangest objects—gifts of worshipers. Here an ancient sword of native make keeps guard while a Waterbury clock ticks the seconds as if in derision. In one shrine I saw before the god a solitary rubber boot, much the worse for wear, which the donor had perhaps picked up from the ash-heap of some foreign resident of the capital, or which had been discarded by a disgruntled hunter. But as an object of beauty no temple is worthy of a visit after seeing those of Japan. The temples are interesting only as showing the torpor of religious life and the decadence of art and taste.

Little family shrines are sometimes erected in the country districts; and at points along the great highways are found what might be called private shrines, at which the traveler may stop and perform his devotion and then proceed, giving the maker and keeper of the shrine a gratuity of one or two cash (one-quarter of a cent). The only representative of deity in such places is a poorly-painted figure on a sheet of white paper.

But the Korean is intensely superstitious. Events which to the Western mind are perfectly explicable and devoid of mystery are to the native gruesome and awful. Not long after my arrival in Korea I was startled by one of the men attached to the house running in to tell me, with an air of perturbation, that "a heavenly dog was eating up the moon, and would I please come out and see." It occurred to me that there was an eclipse of the moon due at that time, so I went out to view the phenomenon. When I got out of the house I heard a. great din in the street, the beating of drums and iron instruments throughout the city, together with firing of guns. Soon came from the palace the sound of platoon firing, and then the quick rattle of the American gatling-guns turned on the voracious monster. Asking what all this meant, I was told that it was noise made with the object of scaring off the heavenly dog; that it had been uniformly successful all through Korean history; that though the beast had often nearly eaten the moon up, he had always been scared off before completing it; and, in short, that this noise was very good medicine, and that they proposed to keep it up.

In like manner, various bodily ailments are ascribed to the evil influences of sprites and devils. This comes out in the enchantments to ward off the cholera. The same thing is evident, too, in the employment of conjurers to locate graves, in order that the remains may rest securely, and in taking circuitous routes to the grave, to prevent the return of the spirit or the attack of demons on the survivors.

The belief in demoniacal possession is very common. This belief is fostered by numbers whose interests are furthered by it. The exorcists and conjurers find in the commonest ailments excuses for using their powers in dispossessing the sick body of the sprites which have made it their home. It was no infrequent occurrence in rambles over the country or when out hunting to hear the noise of drums and to see a crowd around some house, waiting with eager curiosity to learn the result. Inquiry would elicit the fact that some devils had entered that house, and the sickness of one of the inmates had resulted. Meanwhile, day and night, it may be for a week, the ceaseless beat of drums is maintained until nature is either wearied out and death results, or she recovers herself and the patient is restored to health.

Spirits good and bad, sprites evil and benign, fairies kindly and malign, abound on hill and in dale, in nook and crevice of the rock, in hollow trees and cunningly hidden caves. Any event of life may be governed by their interference. Luck plays a large part in the economy of native life. Innumerable are the specifics for various ills, the former growing out of the care, and the latter out of the malevolence, of fairies or demons. Children are scared into good behavior, and adults are kept at home, by reports of spirits that are abroad at night. Omens are seen in the visits of the birds; the dreams which disturb the night are portents; and almost every chance event has for Koreans a bearing on the future. One of the departments of the government is that of Etiquette and Ceremonies, in which men studied in magic and in the lore of omens regulate official and royal conduct, guiding the course of events according to tradition and to prognostications from chance happenings. That an event is unlucky is sufficient to forbid the entrance upon any enterprise. The occurrence of the outbreak upon the occasion of the intended opening of the post-office will probably prevent for years the consummation of this project. Consequent upon this belief in omens are the various subterfuges for overreaching or circumventing Dame Fortune. Thus, the season of kite-flying, which ends on the fifteenth day of the first moon, is closed by cutting the string of the kite as it flies in the air, when it falls and bears away with it much of the bad luck which might have attended the owner during the year. At the same season of the year an effigy of straw representing the maker is tied together, and in different parts of it are hidden cash, and also a scrap of paper on which is written, in Korean or Chinese, some such prayer as, "For one year of twelve months, from all plagues and diseases and misfortunes deliver me." This effigy is then given to a boy who calls for it, and he, after cutting it up as much as is necessary to secure all the cash that am possibly be hidden in it, throws it where roads cross or meet. Sometimes a number of these effigies accumulate in some crossroads, and the bystanders amuse themselves by making a fire of them or in kicking or tossing them about, or per-haps examine them closely to see whether any cash has been overlooked by the small boy. The more this man of straw is mutilated, the better the luck of the person it represents and the more complete his immunity from the evils that might assail him. Hence, the money is hidden with all the ingenuity that can be exercised, to tempt to the complete demolition of the image. A variation of this is the cutting out of a paper figure, the writing on it of a prayer or incantation and giving a boy some cash to carry it away. So, too, at the same season, the tug of war is engaged in, since the winning side is supposed to revel in luxury throughout the year, while to the vanquished life will not be so pleasant. On this same fifteenth day of the first moon it is the custom for men of the same station in life to call to each other as they pass along the street, and if one answers the other, the person answering may be expected to carry away in his own person whatsoever diseases and misfortunes might have befallen the one who accosted him. Therefore on that day every one is on his guard, and to the various and pressing calls no heed is given. Io this we are reminded of some peculiar customs of our own pertaining to All-Fool's Day. On this day nearly all par-take of one meal in which five kinds of grain are used, this being a mode of beseeching an abundance and variety of food during the coming year. At this meal a peculiar kind of wine called the "ear-brightening wine" is drunk, which is supposed to have the effect of sharpening the hearing and preventing aural diseases. At night there is a suspension of laws relating to curfew, and men may wander around the city without fear of arrest. The reason for this privilege is a current superstition that if a person traverse the city and pass over every bridge within the walls, he will have immunity from diseases of the lower limbs and extremities for a year. For this day nine is the lucky number. Accord-ingly, nine meals are eaten. If a man bring to the house a load of wood, he must manage to bring nine; or if a woman spin, she must spin nine bundles. The fifteenth of the Korean January is the time for prognostications regarding weather and crops. If on that day there is any wind, even enough to "move a rooster's tail", there will be much wind during the spring. There is naturally a great deal of blustering during the season. Men go down to the barley-fields and pull up grains of the fall-sown barley. If these grains have only one main root, the crop will be small ; two roots denote a fair crop ; while three foretell a great abundance. The wise ones also tell which months will be the most rainy. A piece of bamboo is split, and into the slit twelve beans are inserted, and the whole is taken into the field and buried lightly for the dew or rain to moisten. The beans which swell most represent the months in which there will be the greatest rainfall.

Village Idols.

While many of these superstitions have practically little to do with religion, the fact that belief in them is so universal indicates the lines along which missionaries find the most resistance. The tenacity with which they persist shows a power of reserve. Especially is the demonology of Korea an obstacle to success. Of this no adequate study has yet been made. The writer regrets few things so much as that his attention was not called to this field of investigation soon enough to permit of his getting a mastery of the subject. With a belief in demons so universal and persistent, undoubtedly the convert to Christianity finds his way a hard one. It is to be hoped that study along this special line, giving knowledge that will doubtless prove not only interesting but also helpful and practical, will be pursued by those who have such excellent opportunities as the missionaries now resident in the country.

Alexandis Poleax, "Wayside Idols"

The Korean Repository 2, 1895, pp.143-144.

"WAYSIDE IDOLS."

The *Chang-Seung* is the rudely carved log, resembling the image of a man which attracts notice along the public highways of the realm. There are several of them on the road between Sôul and Chemulpo where they serve the purpose of mile-posts. They consist of a log some eight feet long, with the top cut to represent the *tan-gōn* or official cap. Underneath this is the face with the eyes and lips dug into the flattened surface and the nose nailed on in its place. The neck is not marked and the arms and hands are strips nailed to the sides. Altogether it is an uncouth looking figure. On inquiry I found they were not objects of worship, but simply mile—or ri-posts, one being stationed every five *ri* (about two miles) to mark the distance. In answer to my question as to why such a form was chosen it was related that in former times a certain nobleman by the name of *Chang* was guilty of treason and to forever pillory him in the public eye it was decreed that these rude images of him should be set upon the public highways, to exhibit his shame and at the same time do something useful by indicating the distance, which is written down his chest and stomach in Chinese characters.

While travelling to the south of Sôul along the Kong-ju, Chōn-ju turn-pike I found a number of villages which had groups of these *Chang-seung* at the entrance and exit to each village. There were also a number of rude imitations of ducks transfixed on the top of poles and stuck into the ground alongside the images. These groups of images I was told were the *Sou-sari* whose duty it was to scare away any evil spirits journeying along the road into the village. These *sou-sari* are somewhat common, both to the north and south of Sôul though many a village has discarded them. I found a group at the little village on Roze Island opposite Chemulpo and greatly amused the villagers by offering to buy the whole outfit for firewood. Sacrifice to the *Sou-sari* is offered in the Spring and Autumn, the first being known as the sacrifice to Heaven and the second the sacrifice to Earth. Why this distinction in the sacrifices and also the meaning of the ducks on tops of the poles, I can fiud no creditable explanation. Possibly some of the readers of the Repository will know. I surmise that the ducks are the familiars and messengers of the *Sou-sari* and that the sacrifices to Heaven and Earth offered to him are to induce him to ward off all evil from those two quarters.

I am convinced that in these two — the *Sousari* and the *Ch.ng-seung* we have a most interesting instance of religious decay, or shall I call it customary decay? — the decay of an ancient custom; that is I have not been able to find any corroboration of the story of the origin of the *Chang seung* in an instance of treason, while it seems quite evident that it is but a re-adaptation of the *Sou sari*, after many of the people had lost faith in its supernatural character. The *Sou-sari* originated during the time of the Chow dynasty (China B. C. 1122-206) and is spoken of as a *Chu-yei* "ceremony of Chu" It early found its way into Korea and formed a part of a widespread materialistic idolatry which once prevailed here. It appears to be a fact now that the Korean people have given up this image-worship to a great extent. Buddhism (which as understood by the common people is simply image-worship) has lost its hold on them. The way-side shrines which formerly contained idols have fallen into decay or been filled with fetiches or pictures. The lower people have retrograded if I may use the word to shammanite superstitions; while the educated classes, influenced to a certain extent by this course of the common herd, have yet rather turned to the more cultured tenets which center around Ancestral Worship.

In this general wreckage of image idolatry the *Sou-sari* has managed to struggle ashore, and shorn of his supernatural character, in spite of the reverence of some of the country people finds himself stationed by the roadside, not to frighten demons but inform men.

Alexandis Poleax

Louise Jordan Miln, *Quaint Korea*

New York: Scribner, 1895, chap. 10.

CHAPTER X.

KOREA'S IRRELIGION.

KOREA has no religion. This is a sweeping state-
ment, I know, and one that is susceptible of a
great deal of dispute, but I believe that in the
main it is true. The books that have been
written during the last hundred years about
Korea teem with thick chapters on Korea's
religion, but for all that, I believe that Korea is
without religion. There are without doubt
Koreans who are deeply and genuinely religious,
but they are so infinitesimal a fraction of the
population of the peninsula that they no more
justify us in crediting Korea with a religion than
the handful of Theosophists, who are probably in
England to-day, would justify a Korean in credit-
ing England with an at all large acceptance of
Theosophy. Buddhism, which was once as domi-
nant in Korea as ever it has been in China or
Japan, has been almost destroyed. Confucianism

is still a great power in Korea, as it must be in every country where ancestor-worship and the sanctity of the family are the backbone of the nation's moral existence. But I maintain that Confucianism is not, properly speaking, a religion. It is a theory of ethics, a code of morals, admirable, sublime even, but it is not, as I understand the word religion, a religion. There are superstitions in Korea and to spare. The common people are as superstitious as the common people of any other civilized country, which is saying a great deal, and the upper classes are by no means free from superstition. But who shall venture to call superstition a religion? Unless we call superstition and religion synonymous; unless we accept Confucianism as an individual and actual religion; or unless we say that a few scattered monasteries, that must by law be built far beyond the walls of a city—monasteries inhabited by monks, who are looked down upon even by the common people, and are not allowed within the gates of any city; monasteries that are resorted to by the leisure classes for revel and for roystering, and never for prayer or penitence—unless we say that these constitute a national religion, we must, I think, admit that Korea is distinctly irreligious.

The real difficulty in deciding whether Korea is

228   QUAINT KOREA.

in any way religious or altogether irreligious lies
in the difficulty of distinguishing clearly between
religion and superstition. The dividing line
between the two is often indistinct—sometimes
missing altogether—so perhaps I am wrong in
saying that a country so amply dowered with
superstition is devoid of religion.

I base my statement that Korea has no religion
not upon the absence of religion from Korea, not
upon the paucity of religion in Korea, but upon
the fact that in Korea religion is neither respected
nor respectable. Of course, if we define religion
as broadly as do some of the most eminent
authorities (Rossiter Johnson, W. Smith, Bishop
Taylor, Macaulay, and a host of others), and admit
that atheism and superstition are forms of
religion—and I am far from sure that they are not
—my statement totters, if it does not altogether
tumble.

Buddhism was until three hundred years ago
strong in Korea, and Confucianism, which, if not
a religion, is the most elaborate, and one of the
most perfect systems of morality that the world
has ever known, and has served humanity better
than most religions, is strong in Korea still. A
study of these two is, as is the study of all the
higher Oriental doctrines, beliefs, and systems of

thought, intensely interesting, and the temptation
to dwell here upon Buddhism and Confucianism is
great. But I fancy that everyone who is inte-
rested in reading about so remote a part of the
East as Korea is more or less familiar with the
outlines at least of both Buddhism and Confucian-
ism, and so I will content myself with trying
to tell how the first was driven out of Chosön,
and how the second is still the guardian angel of
such morality as the peninsula possesses.

Buddhism flourished there for centuries, and it
was at least tolerated until the Japanese invasion
in 1592. Indeed, up to that time Korea was not
only not without a religion, but she was not with-
out several. The religions of the Far East are as
easy-going as the peoples—they are modest as a
rule, the beliefs of further Asia—and rub along
together very amicably, no one of them seeming
over-sure that it is better than its fellows.

Three hundred years ago, when two great
Japanese warriors, Konishi and Kato, with their
respective armies landed in Korea, each was so
anxious to have the glory of reaching and
conquering the capital before the other, that
neither dare pause to subdue the towns and the
fortresses (and many of these latter were monas-
teries) that lay along his route. Yet neither

dare leave behind him a long track of unsubdued and, for those days, well-armed country. In this dilemma they dressed themselves and their followers in the garbs of Buddhist priests, and so by strategy made their entrance into the walled cities, and into the forts, and once in, put the inhabitants, the unprepared soldiers and monks, to death. About thirty years afterwards, when Korea had shaken off, for the time at least, the Japanese yoke, the Korean priests suffered for the cupidity of the Japanese generals ; as the innocent so generally do suffer for the guilty in this nice world of ours. The royal decree went throughout Korea that no Buddhist priest might dwell or even pass within the gates of a walled city. The priests fled to the mountains, and there erected themselves such dwellings as they could. The monasteries, in which they had lived within the city's walls, crumbling away with time, and decaying with disuse, ceased to be architectural features of any Korean city. And this is why all Korean cities are so monotonous in aspect. For religion has been the patron of architecture as of art, of music, of literature, and of drama the world over, and more especially so in the Orient. The priests of the temples of Buddha, having incurred the disfavour of the government, rapidly lost what hold they had had upon the people. And the nation, which had always considered its king almost mightier and more divine than its very gods, soon ceased to pay tribute to, or ask the services of, a body of men who had lost the royal countenance. Then, too, the Koreans are great dwellers in cities. They go far into the country to look at Nature, to rest, and to amuse themselves, but it would never occur to the Korean mind to journey far for prayer or sacrifice. So the revenues of the monasteries fell off. Men well-born and well-to-do ceased to join the order. And little by little Korean Buddhism passed away, until now it is but a wraith of its old self.

This at least is the most general account of how Korea ceased to be Buddhist, but its authenticity is disputed by several of the most reliable historians, and by one, at least, who has written in English. These historians claim that some centuries ago all the powerful people in Korea were divided into two factions—one Buddhist, one Confucist—and great was the rivalry between these two. Social war ensued, and the Buddhists, who had become corrupt and enervated, were terribly defeated. Buddhism was forbidden to dwell within the capital or within the cities. True, the monasteries that had always been important features of the rural landscape were in no way interfered with, but " banishment from the cities produced two results. First, desuetude rendered the mass of the people quite oblivious to religious matters; and secondly, the withdrawal of religion from the seats of power threw the profession into disfavour with the aristocracy. . . . Here, then, we have a community without a religion—for the cities are to a peculiar degree the life of the land— a community in which the morality of Confucius for the upper classes, and the remains of old superstitions for the lower, takes its place."

How, then, in Korea have the religiously mighty fallen! For Buddhist monks once formed a fourth portion of the entire male population of Chosön, and there were tens of thousands of them in Söul alone. At first thought it seems strange that now any Korean should be found willing to embrace the monastic life; but the Koreans are not industrious, many of them are wretchedly poor, and life in the monasteries affords the greatest opportunity for the indolent, dreamy, and meditative life, and the proximity to Nature, which is so dear to the Korean heart. No Korean monk is called upon to do hard manual labour, and it is still almost a religion with the Koreans, rich and poor, to give something toward the sustenance, and even toward the creature comforts of the brothers. So laziness, and poverty, and misery keep the Korean monasteries and the Korean nunneries from falling into utter disuse. Strangely enough, the monks of Korea rarely or never have the brutal sinful-looking faces that characterize so many of their brethren in China.

I should divide the religion, or the irreligion, of Korea into rationalism: the religion of the patricians; and superstition: the religion of the plebeians. Both rationalism and superstition are well controlled by a system of morality which is rooted in Confucianism, and impregnably enwalled by ancestor-worship.

Rationalism and superstition have their points of touch—points at which the one is indistinguishable from the other—lost in the other—in Korea as everywhere else.

I do not mean that reason and unreason ever lose themselves in each other, though, like other rival powers, the boundary line between them may be narrower than any fraction of any hair, and quite imperceptible to human eyes.

Korean rationalism is practically identical with rationalism the world over. Korean superstitions are unique in form if not in essence. It merits at least passing notice that Reason expresses herself in one way everywhere, and that Unreason in different parts of the earth speaks in tongues as differing as fantastic.

The expression of Korean superstition is

picturesque. The more picturesque a superstition is the more impregnable it is.

Korean demon-worship is positively fascinating. Superstition has not always been the power in Korea that it is now. In Korea religion and superstition have played a long game of see-saw. The Koreans outgrew their early superstitions, discarded them, and embraced a highly civilized and civilizing form of religion; then they discarded that religion. Now, the average human mind must believe in something outside of its own material ken, beyond its own demonstrating. *Quod erat demonstrandum* forms no part of the rituals and the creeds of most religions, so when the time came that Buddha and his coterie of well-bred and fairly rational deities had practically been banished from Korea, the Koreans fell back on their old superstitions, and to-day superstition and its ridiculous rites are more rife in Korea than in any other civilized country.

There are three classes of supernatural beings in whom the people of Korea believe—the demons who work all manner of evil, the beneficent spirits whose practice it is to do good occasionally, and who semi-occasionally combat the evil spirits, and an intermediate class of spirits who dwell, as a rule, on the mountains, and neither work good nor evil, but who, in them-

selves and in their lives, are the subjects of much
charming folk-lore.   The Korean—the Korean of
the populace—the superstitious Korean attributes
all his ills to demons.   He, being a Korean,
cannot conceive that Nature can be malignant,
nor can he conceive that he is ever punished for
breaking laws of whose very existence he is
ignorant.   So he peoples the air, the sea, and
the rocks with devils of earthquake, devils of
pestilence, devils of lightning, devils of hurricane,
and a thousand other devils of blight and of sorrow.
Having determined that they cause all his troubles,
he then sets about doing the best he can to propi-
tiate the spirits of evil.   Korean demons are
supposed to be very small, and I have never heard
of one to whom much physical strength was
attributed; and almost always when it comes to
a face-to-face contest between one of them and a
powerful man (and such contests occur very
often in Korean myths), the demon has the
worst of it.   Still, the majority of the Korean
populace live in unceasing terror and dread of
these demons.   Korean methods of circumventing
them are delightful, and delightfully simple.   I
have already spoken of the beasts that sit on
guard on many Korean roofs.   They are supposed
to be the most efficacious combatants of the
Korean devils; but the privilege of having them

is rather monopolized by royalty and by the high favourites of the royal family. On lintels of the houses of well-to-do Koreans are usually hung two oblong pieces of coloured paper upon which are drawn in black, or two oblong pieces of white paper on which are drawn in colours, terrible enough portraits of two famous old generals. One of these warriors was a Chinaman, the other was a Korean, and both are renowned in the legends of the peninsula as having waged highly success-ful warfare against several evil spirits of Chosön, and their portraits are supposed to protect the houses, outside of which they hang, from the in-vasion of the imps of mischief and of misery. Korean devils, for some unfathomable reason, are supposed to be far more powerful indoors than out, and so the Koreans are at special pains to exclude their devilships from Korean interiors. The Korean householder, who is debarred by poverty or by his own social inferiority both from using the roof-scarecrows, and from hanging counterfeit presentments of the two old warriors on his portals, fastens a strip of cloth and some wisps of rice straw outside his door. He fastens the rice straw there in the hope that the devil about to enter may be hungry, and stop to gorge him-self and then go away. He fastens the bit of cloth (which must be torn from some old garment of

his own), because the Koreans have the nice taste
to consider their devils extremely stupid, and so
believe that any devil who is confronted with a
fragment of a man's garment will mistake it for
the man himself, and, in view of how often men
have defeated devils, fly and trouble that house
no more.

The evil spirits of Korea are also frightened
away by noise; noise so. enormous, so metallic,
so discordant, so altogether diabolical, that it is
no wonder the devils rush from it, rush on their
wings of sulphurous flame, and the only wonder
is that any human person or persons can endure
to make it. This practice of frightening with
noise the evil ones of heaven (for mark you, the
peoples of the Far East, unlike the Greeks, have
no belief in Hades) is common to China, to Siam,
to Korea, and to Burmah. The devil-jails and
the devil-trees, and the professional devil-catchers,
of which I have spoken before, come in import-
ance next to the roof-beasts, and then, I think,
come the prayer-poles. A prayer-pole may be a
straight, symmetrical, polished piece of wood, or
it may be a carelessly cut branch of a tree. In
either case it is stuck in the earth a few feet from
the doorway, and on it are hung prayers to the
good spirits, and bits of rag, and bits of refresh-
ment to allure and deceive the evil spirits. Some-

times a bell is hung on the top of the branch to attract the attention of both the cursers and the blessers of the land.

The good spirits that inhabit the big kingdom of Korean credulity are unfortunately lazy, and have to be rather urgently supplicated when their good services are needed. When their good services are not needed they are left, to do the Koreans justice, beautifully alone. But when the evil-doers who dwell in the Korean heaven get altogether unmanageable, the good spirits are called upon with dance and with song, with counting of rosaries and with ringing of bells, to wage war against their wicked brethren. Often the Korean angels, being Korean, go to sleep, forget to wake up, and neglect to send rain. The sending of rain is one of their few active offices. If it does not rain in Korea the rice does not grow in Korea, and then, indeed, are the Korean devils to pay. When drought falls upon Korea all Korea prays. The superstitious and the rational kneel down together, and if their united invocations fail to pierce the slumber of their well-meaning deities, then the king goes beyond the city's walls, and entering into a temple, or a sort of rustic palace that is kept in readiness for the purpose, throws himself upon the ground, and prays that his people may be blessed with rain. The rain may fall the next day, it may fall the next moon ; but whenever it falls the loyal Koreans attribute it altogether to the intercession of their king. It is only when drought falls upon the land that the ordinary Korean is allowed to pray directly to most of the Korean gods. But every Korean has a household spirit—a good guardian angel of his own hearthside—to whom he may pray as often as he likes. And best beloved, most god-like, most fit to be worshipped, most fit to be prayed to, most fit to be loved of the Korean gods, and of all the Korean spirits, is one called "the blesser of little children." He is the favourite vassal of the great spirit: the phrase "great spirit" is as often upon the tongue of a Korean as upon the tongue of a North American Indian. "The blesser of little children" has under his personal charge every home in Korea. He journeys from house to house scattering blessings upon the baby heads, and forbidding evil to approach the baby people.

The Koreans emphatically believe that Korea was originally peopled by spirits and by fairies, and this belief has developed a folk-lore that is delightful and interesting in the extreme, and that often reminds us of the Norwegian folk-lore.

" When a belief rational and pure enough to be called a religion disappears, the stronger minds among the community turn in self-reliance to a belief in nothing; the weaker, in despair, to a belief in anything. This happened here; and the anything to which they turned in this case was what had never quite died out, the old aboriginal demon-worship."

And the stronger minds among the Korean community turned to the belief in nothing, which is so often called rationalism. But in Korea rationalism is tinged with, almost disguised by, that strange phenomenon of Asiatic mentality, of Asiatic belief, of Asiatic instinct called ancestor-worship.

Ancestor-worship in Korea, and ancestor-worship in China, are almost identical. The most thorough-going, the most uncompromising agnostic I ever knew was a Korean. The most thorough-going, the most uncompromising atheist I ever knew was a Chinaman, but both were staunch and uncorruptible ancestor-worshippers. Korean ancestor-worship is more than interesting, but it is merely a vassal of Chinese ancestor-worship. Like, and with Confucianism, it has come from China to Korea, and like and with Confucianism it is the mainstay of Korean morality. The worship of ancestors is an almost daily detail of Korean life. The observances of ancestor-worship are more rigidly carried out by the well-to-do Korean rationalist than by the poor superstitious Korean peasant. Death and burial mark the first,

the greatest, and the most picturesque of the func-
tions of ancestor-worship. Logically enough, the
death and the interment of a child or of any un-
married person involves almost no expense, and
demands no ceremonial. The infant (an un-
married man or woman of eighty is an infant in
Korea) is wrapt about with the mats, the tiger
skins, or the rugs upon which he died. These are
wrapt about with rice straw, and the bundle is
buried. That is the end of a Korean who leaves
no descendants. When the father of a family
dies his eldest son closes the eyes as the breath
leaves the body, and the family (men and women
gather together for once) let loose their hair, and
shriek and sob, and, if possible, weep. So long as
the dead remains in the house his relatives eat
the food they like least, and as little of that as
will sustain life. Indeed, the eldest son is sup-
posed to eat nothing. Four days after the death,
the members of the family redress their hair, and
put on their first mourning. In Korea, as in all
the Far East, mourning consists of coarse, un-
bleached fabrics that are commonly called, but are
not quite, white. On this fourth day the family,
friends, and acquaintances prostrate, prostrate, and
prostrate themselves before the dead, and an excep-
tionally good dinner is laid beside him. Huge
loaves of especially prepared bread also, and as

242   QUAINT KOREA.

many kinds of fruit as the market affords—the rarer, the more expensive, and the more hard to obtain, the better. A dinner is also prepared for the friends, but not for the family. About the body, and throughout the house, candles and incense burn, and wailing is incessant. The mourners and the professional wailers take turns in sleeping, and relieve each other in the audible grieving. Paper money, that is, imitation money, and long paper banners covered with the titles and the good qualities of the dead, are burned. With the poor, burial takes place five, or at the most nine days after death. With the rich the body remains un-buried for at least three months. Korean coffins, like Chinese coffins, are, or are supposed to be, air-tight. But the Korean coffin is much smaller than the Chinese coffin, and the spaces left be-tween the outlines of the coffin and the outlines of the body are, in Korea, filled up with the old clothing of the dead. If the dead had not enough clothing, pieces of linen or of silk are added to it. The rich Koreans usually employ a geomancer to indicate the most auspicious day for burial. The coffin is covered with beautiful brocaded silk, or with beautifully carved pieces of wood. Prayers are said almost continuously, from the hour of death until some time after the interment. The coffin is borne on a death-car, a unique

Korean vehicle, or by men who are hired for a small sum and who do nothing else. Beside the coffin are carried the banners, recording the rank and the virtues of the dead, and the lanterns which in life he was entitled to use. His sons follow him, in Korean mourning, and, Chinese-like, leaning heavily upon sticks. Acquaintances and friends bring up the rear, in sedan chairs and on horseback.

Korean graves are usually on hill sides, and are decorated at the utmost possible expense. Even the graves of the Korean poor are well tended, and covered with the gentle green grass, and with the soft flowers of spring, if no monument or temple is possible. But if it can be managed, a miniature temple is erected near the grave—a temple which is a shelter for those who come periodically to mourn the dead—and the grave is guarded with quaint stone images of men and other animals.

If a Korean family is unlucky they are very apt to think that one or more of their ancestors has been buried in an uncongenial spot. Then, no matter what the cost, no matter what the trouble, the grave is, or the graves are, opened, and the dead moved to some more desirable place. Korean mourning is as long or longer, as intricate or more intricate, than Chinese mourning, but so similar to Chinese mourning, which has been so often and so fully described, that it would be superfluous to here more than mention Korean mourning.

Such, then, is the religion or the irreligion of Korea. Superstition for the people; ancestor-worship for the people, the princes, and for those who are between. Strange that a nation that has driven from its midst one of the great religions of this earth, and has unrelentingly persecuted the religion of Christ, should be so devoted in its ancestor-worship. But which of us that has ever lain awake through the wordless watches of the lonely night and longed in vain—

> " For the touch of a vanished hand
> And the sound of a voice that is still,"

shall blame the Koreans for their incessant, their blind, filial devotion?

H. S. Saunderson, "Notes on Corea and Its People"

The Journal of the Anthropological Institute of Great Britain and Ireland 24 1895, pp.310-311.

Religion

It is hard to discover what religion the Coreans now profess. Confucianism supplanted Buddhism in 1400 A.D. but Confucianism can hardly be called a religion and the worship of the Sage is limited to the erection of tablets to his memory at the public expense. Ancestor-worship is universal, but neither can that be termed a religion; it is rather a form of filial piety. The worship of ancestors is confined to the burning of incense before tablets inscribed with the names of the departed.

Buddhism, in former times, was the established religion of Corea. It was introduced from China and flourished from A.D. 905 to A.D. 1392. Towards the close of that period, however, the Buddhist priests took to interfering in the Government of the country and headed numerous insurrections, until they were put down with a firm hand. The Bonzes were not allowed to enter the cities under pain of death, and as a finishing stroke Confucianism was universally adopted. The religion went from bad to worse; the temples became, and are to this day, sinks of iniquity; while the priesthood is a byword and a reproach, because of its evil practices. Its ranks are recruited solely from the lower classes, and, in consequence of the contempt with which they are regarded, their position in society is on a level with the slaves. In their palmy days the Buddhists did good service to the country. They were the chief, if not the only, disseminators of learning, and to them the Coreans owe their language, which is said to have been invented in the eighth or ninth century by a learned Bonze named Pi-tsung. From Corea the religion spread to Japan and many of the special features of the great Buddhist Temples at Kioto and Kamakura are of Corean origin. Owing to the ravages of the Japanese, there are few temples now remaining, and these are almost identical in appearance with those of China.

Shamanism is rampant. The people are grossly superstitious and believe firmly in the continual presence among them of malign spirits. Every disease has a special devil of its own, and part of the cure invariably consists in propitiating it or striving to drive it out of the patient. Then there are the spirits of bills, water, air, trees, tigers, leopards, and so on ad infinitum. Soothsayers abound, and these are always consulted when important events, such as marriages, are about to take place. Before burial, geomancers are called in to determine whether the place of interment is propitiously situated: if not, another is selected. If the pung-sui (literally wind and water) of the burial ground is not good, they believe great disasters will befall the family. In order to propitiate the spirits of pung-sui curious bells with brass fish attached to the clappers are hung to the temple roofs, where they tinkle in the wind.

Graveyards are usually situated on hills and face the south, whence the good influences are supposed to come. In the case of the upper classes the family graveyards are protected from the north, whence come the evil influences, by horse-shoe shaped mounds. This is also the custom in China.

Devils are supposed to inhabit certain withered trees, and the natives are careful never to pass a devil-tree without throwing a stone at it or tying a piece of cloth to one of its branches. If they omit to do this, evil, they believe, is sure to come to them and their families. Often they erect little huts at the feet of these trees for the accommodation of the devils. When trouble befalls a Corean he will place an offering of rice and wine in one of these huts, and, should it have disappeared when he next passes, he believes the devils have forgiven him and that his troubles will pass away. When a death occurs, the family of the dead person gather round the body and beat gongs, kettles, and cans, with all their might for three days and nights, keeping up a monotonous dirge the while and never stopping for an instant. They believe that unless they do this, a devil will enter into the dead person, who will then come to life, try to kill them, and do as much damage as possible to the property. There are numerous witches and wise women, who are greatly respected.

The women usually wear bunches of charms, which include a pair of mandarin ducks, -an emblem of conjugal happiness,- and curious little twin Josses which are supposed to insure the wearer becoming a mother of sons. Cash inscribed with lucky characters are great favourites. They also wear images of butterflies and Buddha's fingers (a species of citron one end of which is shaped like a hand), and small round coin-shaped charms, but I am ignorant of the signification of any of these. Brass is the material most generally employed in their manufacture; but they are also made of silver, and decorated with enamel of different colours.

E. B. Landis,

"Notes on the Exorcism of Spirits in Korea"

The China Review 21-6, 1895, pp.399-404.

To murder by drowning,	洗身	*sai shan*, bathe.
Sea,	大天	*tai tin*, great sky.
To drown in the sea,	放落大天	*fong lok tai tin*, lower into the great sky.
The lodge club,	三尺六	*sam chek luk*, the three feet six, or
	古松	*ku tsung*, old pine.

The fan, 灣月 *wan üt*, crescent moon.

The *taú*, in which the flags and other paraphernalia is placed, 木楊城 *muk yeung shing*, Muk-yeung city.

The needle used for pricking fingers at initiations, 鐵頭太子 *tit taú t'ai tsze*, Iron-headed prince.

WILLIAM STANTON.

(To be continued.)

NOTES ON THE EXORCISM OF SPIRITS IN KOREA.

A visitor cannot be long in Korea without hearing somewhere in the neighbourhood a loud ding-dong sound of clattering cymbals with the beating of drums, and if he proceeds in the direction of the sound he will see a woman (usually an old, ugly-looking hag which reminds him of pictures of witches seen in his youth) dancing and posturing or going round and round, keeping time to the drums and cymbals which are kept going by two or three younger exorcists, or may be only pupils, who are sitting on a mat spread out in front of her. The sorceress herself uses a fan and dresses up in most fantastic attire, usually that of a man, and further sticks into her hair pieces of paper of the exact pattern that one sees before Shinto shrines in Japan. The twisted Shinto rope is also used and a number of the ceremonies are so similar that one begins to ask whether Shintoism is not after all Shamanism, which was obtained from Corea together with Pottery, Literature, Buddhism and almost everything else a Japanese possesses, excepting probably his conceit which is so marked that it could not possibly flourish anywhere excepting on Japanese soil. The ceremony which Mr. Percival Lowell describes, in a paper read before the Asiatic Society of Japan, as a purely Shinto rite, and which is supposed to be met with nowhere else, can be seen almost daily in any large Korean town, the entire ceremony only differing in the size of the wand used and in the fact that, whereas in Japan the exorcist is a Shinto Priest, in Korea a woman is the chief actor in the scene. Below will be found a few notes on exorcisms as practised by the sorceress in Korea, with a list of the various spirits exorcised.

Spirits high in rank.

1. Spirits of the Heavens.
2. Spirits of the Earth.
3. Spirits of the Mountains and Hills.
4. Spirits of the Dragons.
5. Guardian Spirits of the District.
6. Spirits of the Buddhist Faith (?)

Spirits of the House.

7. Spirit of the ridge pole. This is the chief of all the spirits of the House.
8. Spirit of goods and furniture.
9. Spirit demon of the Yi family.
10. Spirit of the kitchen.
11. Attendant spirits of No. 9.
12. Spirits which serve one's ancestors.
13. The Guards and servants of No. 9.
14. The Spirits which aid jugglers.
15. Spirits of goods and chattels, like No. 8, but inferior in rank.
16. Spirits of smallpox.

17. Spirits which take the forms of animals.

18. Spirits which take possession of young girls and change them into exorcists.

19. Spirits of the seven stars which form the Dipper.

20. Spirits of the house site.

Various kinds of spirits.

21. Spirits which make men brave.

22. Spirits which reside in trees. Any gnarled shrub or mal-formed tree is supposed to be the residence of one of these spirits. Spirits which cause persons to meet either a violent death or to die young. Any one who has died before reaching a cycle (i.e. 60 years) is supposed to have died owing to the influence of one of these spirits. It is needless to say that they are all evil.

23. Spirits which cause tigers to eat men.

24. Spirits which cause men to die on the road.

25. Spirits which roam about the house causing all sorts of calamities.

26. Spirits which cause a man to die away from home.

27. Spirits which cause men to die as substitutes for others.

28. Spirits which cause men to die by strangulation.

29. Spirits which cause men to die by drowning.

30. Spirits which cause women to die in child-birth.

31. Spirits which cause men to die by suicide.

32. Spirits which cause men to die by fire.

33. Spirits which cause men to die by being beaten.

34. Spirits which cause men to die by falls.

35. Spirits which cause men to die by pestilence.

36. Spirits which cause men to die by cholera.

PRELIMINARIES TO EXORCISM.

The exorcist (in Corea always a female) must not occupy the same apartments as her husband for a period varying from a month in the case of the higher spirits to three days in the case of those of a lower grade. During this time the exorcist must abstain from fish and flesh and must generally fast (not severely). Ashes are first steeped in water and the exorcist takes this liquor and, walking around the house to be exorcised, sprinkles it as she goes. She then takes pure water and goes through the same performance. The spirit of the ridge pole (No. 7) is then supposed to come out and invite her to enter.

There are 12 varieties of exorcism.

I.—THE SPIRITS OF GOODS AND FURNITURE
(No. 8.)

This is the chief of all exorcisms. By having this performed, virtues descend to the household and goods are accumulated in plenty.

Tai Am Chyei Syek, Syo Am Chyei Syek and Po Ki Chyei Syek are invoked to give to the sons long life and to the daughters many virtues. The origin of these three spirits was not in the mountains of silver nor was it in the mountains of pure gold. Their paternal ancestor was a philosopher of Hwa Ju. Their maternal ancestor was a lady from the Dragon's (Emperor's) Palace. At the age of 7 they first met and again at the age of 17 they met. At this time their maternal ancestor became pregnant and in due time their father was born. The hour, day, month and year were taken and the horoscope was cast. When the child was three years old, the mother died and in his 7th year the father died. The child had nowhere to go, so he went to his uncle's house and said, ' You are my uncle by blood but my aunt is not my blood relative. I will therefore become your servant.' His aunt treated him very cruelly, feeding him with cold food and with refuse vegetables which were all put into a basin. His tears dropped into the basin and mixed with the food. After many days and months of this, on new year's day, he was compelled to go and gather faggots. He tied a rope around his waist and took a scythe under his arm and

NOTES ON THE EXORCISM OF SPIRITS IN KOREA. 401

a sickle in his hand and ascended the mountains of pure gold. Here he gathered a bundle of dolichos faggots. He then descended the mountain and, as he was gathering a bundle of oak faggots, a monk came down the mountain chanting and seeing him he asked, 'Where do you live?' There are many days and months in the year : therefore why do you gather faggots on new year's day?' He answered, 'I am not of low birth, I am Chyei Syek's son, my parents died early and I went to my uncle's house to live. They sent me out to gather faggots to-day and I was compelled to obey.' The monk said, 'You are the noble son of a noble house, but your horoscope is bad. It makes me sad to think of your sufferings. Would you like to go to live with me at the temple?' The boy was pleased and followed the monk. They walked alone over a high mountain pass and then ascended the highest peak on the top of which was a temple. Here was the place where the monk dwelt. There were several temples attached to this one monastery. The highest was three stories in height and the lowest was two. They proceeded to the largest of the temples where there were images of the three Buddhas. Before these were the Buddhas of the five quarters and the four guardians, as if chanting. In front of the table on which the images were sitting was an old monk, who, grasping the rosary, was chanting with frequent prostrations. The boy walked all round the temple and after he had seen and examined all, he had his hair cut off and became a disciple. The monk then asked him whether he would first learn his letters or whether he would study Buddhist rites and ceremonies. He said he would first study his letters. He then began with the 'Thousand Character Classic' and then studied in succession all the text books. He was wonderfully clever. It was only necessary to teach him one character and he knew the meaning of the whole line. After he had studied all the classics, he studied the rites and ceremonies of Buddhism. After he had studied all the

Buddhist Sutras, the monk said to him, 'If any of the nobles' sons were as learned as you, they would obtain a doctor's degree. For you the study of Buddhist literature is useless. Take your bundle, your rosary and your staff and go down the hill and, the first house you come to, you must beg for rice. The disciple then did so. He went to the house where he saw a young woman weaving cloth. He begged for rice which was given him. He looked into her eyes and she became pregnant. In due time she brought forth three sons. These three sons were you, Oh spirits! You have given blessings to the world so that now in all houses offerings are made to you.'

When offerings are made to these spirits, no meats are used, which points to a Buddhistic origin. All houses, when the ridge poles are erected, have offerings set out. If you ask the ordinary man the meaning of this, he will say he does not know. But the following gives the origin of it.

II.—THE SPIRIT OF THE RIDGE POLE.

This spirit is the chief of all the spirits of the house. If a death occurs or any calamity which causes weeping, this spirit becomes angry and leaves the house. If he does, one calamity follows another and the house goes from bad to worse. The exorcist is then called in who induces the spirit to return. As this spirit is the chief, after he returns, the other spirits also return and bring good luck with them.

III.—SPIRIT DEMON OF THE YI FAMILY.

This is the spirit of a former Crown Prince of Corea. He wished to attack China, being so puffed up with pride, but as he was only Crown Prince, he was compelled to remain quiet. He was very impatient and angry with his father, the King, for not allowing him to carry out his mad scheme. Once, during his fortieth year, when his father the king went in procession to the tombs of his ancestors, he forged an order in the King's name declaring war on China. This was an act of rebellion and of course he had to be killed, which was done by one of the

King's faithful ministers. His spirit now roams about, injuring all that comes in contact with it. Should a man in good health suddenly drop dead or disease infect several members of one family, or some one have a frightful dream, it is due to this spirit. If the spirit comes to a house, he will not be appeased until a man dies or an ox or a pig. Therefore if the spirit visits a neighbourhood or a house, a pig must immediately be killed to appease him and induce him to leave. The pig must not be cut up but boiled entire and offered up entire. The exorcist will then take two knives and go through the sword dance. Sometimes the exorcist dances and works herself into such a frenzy that she falls down as in a fit frothing at the mouth. Cases have occurred in which she actually died. She invokes the powers in the following words: ' Oh Master and Mistress of our Kingdom, May you ever exist in peace. Once in every three years we invoke you with music and dance. Oh make this house to be peaceful.'

Wood is then brought out and a box is made. The native official hat and robes are then placed in it, as well as clothes suitable for a lady of the palace. This box is then placed on top of the family clothes horse and sacrifices frequently offered.

Regularly every three years, as is implied in the invocation, a special service is held in each district to appease this spirit.

IV.—SPIRITS OF MOUNTAINS AND HILLS.

In exorcising these spirits, the exorcist puts on a man's hat and a minister's official robes. In one hand she takes a three-pronged lance. She then dances and whirls around, working herself into a frenzy. While doing this, she puts the leg of a pig on the middle prong of the lance (which is longer than the others). She places this upright on the end of the handle in front of the sacrifices which are offered and, strange to say, it remains in an upright position. Before doing this, her whole body trembles involuntarily when the demon is supposed to take possession of her. She then scolds

and abuses the spirit, until it asks for pardon. Then a sheet of paper is rolled into a hollow roll and set on fire. This is done for each member of the family. If the burning paper ascends, that particular member of the family is supposed to be quite innocent. If the paper does not ascend, but tumbles over, that special member of the family is supposed to be guilty of some fault.

V.—SPIRIT ATTENDANTS OF III.

In exorcising this spirit, a red hat and red official robes are worn and the insignia of a minister are tied to the belt. The exorcist then dances and invokes the spirit as well as the spirit of the Hong clan and the ambassador spirits of the twelve feudal States. She scolds the master of the house for not setting out more offerings even though many have been set out. Paper is then rolled up and burnt as in IV.

VI.—SPIRITS OF THE ANCESTORS.

This exorcism is for male or female ancestors to the fifth generation. The exorcist will take in her hand a picture of the three Buddhas and, dancing, the spirits will come and sit on her shoulders. The exorcist weeps and says that the ancestors told her that their graves were disturbed for some reason or other, or that the house site is bad, or some like reason, which causes sickness or other calamities to befall the family. Female ancestors have nine souls, and male ancestors have twelve souls. For all the relatives of the family a sheet of paper is burned. This for relatives to cousins five times removed.

VII.—THE SPIRIT OF SMALL-POX.

In exorcising this spirit, the exorcist wears a soldier's hat and takes bells in her hands. White cakes (made of rice flour and water and baked) and water only are offered. She dances until the spirit takes possession of her and through her says that there are 53 spirits of smallpox, but, as Corea is a small country, only one-third have taken up their residence here. The spirit furthermore announces himself as chief of the small

NOTES ON THE EXORCISM OF SPIRITS IN KOREA. 403

pox spirits and promises, if properly reverenced, to see that no calamity befalls the household through small pox.

I may add that small pox is a common and very much dreaded disease in Corea. The number of persons who are blinded or crippled in other ways through this disease alone is frightful. The natives have a way of vaccinating by introducing virus from a small pox patient into the nostril, but the evil effects of this is only exceeded by those of small pox itself.

VIII.—SPIRIT OF ONE'S OWN SELF.

This spirit always accompanies a person. The exorcist will take a sheet of paper in her hand and, having exorcised the spirit, she will be told by it that the spirit having accompanied a man to a certain place could not enjoy the food, and for this reason he has afflicted the family with illness or interfered with the trading done by the master as the case may be. The paper which the exorcist holds in her hand is then fastened to the eaves of the house and another sheet is taken and burned.

IX.—SPIRITS WHICH TAKE THE FORMS OF ANIMALS.

There are certain animals which come to a house and bring blessings with them, such as a species of snake which belongs to the python family or weasels. If these animals are seen in one's dreams, blessings are sure to follow. They take up their residence beneath the pile of brush-wood. If the spirits of these appear, silk or satin clothing should be made and these with some money put into an unoccupied room. If this is done, the family may become quite wealthy. To obtain these blessings, the exorcist should be called to invoke these spirits. Sacrifices should be offered on the first and fifteenth day of each month, when many offerings in the way of food should be made and paper burnt.

X.—THE SPIRITS OF JUGGLERS.

These spirits only resort to houses which have in the family one person who has passed the literary examinations. These spirits are only exorcised when there are a large number of spectators. A young virgin exorcist dances and sings, while the spectators throw her money which she hangs in her belt and fastens on to her clothing. This is one of the most profitable from a financial point of view to the exorcist.

XI.—SPIRITS WHICH RESIDE IN TREES ON THE HILL TOPS.

If any one dies before reaching a cycle (i.e. 60 years of age) the spirit will reside in a tree usually on the top or the side of a hill. This tree is known by its gnarled appearance. Should persons die of the pestilence or by the roadside or women die in childbirth, the spirits are sure to take up their residence in a tree. Offerings are made to these spirits of cake, wine and pork, but should the tree be the residence of the spirit of a man who has been killed by a tiger, the flesh of a dog is offered instead of pork. The exorcist puts on red clothing and dances invoking the spirit, saying that a large number of wicked spirits have come to this house and have troubled the master; will the spirit in the tree deign to drive these malevolent spirits away. The sorceress then calls the master of the house and scolds him, telling him that he has done wrong. After this a number of small tables are set out with offerings for the spirits.

After any of the above exorcisms, the sorceress comes to the yard in front of the house and offers cakes of grain, rice, soup, vegetables, fish and coarse wine and raw flesh. She takes portions of these and scatters them to the four winds for the spirits to eat and then invokes them as follows, ' Do not trouble this house more or visit it for three years, and after this period of time we will again appease you by offerings.'

Women do not become exorcists by birth. Whether a woman is rich or poor, high or low in the social scale, virgin or widow, a spirit may take possession of her. If a spirit takes possession of her, she first becomes ill. She may be only slightly ill or‑

she may be very ill indeed, and the period of her illness may last one month or it may last three years. In her sleep she will dream of peach trees in blossom (peaches are said to be the fruit of the gods), or a rainbow in the heavens or a dragon. She may also dream of a man in armour who suddenly changes himself into an animal. These dreams will impress themselves on her mind until she becomes as one who is insane. After this when she is awake she will see acrobats and all sorts of curious things and from this time it will not be long until she speaks as the oracle of the spirits. She will then announce to the family that a great messenger from heaven and a great messenger from earth and a great messenger from the lightning have told her that, if she is not allowed to exorcise spirits, the members of the family, or the domestic animals belonging to the family will die. Should her relatives lock her up and refuse to allow her to have communcation with the outside world, she will become more and more ill and finally die. If she belongs to a noble family as sometimes happens, they may probably, and very often do, kill her as the disgrace would be felt so keenly that the family would feel that nothing could ever wipe it out. But we will suppose that the family bow to the inevitable and allow her to have her own way. The first thing she does is to go into an empty room and fill it with flowers either artificial or natural as an offering to the spirits. The next step will be to get the clothing and instruments and various paraphernalia of a deceased sorceress. She will therefore go to the house of a descendant of a sorceress and ask for the clothes, etc. The descendant will always be glad to get rid of them as, until he does so, there is a great danger of one of the members of his family becoming possessed. The sorceress will carefully inquire at what age the former owner of the apparel became possessed, at what age she died and what

her family name was. She will then demand the clothing and an amount in money to procure her a full outfit, as a number of suits of new clothing are needed, the clothes of the deceased sorceress probably not being in a condition fit to be worn. It is not necessary that it be worn ; only that the newly-possessed sorceress gets possession of it, and after the spirit has taken full possession of her it can be destroyed.. But when a sorceress has died, the drums etc. cannot be destroyed and they must be kept until a new sorceress comes and asks for them. After the clothes, etc., are given, the newly-possessed sorceress will at once exorcise all the spirits of the donor's house that the members may live in peace, and after this she goes to the neighbouring house where she obtains rice and money. She will then write the names of donors on tablets, and placing them in a little house she will invoke blessings down upon them for three years. After this she can go to other houses to exorcise spirits. Should the sorceress belong to a noble family, she will not be allowed to exorcise spirits anywhere excepting in her own house, and when she dies, she will be buried in a hole in the mountain side with all her clothing and instruments of exorcism, and if a person in the neighbourhood is newly possessed, she will be sent to the place of burial for the clothing and instruments. A sorceress belonging to a noble family is called a messenger of the spirits. Often a sorceress will build a small house near her own and will not go abroad at all for the exorcism of spirits. Those of the neighbourhood who wish to have spirits exorcised will send to her the necessary money and offerings and she will exorcise them in her own house. Of late years it is the custom for the daughters of a sorceress to be taken out with her mother and taught from an early age so that she almost invariably becomes a sorceress as she grows older.

E. B. LANDIS, M.D.

Horace N. Allen,
"Some Korean Customs: Mootang"

The Korean Repository 3, 1896, pp.163-165.

SOME KOREAN CUSTOMS.

THE MOOTANG.

SEOUL is a very quiet city and at night it is as dark as it is quiet; only here and there a little flickering lantern lets the belated passer-by know that a wine-shop rests beneath its dismal rays, or the splashing of the way farer's boots in the mud of the unpaved streets may arouse an occasional dog—the sole guardian of the city's quiet. Yet every now and then one may hear a most vigorous double-action rap-tap-tapping where a couple of women are ironing or rather mangling the family linen. And when a lull occurs in this rhythmic tapping one knows that the poor things have stopped for a bit of gossip, only to fall to and keep up their musical tinkle during the most of the night. About the only other noise one may hear along the streets, aside from the brawling of some drunken wretch, is the jolly racket made by the Mootang. As they dance, beat their tom-toms and drums and utter their peculiar calls, a stranger can hardly believe other than that that particular house is giving a family "hop" and that some one is "calling off" in good old style, so naturally, too, as to make one feel like joining in the "swing your partners," &c., that the calls seem to mean. This only illustrates the contrariness of things oriental to the occidental mind however, for there is no merry-making in this house. There is music, dancing and calling out; but instead of being in mirth it is in sadness, for it is done by a paid female exorcist who is trying by her incantations to drive out the small-pox or other evil spirit from the person of some suffering member of the family. The family, if poor, may have pawned their clothing to pay for this treatment, and while they may get some pleasure from the music and dancing they are much more concerned in the results they hope to obtain.

These Mootang represent a very ancient institution and belief in the efficacy of their methods is very general among the lower classes but their patrons are not all of the common people.

The Mootang use as instruments a drum made in the shape of an hour-glass and over four feet in length, copper cymbals, a brass or copper rod with little tinklers suspended from it by

chains made of the same material, a bronze or copper gong
and a pair of baskets, telescope shaped, for scratching. This
scratching is very necessary in case of cholera, for this disease
being caused by rats climbing up inside the human anatomy, as
is supposed, the scratching is expected to alarm and drive them
away, since it so nearly resembles the noise made by cats.

Besides the above musical (or *noisical*) instruments, the
Mootang use banners of paper or strips of bright colored silk,
which they wave and weave about them in the manner of a
modern serpentine dancer; they also use umbrellas and fans in
parts of their performance. They also make use of images of
men and animals, sometimes expensively made and gorgeously
painted, at other times mere effigies of straw. The financial
condition of the patient settles the question as to what instru-
ments or figures are used.

Aside from driving away the spirit of disease from an af-
flicted person, these women are also called in to purify a well
in which a person has been drowned, in which case she induces
the spirit of the drowned person to leave. Also, after a death
she is called in to persuade the soul of the departed to return
and look after those left behind. She also deposits the bad
luck of an individual in one of the before-mentioned images, to-
gether with some coin, which image being thrown into the
street is taken and torn to pieces by some poor beggar or drunk-
en person who thus, for the sake of the coin, takes upon him-
self the ill. luck that has been annoying the other person.

These Mootang were not allowed inside the city walls by
Tai Cho Tai Wang, who founded the present dynasty 505 years
ago, hence their noisy little temples are still seen outside but near
to the walls. The priestesses, however, come into the city freely
This order is recruited from among hysterical and silly girls
as well as from women who go into it for a livelihood or for
baser reasons. Sometimes the daughter of a genteel family may
become a Mootang, though this is rare, as her people would rather
kill her than have her madness take this form. Men marry
these women and have families by them but the men who so
marry are low fellows who are willing to be supported by the
wages of women however basely employed. The order is said
to date back 4000 years, when, in China, they were called Moo
Ham and were under a set of official regulations.

It is related that in very ancient times the magistrate of
Opp had much trouble with the Mootang of his district because
they carried on the practice of human sacrifice, for which pur-
pose the people assembled once a year and brought beautiful
girls who were thrown into a river to appease the spirit with

whom the Mootang were in communication. This magistrate Soh,
decided to stop this evil custom. Accordingly when all were
assembled for the annual sacrifice and the chief Mootang had
called on the river spirit to accept the offering about to be made,
the magistrate stepped forward and ordered the Mootang to go
into the water herself as the girl was not beautiful enough for
the use of the spirit. She objected, asking a few days' delay
that she might obtain a more acceptable victim. The magistrate
would brook no delay, however, and forced her into the water,
where she sank and did not come to the surface. He then
forced her servants in to see what had become of their mistress
and they also were drowned, whereupon the others begged him
to desist and offered to give up the objectionable custom. This he
agreed to and the practice was given up. It is said that a wag
having painted the name of this magistrate on the bottom of a
sleeping Mootang's foot, she fell dead on trying to stand on that
foot after awakening. It is also said that a Mootang foretold to
Tai Cho Tai Wang that he would be a King, long before he had
any kingly ambition, and it is also related that once, when this
great Tai Cho was hunting, prior to his founding the dynasty
of Chosen, he heard a peculiar grinding noise, and on investiga-
tion found that it came from a fox who was busy grinding a hu-
man skull to fit her own head, which, when she had put it on,
made her look like a beautiful girl. Tai Cho tried to shoot the
fox, but did not succeed. Some time after this he heard of a
wonderful Mootang at the old capital Song Do, who could and did
raise the dead to life. In this way and in the healing of disease
she had gathered almost all the money of the residents of the
capital. On going to see her, he saw that it was the fox he had
tried to kill and again he tried to take her life, whereupon she
upbraided him and told him she was working in his own inter-
est, that she was collecting money for him to build a new capital
when he should become king. He asked her where the money
was deposited and she told him he would find it in the bed of
the Han river on the banks of which he was to build his capital.
He went to the place, it is said, and found the money which he
afterwards used in building the city and walls of Seoul.

H. N. ALLEN.

R. A. Hardie, "Religion in Korea"

The Missionary Review of the World 10-12, 1897, pp.926-931.

Religion in Korea

By R. A. Hardie, M. D., of the Canadian Colleges' Mission.[1]

Very conflicting statements have been made regarding the religion of the Koreans. Some have concluded that, strictly speaking, they have none. Others claim that in addition to Buddhism, which has now comparatively little influence, two distinct religions prevail ; the one enjoying the patronage of the state, and having the Confucian code as its ethics, the other, a super stitious fanaticism, confined to the lower orders. We wish here to point out that while Buddhism, Confucianism, and other forms of idolatry exist, there lies at the root of all religious belief in Korea a powerful and evil spiritism, which alone constitutes the real worship of all classes.

---

1   The Canadian Colleges' Mission Is an outgrowth of the Student volunteer Movement, and had its origin in 1892, when the Young Men's Christian Association of the University and Medical Colleges of Toronto united previously existing missionary interests with a view to forming an extended college movement, having for its object the fostering of the claims of foreign missions in the minds and hearts of Canadian students. It has now mission circles in sixty different educational institutions in Ontario and Quebec, employs a traveling secretary and publishes a monthly journal, The Canadian College Missionary, which is sent free to all subscribers to the funds of the mission.

Buddhism originated in India in the fifth century, B.C, and was introduced into Korea about the year 371 A.D. by the Chinese Emperor, Ham An. In many respects superior to Confucianism, which had over 300 years before gained a foothold in the peninsula, Buddhism did much to advance the cause of civilization in Korea.

About 1,000 A. D. it became, under royal patronage, the popular religion of all classes. But on the advent of the present dynasty, in 1392, various circumstances brought the system Into disfavor, and it was placed under ban. But yet, to-day, in many wild mountainous retreats, hard by some gushing spring, and overlooking most enchanting scenery, may be found groups of monasteries, each containing from five or six to a hundred or more monks, whose lives are devoted to the worship of the images which adorn the temples. These shaven-headed vegetarians live fat, sleek and lazy lives, and although looked upon by all classes as utter out casts — the lowest of all the low —yet every spring-tide throngs of earnest devotees may be seen wending their way to their sacred retreats, each with an offering of paper, candles, rice, and "cash." On the day of their arrival the pilgrims perform certain required ablutions, and early the following morning, long before the sun has risen, their offerings are placed upon the altar, and amid much beating of drums, clanging of cymbals, weird chanting of the priests, and frequent bowing and prostrations of the silent worshipers, prayers are offered on their behalf. But let us not think that this is the only altar at which they bow. They are all likewise slaves of ancestral worship, the only element in Confucianism which savors of religion.

On the disestablishment of Buddhism, the study of the Chinese classics was revived, and for nearly five hundred years the books of

Mencius and Confucius have been as devoutly reverenced as in China. Possessing an excellent ethical code, Confucianism served to establish a measure of law, order and morality in Korea, but the inevitable tendency of the system to foster pride, selfishness, despotism, polygamy and atheism, has probably more than counterbalanced this gain. A highly cultured native says: "What Korea might have been without Confucian teachings nobody can tell. But what Korea is with them we know too well. Behold her opprest masses, her general poverty, treacherous and cruel officers, her dirt and filth, her degraded women, her blighted families—behold all this and judge for yourselves what Confucianism has done for Korea." Confucianism is in theory one thing ; in practice, quite another. Even its much-vaunted filial piety not infrequently means but a fearful reverence for the spirits of departed parents. An aged father or mother may be neglected, ill treated, even hurried out of life, but all this is amply atoned for by a due observance of the prescribed rites at their graves. Pent up in the body, the spirits may be neglected and ignored, but once set free they become powerful influences for possible evil, and must then be respected, reverenced, worship. Every person is believed to have three spirits. After death one of these takes up its abode in the ancestral tablet —a walnut slab, upon which the name of the deceased is written—another accompanies the body to the grave, while the third is said to go either to the heavens or the "underground prison," according to the life lived in the flesh. For three years after the death of a parent, the eldest son, morning and evening, worships before the tablet in the room where the dead once lived, besides making numerous offerings at the grave. In the ceremony before the ancestral tablet, the eldest son, robed in sackcloth, is attended by two younger brothers in half mourning, and three friends or relatives, one of whom recalls the good deeds of the departed. The tablet is placed on the chair, an article, by the way, which at no other time has a place in any Korean household. After much enforced lamentation, bowing, prostrating and calling upon the shade to accept their "mean sacrifice," all retire for a time in order that the spirit may in peace regale itself with the savor of the offering, and then they return to feast and wine themselves. After the third year the performance of sacrificial rights is limited to four or five times a year, the most important of which is the tenth day of the tenth moon, when any Korean absent from his native district, will travel from the farthest limit of the kingdom, if necessary, to be present at the grave on this date. The hold that ancestral worship has on all classes—the low as well as the high—can not be over-estimated, and it is always the hardest and last thing to be given up by those embracing Christianity. To neglect this shrine is to become a political, social, and family outcast —"a traitorous dog, unfit to live."

But in this we are anticipating our next division, for ancestral worship is in its origin, purely Shamanistic. The primitive religion of China was undoubtedly a vague monotheism, but the Chinese and Koreans have always believed in the existence of evil spirits, and in their interference in the affairs of men, a faith, we believe, directly traceable to traditions of the fall. From a belief in the power of the spirits to cause injury and misfortune arose the idea of propitiatory sacrifice, and this, united with the doctrine of filial piety, and a belief in the immortality of the soul, resulted in ancestral worship. Confucius taught that the right to worship heaven was confined to the Emperor alone, and in this his teaching has been observed. But when he went further and attempted to restrict spiritism to the worship of the souls of departed parents, he was less successful, and to-day the real worship of Confucianism, in Korea, at least, is Shamanism or Demonolatry, a gross mixture of superstition, fetichism, sorcery, and sacrificial ceremonies for the propitiation of evil spirits, which are believed to populate the earth, the sea, the air. The worship of the god of the hills, the genii of trees and rocks, and in numerable household deities, keeps up a constant round of religious ceremony. Little temples, built at the summit of every mountain pass, trees dedicated at the entrance to every village, and in every house rude fetiches—a wisp of straw, an empty gourd, apiece of old pottery—or some more pretentious image, represent or become the shrines of spirit-demons, powerful and malignant. To these they attribute all the ills of life. Sickness, adversity, misfortune, and disaster are but results of their displeasure, which may be prevented or appeased by offerings of prayer and sacrifice. But the spirits are not all necessarily malignant, and with them is sometimes associated the idea of guardianship. A large venemous serpent, often seen winding in and about the roofs of their dwellings, is lookt upon as the embodiment of the guardian spirit of their homes, and therefore held sacred. To their firm belief in the existence of the dragon, often found figured in their temples, they bear ample testimony by casting into the watery deep food sacrificed to him. Many other mythical creatures have their existence in the imagination of high and low alike. But, over and above all, they have a very imperfect, yet firm, belief in one supreme being, to whom they say all things owe their existence—*Ha-na-nim, the Lord of Heaven.* They know Him, however, not as a kind and loving Father, whom they may approach in worship, but rather as a being to be feared, one to

BUDDHIST PRIESTS.

THE DRAGON.

KOREAN DEMON WORSHIPPERS.

whom, in the last extremity of despair, we sometimes hear them cry, but hopelessly. Demons alone are the objects of their worship. Whether bowing before Buddhistic images, Confucian tablets, the ancestral grave, or the acknowledged altar of some evil spirit, the Koreans have but one name for it all—kwesin yaba, demonolatry, or devil-worship. For the material objects, before which they bow, they profess no reverence whatever, except as they are the embodiment of evil spirits, who demand, as the price of peace and favor, worship and sacrifice. What better comment can we have on the words of Paul, in 1 Cor. 10 :19, 20 : "What say I then? That the idol is anything, or that which is offered in sacrifice to idols is anything? But I say, that the things which the Gentiles sacrificed, they sacrificed to devils and not to God: and I would not that ye should have fellowship with devils."

Is it not an awful thing that those whom God made in His own image should ever have fallen so low as to worship and serve the emissaries of "the dragon, that old serpent, which is the Devil and Satan," by whom they arc "taken captive at his will?" And yet it is, if possible, more awful that, notwithstanding our Lord's provision for their deliverance "out of the snare of the devil," and His command to preach the Gospel that they might be turned from darkness to "light and from the power of Satan unto God," they should, for more than eighteen hundred years, have been left to their fate.

New Conditions.

As early as 1000 A.D., Arab merchants trading in the East, visited and, it is said, even settled in the peninsula. During the sixteenth century the Portuguese visited Korea, and brought the name to Europe. In 1858 a Dutch vessel was wreckt on the coast, and the crew taken to the capital. Escaping to Japan, after fourteen years imprisonment, they returned to Europe, where one of their number recounted their adventures in a book, which was shortly after translated into German, French and English. Before the close of the last century Roman Catholicism found its way into Korea from Pekin, and in 1835, at the request of converts, the first French priest entered the country in disguise. Notwithstanding outbreaks of persecution and the martyrdom of both foreigners and natives, believers multiplied until 1866, when political intrigue brought discredit on the faith, and the name of Christianity became synonymous with treason. In that year two French bishops, nine priests, and many native converts were cruelly put to death. One priest escaped to China, and a French squadron was at once despatch to Korea; but the force landed was ignominiously repulsed, and with drew after burning the city of Kang-wha, thus rendering 10,000 people homeless. Gloating over its success, the government resolved to destroy the new faith "root and branch," and to this end hundreds more, including women and children, were martyred with revolting cruelty. During the same year the crew of an American schooner was murdered in the Ta-Tong River, near the city of Ping-yăng, and in 1871 an expedition sent to avenge this "unprovoked (?) outrage, won a victory of which the American navy may well feel proud!" In 1876 the Japanese succeeded in negotiating the first commercial treaty with Korea, and six and seven years later treaties similar followed with the United States and Great Britain. But not until 1884 did the Protestant church bestir herself to send the Gospel to this ancient and long benighted people.

So it has been in nearly every other mission field ; commerce and trade, conquest and treaties, Roman Catholic pioneering and martyrs preceding the entrance of our so-called evangelical Protestantism.

Introduction of Protestant Missions.

To the Rev. John Ross, a Scotch Presbyterian missionary in Manchuria, belongs the credit of having first introduced Protestant missionary effort into Korea. His first visits were made to the Manchurian border in 1873‒4. The Chinese character is the only officially recognized medium of *written* language in Korea, and with his knowledge of this, together with the aid of natives who could speak Chinese, Mr.Ross was enabled, during the next ten years, to superintend the translation of the whole of the New Testament into *Enmoun*, an exceedingly simple alphabetical system of writing invented about the middle of the fifteenth century, and altho not taught in the schools, yet it is read by a much larger percentage of people than is Chinese. He also baptized a number of converts, some of whom have borne great persecution for the cause of Christ. In the autumn of 1884, at the solicitation of these same converts, or of others won by them, the first Protestant mission to Korea was establisht in the capital by the American Presbyterian church. The first representative sent was a medical missionary, Dr. Henry Allen, who, on his arrival at Seoul, was given an appointment as physician to the American Legation at once a guarantee of protection to his person, and of promise for his favorable reception. But a few weeks had past when an anti-conservative conspiracy resulted in an *emeute*, in which the first person wounded was Min-yong Ik, a nephew of the king. The young noble was placed under the care of Dr. Allen, whose skillful treatment doubtless saved his life. The gratitude of the king for the service rendered his nephew found expression in the immediate establishment of a government dispensary and hospital, the confiscated property of one of the conspirators being set apart for this purpose. This institution has ever since been under the control of the mission of which Dr. Allen was a member.

The example of the American Presbyterians in opening work in Korea was almost immediately followed by the Methodist Episcopal church, and there are now nine boards at work in the peninsula, with an aggregate, however, of but 70 missionaries, and many of these wives, who, on account of family cares, are unable to take an active part in mission work proper. But, if we count the whole 70, it means but one worker to every 200,000 of the population, which is, for the most part, scattered over wide extents of mountainous territory, that can be traveled only by pack-pony or on foot. But, notwithstanding the inadequacy of the force, and the difficulties of the situation, the success of the missionaries has been most markt. During the last year, in one district alone, and by the workers of but one mission, 137 converts were baptized, and 487 more received as catechumens. The total number of converts to-day is probably not far short of 3,000, nearly one-half of whom are probationers received since the close of the late war between China and Japan. While many of these have given evidence of their sincerity by holding fast to the faith, notwithstanding family ostracism and public persecutions, perhaps the most encouraging feature of the work in Korea is the large measure of self-support attained, and the readiness with which the native churches have undertaken the preaching of the Gospel in new districts. Eight or ten churches have been built with native funds alone, and as many more partly so. Of the native helpers, the majority are either self-supporting or paid, entirely or in part, by native contributions. Some congregations, in addition to supporting their own pastors, have sent forth evangelists and colporteurs into the "regions beyond." The total contributions for last year averaged over seventy-five cents for each communicant. At first sight this may not seem a large sum, but when it is known that, with few exceptions, the Christians belong to the lower and middle classes, who live in straw-thatched mud huts, seldom costing more than $20 or $30, and who can not make an average daily wage of more than ten or twelve cents, what shall we say? This, at least—that their liberality is much in advance of that of many Christians at home. The encouragement thus given should be a wonderful incentive to work for still greater things, and the only way we can truly thank our Lord and Master, to whom we owe all past success, is by making more self-sacrificing efforts in the future.

It would be hard to imagine a more favorable soil upon which to work. The better class Koreans are an intelligent, educated and superior people. Priding themselves particularly upon correct deportment, they are always self-possest, polite and friendly, both among themselves and to foreigners. The lower orders are exceedingly superstitious, it is true, but cheerful, civil, courteous, and hospitable to a fault. Kindness to strangers is by all considered a most sacred duty, and one may travel from one end of the country to the other, everywhere receiving the best the homes of the people afford. Best of all, the country is opening up to the introduction of Western civilization, and there is no prejudice whatever against Protestant Christianity. During the missionary's stay in any village his room is always thronged with visitors, willing to listen to the Word as long as there is strength to proclaim it. This has been my own experience, at least.

We say that responsibility is measured by opportunity, and the great responsibility resting upon us in regard to Korea, then, must be apparent to all. And it is particularly important that the present opportunities be taken ad vantage of at once. In the light of a new civilization, superstition will rapidly disappear. Shall rationalism and infidelity take its place? If, when the land is "empty, swept and garnished" of its present witchcraft and demonolatry, Christianity does not enter, the unclean spirit will return, bringing with him "seven other spirits more wicked than himself," and the last state of Korea shall be worse than the first. Again, all are familiar with the fact that Russia has long coveted a foothold in Korea, and that the events of the past two years have served to strengthen her position there. It is believed by many that if the country should pass to Russia's control, the Greek church would no longer allow Protestant evangelization. No one can speak of the future with certainty, but the present is ours, and judging by the success of the past, it seems plain that we have but to follow up our present opportunities to establish in Korea a Protestant church, against which the fire and flood of persecution will rage in vain. "The harvest truly is plenteous, but the laborers are few; pray ye, therefore, the Lord of the harvest, that He will send forth laborers into His harvest."

"A Reversed Santa Claus"

The Korean Repository 4, 1897, pp.456-457.

A REVERSED SANTA CLAUS.

A Korean friend, who is a student in one of the several excel-
lent schools established in Seoul for teaching English, and
in whose education I have taken some interest, comes to me
occasionally in order that I may see the progress he is making in
his studies, and one day in reading to me his lesson he came across
an allusion to Santa Claus and asked me to explain who this good
old fellow was.

I endeavored to do so indulging it may be, in those embel-
lishments with which we westerners are, I fear, too often tempted
to adorn our tales when explaining things western to the Asiatics.
He was much interested and in turn told me the Koreans also had
a Santa Claus: "All the same as yours," said he "except that he
is just the opposite and not like yours in any particular."

He told me the story and pointed out the difference, with
his Korean embellishments no doubt. It seems that on the last
night of each year according to the Korean calendar, an evil spirit
comes from the nether world and assuming the visible form of an
enormous cat, visits every household and tries to tread into every
shoe he can find, and that the owner of any shoe into which this
cat manages to get his foot is certain to die or come to grief during
the ensuing year.

Therefore on this particular night the Koreans always gather
up all their shoes, including even those which have been worn out
and cast aside, and taking them into their sleeping rooms lock
them up in a box or some other secure place to keep them out of
the way of this dreaded cat.

Thus instead of our glorious beneficent and benevolent old
Santa Claus, ruddy faced and smiling, clad in furs, with fur cap
and fur coat and high-topped felt boots, tipped with fur and strung
with silver bells which jingle and chime and make merry music
wherever he goes, coming in a golden reindeer-sleigh, ascending
the roofs and descending the chimneys, with his broad back bent
under the burden of the bountiful load of generous gifts which he
bears and brings to gladden with joy the hearts of the children
of the household, the Koreans have a malignant cat prowling
around to bring evils, trouble, disease, disaster and death. The
Korean does not hang up his stocking or shoes in a conspicuous
place but hides them, and instead of hoping and wishing that a

A REVERSED SANTA CLAUS.   457

Santa Claus will come and put his presents and good things into his stocking, dreads with mortal fear, lest this terrible cat will come and put his pestiferous and evil-bringing foot into his shoe.

Again Santa Claus is particularly and exclusively the property of children. He does not belong to the grown-up; all of us remember how, when children of tender years, we cherished him and loved him and looked and longed for that happiest and most glorious of all nights of the year—Christmas eve—when he would come down the chimney with gifts and presents and blessings; and most of us, no doubt, also recollect how rude and painful was the shock, when in time we learned from whence these good things actually came, and that our beloved saint and benefactor was a myth and a fraud; but the belief in the cat obtains more with the old than the young—this superstition, as do many others, deepening and becoming more fixed and real and terrible with the people as they advance in years and grow old.

But there is one thing, however, connected with this cat, for which even my intelligent and ingenious Korean friend could find no comparison in the Santa Claus legend. The Koreans have learned how to exorcise the cat and have a specific remedy for him—an effectual cat-antidote, so to speak.

If any of the readers of THE REPOSITORY, who are so fortunate as to be in Korea on the last night of a Korean year, will go out into the streets during twilight, he will detect among the many vile smells which, as usual, assail his nostrils, a new, peculiar and distinct stink. It is the odor of burning human hair. The Korean carefully saves up during the year, every stray strand of hair from the pates of each member, young and old, of the household, and as all have long and luxuriant locks the hair crop for the year is by no means small; this he burns at twilight on this night in the street in front of his gate or door, it being well known that the spirit cat cannot endure the scent of burning human hair and will give any house in front of which a liberal supply of hair has been burned a wide berth.

And I am assured on good authority, that there is no well authenticated case where this cat has been seen in any house thus protected by these pungent fumes.

X.

NOTE.—I trust the reader will not infer from the above, that the Koreans have only "bad spirits; on the contrary they have many good ones—gift giving and blessing bestowing—and also many beautiful and interesting legends and stories about them.

James Scarth Gale, *Korean Sketches*

New York: Fleming H. Revell, 1898, pp.213-19.

Korea's Present Condition 213

Until twelve years ago, there was nothing new under the sun upon which even unscrupulous nobility could squander the nation's money; now the doors are open, and no one knows the limit to the possibility of purchase. These latter-day extravagances, together with the death of trade and manufacture, have brought the Korean subject to a desperately ominous point in his history.

It has been said by some careless observers that Korea is without a religious system. Statements to this effect have appeared so often in American papers that some reason ought to be given for this misunderstanding. Perhaps it is because Korea has no religion apart from her national life—her whole existence, from king to coolie, being one complicated system of ances-tor worship—that one may so easily fail to no-tice what enters so subtly into every detail of her life.

There is to be found at New Year's in every household a spread of ancestral food. Even the poorest puts forth an effort to make a lux-urious display in the presence of the spirits of his fathers. Fruit, rice, meats, distilled drinks, incense, candles, are some of the items on the list for ancestral worship. The natives put off their greasy garments and, dressed immacu-lately, sit out the night. When the first cock crows the candles are lighted before the tablet

214   Korean Sketches

—this tablet consisting of two walnut slabs
fastened together, with an opening between
where the spirit is said to reside. The wor-
shippers bow, offer drink, and call on the shades
to accept their sacrifice. Then when each in
turn has made his salutation, they retire from
the room and lock the door in order that the
spirits may inhale the offering unembarrassed
by the presence of the living. Again they circle
about and bow repeatedly until the end, when
they set to and feast on what the spirit leaves
—a dinner that is supposed to bring them
earthly prosperity, but which to all appearances
leaves them disordered in stomach and poorer
in pocket for many days to come.

New Year's is *the* sacrificial season, but it by
no means includes all. For three years after
the death of parents, night and morning the
children offer food, meat, and tobacco, before
the tablet in the room where the dead once
lived, making besides, numerous offerings at
the grave. From the palace to the lowest mud
hut the three years of mourning and daily sac-
rifice are observed with the utmost strictness.
During such time the royal household is occu-
pied entirely with the spirits of the dead, be-
lieving that the prosperity of their dynasty
hangs upon such worship. In the case of poor
people, they bring their food and, staff in hand,
with loud lamentations, spread it out before

their father's ghost. After this period they limit the direct sacrifices to about six important days in the year—the four national fête days, and the anniversaries of birth and death. A native absent from his ancestral home, will walk from the farthest end of the peninsula, if necessary, to be at the grave at the appointed day. Such devoutness in religious service I have never seen even among the strictest Romanists, nor have I read of anything surpassing it among Mohammedans or Hindus.

As for the universality of these sacrifices I have never heard of any failure except among the handful of Buddhists and the few professing Christians. To neglect this is to make oneself an outlaw in the land of one's fathers— "dogs that ought not to live." A native called Kim went, according to custom, to pay his respects to an elder relative. The first greeting was, " You have failed of late to sacrifice ! " " Yes," says Kim, " I cannot sacrifice again." " Then away with you ; no relative of mine ; a reprobate, that would mix with the dogs and forget his fathers." It is quite as much as a man's life is worth to neglect this sacred custom.

The time between sacrificial ceremonies is taken up with searching the hills for a propitious site for burial. In this choice there are many points to be taken into consideration. So complicated and mixed are the methods em-

216   Korean Sketches

ployed for arriving at a proper conclusion, that
a large number of people make it a special
study and gain their living as experts in ge-
omancy. A grave is chosen on a mountain
front if possible, having two arm-like ridges on
either hand, one called the dragon side and one
the tiger.   There should be a mountain directly
in the foreground called the *an-san*, to stand as
a support to the family of the dead, otherwise
the grave-luck would flow down the valley and
be dissipated. There must be free exit for
streams or surface waters. This is the grave
site in outline. Then come the special moun-
tain peaks that are looked for on either side of
the *an-san*. One will mean long life to the
family, another numerous posterity, another
rank, another wealth. Every mountain peak
to right or left hand has its special message,
which the geomancer holds in his professional
grasp.

   After burial the native watches, as a matter
of vital moment, to see that no one encroaches
on, or interferes with, his ancestral graves. If
it becomes a choice between feeding or clothing
the living and making some outlay for this rest-
ing place of the dead, he will decide in a breath
in favor of the latter. Should a household meet
with repeated disaster, they exhume their an-
cestors' bones and bury them elsewhere, think-
ing thus to conciliate the spirits. From the

Korea's Present Condition 217

idea of certain localities being possessed, has grown the belief that there are spirits in every mound, rock, and tree. Also, from the years of sacrifice in the home, comes the idea of a guardian spirit, which is worshipped by food, prayer, and characters posted on the walls. A species of venomous snake so commonly makes its home under the tiles, and is seen winding in and about the roofs of Korean huts, that they have associated with him this guardianship, and one of the commonest kinds of worship is prayer and offering to the serpent. To this has been added a host of other spirits, such as the guardian dragon, which they worship by dropping food into the well, his supposed retreat. In this guardianship they include weasels, swine, and unclean animals of every kind, giving to each so many days in the year, thus making a constant round of religious ceremony.

Some interested in Korea have thought that there are two religions: one cultured and refined, and understood to be ancestor worship; the other heathenish throughout, the lowest form of fetichism. Koreans themselves however make no distinction; they call it all *kwisin* worship, and *kwisin* is a word that is translated "demon" in the Chinese and Korean New Testament. They themselves claim that their worship is all of one origin, which agrees exactly with 1. Cor. x: 20, "But I say that the

218   Korean Sketches

things which the Gentiles sacrifice they sacrifice to demons and not to God."

The land is dotted over with little temples, reared in honor of those who have been faithful to their parents, more especially after the parents' death. Near my present home, there is a tablet, erected some hundred and fifteen years ago, with this inscription, " Kim Ik Pin, a faithful son lost his father at ten years of age. His mourning was like the mourning of a man ; his flesh wasted away, and his bones alone remained. At seventeen, when the season of sacrifice came round, and there was no fish to be had because of the summer rains, he went out and prayed by the seashore, weeping in agony, when lo ! a fish from the water came falling at his feet. Again we see his devotion, for when fires had surrounded the mountains, threatening to envelope his father's grave and burn his spirit, in he rushed at the risk of life, praying the gods to spare his ancestor's resting place ; and down came the rainy season's floods and quenched the fire. Was he not a faithful son ! "

Books used everywhere in schools, and taught the children, deal exclusively with the subject of sacrifice to King, parents, elder brothers, etc. I give here a translation of a story from " The Five Social Virtues "—a book known to every one in Korea who has passed his primer. " During the Han dynasty, there lived a man

Korea's Present Condition 219

called Tong Yöng, a citizen of Chöng söng district.   His father died, and Yöng having no means of giving him honorable burial borrowed ten thousand cash, agreeing to pay the debt in money or give himself as bond slave.   Returning from the funeral, he was on his way to slavery, when suddenly there appeared before him a queenly lady, who requested him to take her for his wife.   Yöng, amazed, answered, 'I, so poor that I am even now on my way to bond service, why do you ask to become my wife?' The lady replied, 'I wish to be your wife, that is enough; your poverty and humble station give me no cause for shame.'   Thus urged, he took her with him, and the debt-master asked if she understood any kind of handiwork.   'I can weave,' she answered.   'Then,' he replied, 'if you will weave me three hundred bales of silk, I'll give you both freedom.'   This amount he knew to be more than the work of a lifetime. Within a month the three hundred bales were finished, and the master in fear, sent them quickly away.   As they passed the spot again which had seen their first meeting, she said to Yöng, 'I must leave you now; for I am a woman come from the Weaver's Star.   Heaven saw your filial piety, and being moved with love, sent me to pay your debt.'   Thus speaking she ascended into heaven."

It is the teaching of Confucius interpreted

M. F. Mrs. Scranton, "Grace's Wedding"

Korean Repository 5, 1898, pp.295-297.

GRACE'S WEDDING.

THE great event in the life of every young Korean boy and girl is their wedding, recognized to be a most important event, but something in the decision of which they have little or no part. The Christians are beginning to seek alliances for their sons and daughters among those of the church. This is as it should be and is a most hopeful sign. The objectionable features of weddings as observed by non-christian people are discarded, that which is indifferent but looked upon as desirable is retained by our Christians.

It was a Christian wedding celebrated some time since at the Tal Syeng Chapel in Sang Dong, Seoul about which I propose to give an account. The bride came from the country forty miles away. She was pretty, gentle and attractive, and belonged to the family of a well-to-do farmer of the Yangban class, a desirable person for a daughter-in-law. But none of the various sons proposed by partial mothers or interested "go-betweens" came up to the standard set by the father and mother of our Eun-hai (Grace).

About four years ago these people became earnest and consistent Christians, and when Grace had reached the mature age of seventeen, and it seemed desirable to conform to the custom of the country, they announced most positively that none but a Christian could become her husband and that the mother-in-law must also belong to the faith. There were but few of these in the village where the family lived, or in the immediate neighborhood, so the mother came up to Seoul to find a suitable match for her daughter.

I believe it is never an easy matter to find anyone quite good enough for an only child, even in America, and how much more difficult the search becomes when the mother-in-law has to be taken into consideration. We were, however, in this case able to recommend one for the latter position whom we thought a little better than the average. The two mothers met and talked over the respective merits of their children. Everything seemed promising, and the mother hastened home to send her husband to see the boy and make further acquaintance with the family. He came and saw, pronounced the candidate satisfactory, and preparations were immediately commenced for the marriage.

First, there was the sending of the Satjou. This is a paper on which is written in Chinese the day, the month, and the year in which the prospective groom was born. This document is wrapped in red silk and ornamented with green and gilt cord and tassels. The bride sometimes sends a similar one to her betrothed, though this is not consi Jered strictly necessary. When the parties belong to a heathen family these papers are sent to the moutang (fortune-teller) who decides upon a propitious day for the marriage.

In the case of our Grace, the preparations for the wedding were quite elaborate, for was she not going to the Capital to live? There was weaving of silk, of cotton and linen, beside the usual work of trousseau making, in all of which Grace took her part. There was no dressmaker with "new fangled notions," even for the bridal robes. The loving fingers of mother and neighboring friends set all the stitches, and fashioned the garments just as they had been done for themselves, and their grandmothers, and great-grandmothers.

At last the day for going out from the home and starting on the journey to Seoul arrived. Eun-hai's belongings were piled on the back of a bullock to such a height as to make the poor creature appear decidedly top-heavy. A few of the more precious articles which could not be trusted in such a precarious position were stowed in the sedan chair with the bride, or carried in a pack on the back of an accompanying friend. The father took his walking-stick, formidable as an Alpenstock, stationed himself by the side of the sedan chair, and the train started.

The journey to Seoul occupied two days. The party came at once to Tal Syengi Koung, for the mother insisted she was giving her child to me. A messenger was speedily sent to the house of the to-be-mother-in-law to summon her to an inspection and acquaintance. We were sure she could find no fault with face or form, or even with the bridal outfit, but whether Grace would be always tractable and submissive could only be proven later on.

The mother-in-law brought with her the usual offerings, namely: two silver pins for the hair, two heavy silver finger rings, a bright yellow silk jacket with purple trimmings, two or three other jackets of more delicate hue, also the red skirt in which the marriage ceremony was to be performed, as well as others for more ordinary use.

One might easily imagine that the groom would have some curiosity to see the bride, and that he, too, would hasten to pay his respects to her; but I assure you our Korean young men are not guilty of such improprieties.

The next important person to appear on the scene was the Sumo. It is the business of this woman to arrange the toilet of the bride, and also to train and assist her in making the bows which are a very important part of the Korean ceremony The Sumo's first business was to bring forward her little tweezers and proceed-to pull out all the short hairs on the forehead. Koreans like to have the hair low on the temples, but the hair above must be removed to give the forehead a square appearance. Next the eye-brows received attention. All the straggling hairs were removed, leaving a symmetrical curve only. Then came the painting process. The beautiful complexion of of our Grace was entirely covered over, and her face made as white as plaster. Small bright spots of vermilion were put on each cheek, another on the centre of the forehead, and the lips also touched with the same color. Her hair was done low on the back of her neck, and although it was heavy, and as we thought almost luxuriant, to it was added much more which had been hired for the occasion. The whole was held in position by silver pins, twelve inches or more in length. Over the ends of these pins were thrown long streamers of purple silk on which were Chinese characters in gilt, signifying, "Long life," "Great riches," "High rank," "Many sons," and similar sentiments.

After the hair-dressing Grace was swaddled in garment after garment, skirt upon skirt, until her figure somewhat resembled one of our large water barrels. Last of all came the yellow jacket and the trailing red skirt. A little crown was placed upon her head; her hands were enveloped in a piece of white muslin, and she was pronounced by the assembled friends "very beautiful."

To our eyes all the beauty had departed; she too nearly resembled the bright colored pictures we so often see in the temples. She had become more of a statue than the amiable girl we had known her to be.

At the right moment the bridegroom was summoned. He appeared in official robes, as is the privilege of any man on his wedding day. The bride with closed eyes bowed four times. The groom bowed twice; then, together, these strangers walked to the chapel, where the Christian ceremony was performed. A wedding feast followed.

The couple are living with the bridegroom's parents in their comfortable home in the capital. They are happy and Grace, gentle and obedient, has won the love of her mother-in-law: they regular in attendance on the services of the church on the S and it is our belief that another Christian home has been d in Korea. MRS. M. F. SCRANTON.

James S. Gale, "Korean Beliefs"

Folklore 11-3, 1900, pp.325-332.

KOREAN BELIEFS

Collected by JAS. S. GALE, (Canadian) Presbyterian Missionary, eleven years in Korea, author of Korean-English Dictionary (4to, 1,160 pp., printed in Yokohama, 1897).

COLLECTING items of folklore in a country like Korea is by no means easy. If I make inquiries of natives who are strangers to me, immediately their suspicions are aroused, and they will not answer more than to say that such a thing does not exist. To inquire for even the number of houses in a village, or what the land produces, much tact is needed, or you create bad feeling at once. The only way I know of is to keep one's ears open when natives are talking to one another, for much will be suggested by such a conversation, and it will often give a clue to questions that you can have honestly and correctly answered by your own particular friends. Customs I find to be, like language, a possession of which the owner is unconscious. For example: a Korean says something, and you ask him to repeat it. He is not able to repeat it exactly, for he is conscious only of the thought that was in his mind, not of the language used, so he will answer by ex- pressing the thought more definitely in some other form, but as for an exact repetition, it will not be forthcoming. So with their customs, they follow them out in the same unconscious manner. Rouse them suddenly and ask them about the matter, and the likelihood is they will deny that such a thing exists at all, and yet they may be absolutely free from any dishonesty in the matter. We are unconscious of the air, for it exists everywhere. Custom is everywhere. The administration of justice is largely a matter of custom. The transfer of land is by custom only and not a matter of law. Marriage too is but custom. The government takes no cognizance of it. The Farthest East is wrapped up in custom, and the native is in many cases the last man to be aware of its existence.

NOTES ON HANANIM[1], (The Great One, The One. God?) the Korean Great Spirit.-In Korea *Hana* means *one*, and *Nim* is *Lord, Master*, or *Chief*, so that the name literally translated means The *Ruling* One, The *Honorable* One, The *Great* One, *The One*.

He (*Hananim*) rewards the good (*soon*) with blessing (*pok*), and the evil (*ak*) with punishment (*wha*). This has no reference to judgment or a future life, but is simply confined to this world.

Here is a snatch from the song of a market minstrel known to all Koreans: "*Pap chal mek-ki-nan, Ha-na-nim tok; Ot chao ip-ki-nan ch'o-kwon-eui tok.*" (Feeding us well is by favour of Hananim; Clothing us well is by favour of wife). This illustrates the idea, common to all Korea, that Hananim provides the rice.

A little pony boy once said, as I was riding his pony, "Hananim knows I have no coat, and so is letting the sun shine to warm me to-day." He had been bowing to the trees and expectorating before the

---

1 In all native transliterations the vowels have the French sound.

hill shrines most devoutly, so I said, "Why do not you bow and thank Hananim then, since he is so good to you, instead of bowing to the trees?" But, "says he, "Hananim is such a long way off; I can't see him, and so I worship the trees instead."

When a Korean sees a wrong done, one of his common sayings is, "*Hanali-mu-sim ha-nya?*" (Is Hananim indifferent to such?) He means that Hananim will certainly punish such injustice.

Another expression commonly heard is "*Ko-ma-o-sin Ha-na-nim-i pi chu-sin-ta*" (Gracious Hananim gives the rain).

Koreans are given to strong language rather than to heavy blows, so a war of words is of frequent occurrence. This is one of the common expressions used at such a time: "*Ch'un ang ip-eul nom*" (A villain who will be punished by Ch'un, or Hananim). Ch'un is the Chinese name for Hananim.

The king offers sacrifice to Hananim for rain (*Ke-u-che*), using raw food, bathing, and performing other ceremonial cleansing before taking part.

When it lightens and thunders, Koreans say, "*Hananim-i oum-ha-si-ta*" (Hananim is stern, or awful, or dreadful); and they lay their pipes aside and sit reverently. Again, I hear an old saying that has come down from dim antiquity, "*Hananim-i chi-kong-mu-sa ha-ta.*" (Hananim is eminently just and wholly impartial.)

As regards all spirits (*shin*) he is the One Great One.

His dwelling-place is above (*U-e ke-si-ta=* He dwells above), wherever that may mean, and in Hanal (Heaven), of which he is in possession. No mention is made of his beginning or end. He never marries, has no son; but a dual union seems to exist between him and the earth (*Da*), by which all life has come into being.

Hananim is creator of all details; the earth in rough form seems to have been developed by a kind of evolution, or of itself.

No reference is made to Hananim regarding a future life.

When flowers are seen to bloom and the earth to look green and beautiful, they say it is brought about by the (*Cho-wha-ong*) Ancient Creator- Hananim.

If Hananim desires to kill, he kills; if to save, he saves. When sacrifice has been made to all of the spirits and proves of no avail, the last cry is "*Hananim sal-yo chuso-so*" (Save us, Hananim!)

"When Hananim gives rain and dew to the trees, he never forgets the little branches at the side."-A Korean saying.

Hananim mu-so-pul-leung ha-si-ta. (There is nothing that Hananim cannot do)—omnipotent.

Ha-na-nim-eui nun-i su-re pak-hoi tol teut hau-ta. (Hananim's eyes roll everywhere like cart wheels.)

Kwi-sin-to Ha-na-nim-eul mu-so-wo hau-ta. (The devils, too, fear Hananim.)

These are a few of the more common sayings regarding Hananim. They are all of ancient origin, and as far as is known have no connection with any ancient Christian source.

MOUNTAINS. -*Giants and Mountains*.- Korea has since ancient times been noted for its sages (*Myöngin*), its giants (*Chang-su*), and its dragon-horses (*Yong-ma*). When a giant appears, his dragon- horse is said also to come forth ready for him. The giant remains quiescent in a cave or under a rock until his country is in danger, and then he comes forth clad in armour, his horse also springing from the mountain. Such tales are common in all ancient Korean story-books (*Ko-tam-ch'aik*). The giant has power over wind and rain (*Pung-un cho-wha*). So even to-day the ignorant country people rest assured that when the time comes for the giant to arise from the mountain, all Westerners will have to fly or perish.

In the Japanese war of three hundred years ago it is said that 500 trained swordsmen were on their way to the capital of Korea. The flash of their swords alone was enough to kill, so it looked as though the whole nation might perish. But just as they landed near Fusan, there came forth from a mountain spur in front, the Old man on the Green Bull (*Ch'ung-u No-in*), who had been born from the mountain to save his country. The Japanese pursued, knowing that he was an evil omen, but at first failed to overtake [him], until at last, instead of their capturing him, he entrapped them in a mountain gorge and there slaughtered them all.

Mountain Travel.—Last spring on my way to Seoul, when some 150 miles from here [Wönsan], I passed a magnificent mountain called the "crying fortress" (*U-nan-sung*). In speaking of it, the innkeeper told me that King *Kung-ye* had been defeated there in [918 A.D.], and that since then no one could ascend it who had not first fasted from meat and other strong food. He told me that the bowls and spoons of Kung-ye were still there. In order see what answer he would make, I suggested his bringing some away, and that I would buy them. His reply was, anyone doing such a thing would be struck by the God of Thunder and killed at once.

Mountain Spirits.—A hunter I chanced to meet in the mountains a month or so ago, told me that he did all of his hunting at night. "But there are so many tigers; are you not afraid?" I asked. "No," said he, "I am a retainer of the mountain-spirit (*San Yung-nim*), and so am safe;" or, "I wait attendance on the mountain-spirit, and so have no cause for fear." His idea was that the spirit of the mountain controlled tigers and all other animals within its range. In many of the hill-shrines we find pictures of a man riding upon a tiger. It is really the mountain- spirit so represented, the tiger being the attendant.

Every village offers sacrifice to the mountain-spirit (*San-lung*). On an appointed day, after fasting and meditation, sacrificial officers are chosen and a beef slaughtered, and so offered with vegetable food to the spirit. When the sacrifice has been performed according to the spirit's liking, even the dogs of the village are safe from tigers and other wild beasts of the mountain. Tigers are called the dogs of the mountain-spirit.

At every hill pass there is on the side of the road a shrine to the spirit of the mountain. Prayers are offered before the shrine, food, live chickens, money, stones, rags, &c., and passers usually bow and expectorate. On the sacred, or "shrine-tree" (*tang namu*), hang rags, that are meant as charms against evil (*ăk-mak-i*), while stones as offerings are heaped up beneath. Sometimes small images, in metal, of pigs, rats, elephants, &c., stand before the picture of the spirit.

Here is one of the prayers, in fact the one common petition, offered to the mountain spirit: "*Kil so-e sö-nang-nim, kil-a-rai sö-nang-nim, t'oi*" (expectorating) "nip-eu-sin tok to man-man-ha-go-ni-wa să-ro să tok-eul nip-ö-chi-i-ta:" *i.e.* " Spirit of the road, spirit beneath the road, phew!" (giving a spit), "though your favours of the past have been unbounded, grant us some new favours for the future."

Beliefs about Mountains.—(These ideas are common to all Korea.)

Mountains are all personified in Korea. They are dragons usually, and according to their formation, graves situated on them are propitious or unpropitious. It never does to build a house upon a moving (*nă-ryong*) or flying dragon (*săng-ryong*). If the personal influences of a hill-site be too strong, there will be many goblins, and the house will come to destruction.

On May 17th, 1899, I purchased a house-site on a hill within the walls of Seoul, and the people living below the hill told me that it was called the "Cow-feeding-her-young" mountain(*wa-u-hyung*). This is a propitious formation, and people are said to live long on it and prosper, so that they tell me I have a fair field for my future when I move up to Seoul.

There is always associated in the native's mind the idea of guardianship with the mountains. Seoul, the capital, has to its north its guardian mountain *Sam-kak-san* = the three-horned mountain. Shortly after building the former palace (from which the king escaped to the Russian Legation in February, 1896) it was found that there was a hostile mountain (*kwan-ak-san*) to the south, twenty miles distant, that set fire to the palace. Geomancers succeeded in protecting the dynasty against this mountain by placing two stone lions or fire-eaters (*hă-ta*) before the palace gates. These stone figures still stand to-day. Former capitals have always had their guardian mountains (*chu-san*). We find traces of this in Korea long antedating the Christian era. Graves too must have their guardian peaks (*chu-pong*) or the family will not prosper. A common saying in geomancy, "Dragons do not see stones, men do not see dust (in the air), dogs do not see snow, tigers do not see paper."

People are born according to the formation of the hills on which their ancestors' graves are situated. A craggy geomantic formation brings forth warriors-a smooth, well-rounded formation brings forth scholars-a pointed formation brings forth writers- an opposing formation brings forth robbers-jade-peaks bring forth beautiful women. Of course all of this must be viewed and tested by a geomancer (*chi-kwan*), to know what forms are destined to appear.

Mr. Sin-Ki-Sun, the present prime minister of Korea, remarked recently that Korea could never be independent, because she had so many mountains. "Mountains," said he, " depending as they do on each other, denote dependence." Mountains are said to have their pot of silver or pot of gold concealed, and sacrifice is offered diligently to obtain a knowledge of their where-abouts. The mountain spirit, in answer to prayer and sacrifice, makes known in a dream the place where the pot is buried. This may be explained, however, by the fact that during the invasion of the Japanese, three hundred years ago, much money was buried to prevent its being carried off by the invaders, and this being discovered from time to time, may have given rise to the superstition that each hill has its treasury of gold and silver.

I have never been able to fully understand just what the Korean means by currents, or veins of influence, that he invariably connects with the mountains. On the proper circulation of these influences all prosperity depends. April 27th, 1899, I arrived in a town some 117 miles from Wonsan and 60 miles from Seoul. I saw in the neighbourhood many huge flat stones placed on three smaller ones that were standing on edge. I crossed the fields to one of these, and found it large enough to dance a quadrille on. I had no measuring line, but stepping it, found the stone to be in the neighbourhood of 18 feet square by 2 feet thick. It was raised from the ground some 3 feet, and the propping stones underneath occupied a space of some 8 feet square. They are called *Koi-in-tol*= propped up stone. On inquiry as to their meaning, I was told that the Japanese, three hundred years ago, discovered that this district in Korea had produced many noted warriors and generals, due of course to the current influence of the mountains. Their object now was to cut off these influences as soon as possible. This they accomplished by placing these huge propped-up stones on the back of the current. Another story, giving the same reason, attributes it to the Manchus of a hundred years later. And I am inclined to believe the latter story. In the first place, the stones are too great for the Japanese to handle; in the second place, the Japanese have never paid much attention to mountain influences. Again, the inborn hatred of the Korean for the Japanese would incline him to shift the odium for such a miserable deed from the Chinese to the Japanese. There are several hundred of these monsters in Kangwŏn province, so I am told. I myself have seen twenty and more.

I asked the old inn-keeper why he did not roll them over, set the current free, and get back the influence, but he said : "Alas ! it is too late." Koreans have a peculiar fatalism in their views of mountain influence. They feel that to disturb the regular course of fate would be worse for them than losing the influence.

ISLANDS.—There is a peculiar superstition, common to all Korea, with regard to a supposed island in the Yellow Sea, called *Nam Chosen* (South Korea). They attribute to this place much of the supernatural, and yet people come from it, they say, to trade at Mok-p'o, a port recently opened to foreigners, in Chulla province (S.W. Korea). There is no such place, and yet the story of it is much more common to the natives than that of any real island in the vicinity.

LAKE-SPIRITS AND DRAGONS.—Usually there is no spirit in a pool apart from those who may have fallen in and been drowned in it. Immediately on such occurrence, the spirit of the dead becomes the spirit of the pool, imprisoned, in fact, and cannot leave until some one else drowns and takes its place. Also those who die by tigers become tiger-spirits, and are so possessed until the tiger devours some one else, and so lets the spirit of the first victim free.

In lakes there are dragons (*Yong*), and monsters less powerful than dragons, called *Kang-ch'ulli*. Dragons change from pool to pool, or "go up" (*ol-la ka-ta*), as the native says. I have seen one of the most famous pools of Korea, situated some sixty miles north of Seoul, near Song-do, and it was dark, and deep, and silent; though only some thirty feet wide, it was beyond the eye to fathom, though the water was exceedingly clear. These dragons are spoken of as white (*păk yong*), black (*heuk yong*), yellow (*whang yong*), and blue (*ch'ung yong*).

The serpent is almost synonymous with the dragon. Fish, too, are associated with the same, for the carp may in time become the fish-dragon (*ö yong*). It is dangerous for fishermen to venture too near a dragon-lake, as the snake with a sudden sweep of the tail may hurl them into its depths.

All flesh cannot arrive at the dragon-stage. A snake when it spends a thousand years in the mountains and a thousand years in the water, "following closely the doctrine" (*to-lak-ta*)—(just what this consists in, no one can tell me, but the saying exists; they frequently use the same in reference to disciples of Confucius) ⎯eventually becomes a dragon.

As far as I can understand, water-spouts seen at sea are taken for dragons, and are the source of most dragon-beliefs.

Wells, too, have their dragons, and rice is thrown in to propitiate them on special occasions, as on the 15th of the 1st moon, or when a child is born. Here, also, as in a lake, if one is drowned the spirit of the dead takes possession of the well.

RIVERS AND STREAMS.⎯There are spirits, too, about rivers, that take various shapes, commonly that of a woman washing clothes in the moonlight. Sometimes it catches those who fish and drags them under deep water. Sacrifice is offered and food is thrown into the river to propitiate the spirit.

A Boatman's Prayer: "Mul-a-ssi kin-tă so-nang-nim hang-sun chal hage-hayö chu-so-so." (Woman of the waters and prince serpents, give us a favourable voyage.)

Once, in a six-days' voyage by junk along the north shore of the Yellow Sea, in the year 1889, we were overtaken by rough weather, when immediately the sailors left caring for the junk and prepared a sacrifice of rice and fish, which, after prayer, they poured overboard in order to propitiate the sea-spirit.

JAS. S. GALE.
Wönsan, Korea, June 29th, 1899.

James S. Gale, "Korean Ideas of God"

The Missionary Review of the World, 1900, pp.696-698.

KOREAN IDEAS OF GOD

BY REV. JAMES S. GALE, SEOUL, KOREA.

Author of "Korean Sketches."

Before me was a brown thatched hut, barely visible above the reed fence that shut out the view. I entered through the gateway, and found it, not grassy inside, but clean and well swept. Mrs. Chu, who had been washing rice in the kitchen, rolled down her sleeves, and came out to greet me.

"Are you in peace?" she asked, "and the lady and the children?" "We are all well," I said, "and is it peace with you and Mr. Chu?" Mr. Chu, on hearing my voice, came out of the side room, carrying his wand-like pipe of several feet in length. I was at once invited in, and given the place of honor, where I sat cross-legged on the mat. Mr. Chu took his place opposite, and Mrs. Chu returned to her work in the kitchen, leaving the door open between, so as to be within reach of all that was said. He talked to me of Korea, of what its prospects were, of local matters as well, while I looked on, with the increasing interest that one ever feels toward the Oriental. The dark eyes dwelt kindly and confidently upon me; so dark were they, that pupil and iris were both run together. The skin was olive-colored, the hair blue-black and straight, the teeth strong and white as ivory, his nose honest, but overflat for beauty, his figure rather thin and effeminate; but back of the homely casement dwelt as kind a heart as ever beat, with desires pure and unselfish, that would make him white all over, compared with-yes, compared with many a Christian Westerner. Chu's was not a particularly thoughtful mind, for Orientals are not at liberty to be thoughtful, but as for mind, the masterpiece of memory, he was its full possessor. The endless traditions of the fathers were stowed away behind the yellow skin and much protruding eye.

"Chu," I said, down South in the home land, years ago, there used to be a little negro girl called Topsy, and one day after returning from church, her mistress said, 'Well, Topsy, what did the minister preach about today?' Topsy replied, "God! Miss Phoebe. He preached 'bout God. Now Chu, preach to me about God, and tell me all that Koreans knew of Him before the days of Christianity."

"Our God," said Chu, "is the Great One, and is called by us *Hananim*, from the word *Hana*, meaning one, and *nim*, meaning lord, master, king. The one great Lord of Creation is *Hananim*. We associate him with the building of the universe (*Chun-ji*), and also call Him *Cho-wha-ong*, the ancient Creator.

I noticed that this remark of Chu's differed somewhat from the ideas of pure Confucianists, who hold to a form of evolution for all material things. "They have come of themselves," they say, evolved, not from a parent stock, or original variety, but from chaos. This would seem to us a more consistent view of evolution than the Western or modern variety, for if the puff of a pouter pigeon can evolve itself from the modest chested bluerock, then why not matter from an infinity of nothingness? It is a saying of theirs" that man evolves until his prime, and then involves by growing old." Involution they have as well as evolution. But these are the views of the artificial literati, and not of plain subjects like Chu, who holds that all things were created or hewn out by *Hananim*, who dwells above the heavens, and gives every man according as his work shall be. He deals only in the major operations of life. For ordinary cases the native appeals directly to secondary spirits, prays and sacrifices to them, but when all hope is given over, he calls on *Hananim*. I remarked to Mr. Chu in this connection, that the other day as I was passing through the streets of Wonsan I saw an old man out calling on *Hananim* to save his son.

"It was the old man's last resort," said Chu, "for *Hananim* is the limit of spirit beings, and there is no place for the voice beyond him. He is approached only under stress of stormy weather, when the soul leaves the sunshine for the tempest.

"We say that God is eminently just and wholly impartial (*Hananim chi-kong mu-sa hata*), that he is holy (*keu reuk hasita*); He is the last court of appeal for us mortals, but the gateway thereto is terrible, and set with lightning and thunder."

I notice, when it thunders, that Koreans lay aside the ever-present pipe, and I asked Chu the reason for it.

"We do not smoke before a magistrate," said he, "would we dare to when God talks ? But tho he is terrible, yet he is gracious, and gives the rain (*ko-ma-o-sin Hananim pi Chu-sin-Ta*), and feeds us from day to day, as the old market song says

Pap chal mak-ki-nan Ha-na-nim tok
Ot chal ip-ki-nan Ch'o-kwon-e tok
Chi-ch'o chal na-kin cho-son-e tok
Sin-su chal na-kin pu-mo-e tok
  etc. etc. etc.

Food to sustain us, Hananim tok![1]
Dress that will cover us, womaney tok!
Rank to uplift us, ancestor tok!
Beauty to mark us, parental tok!
Love for the parent, filial tok!
Room for the stranger, brotherly tok!"

In this common market song, the native ascribes to God the feeding of the people. Dress is prepared by the women, rank comes from one's ancestors, beauty is inherited, love to parents goes with children, hospitality is seen among friends, but the groundwork of the state are the gifts of the soil, and God (*Hananim*) gives these.

"But man is unthankful, forgetful, sinful, and yet *Hananim* waits, slow to give punishment. There is a story that has come down from antiquity, that nearly all Koreans know. It is this :

God, once, had waited patiently and long on the earth, and His tarrying had been in vain, for man moved further and further from His presence, and grew more and more wicked, as the generations passed. At last, in anger, God called the Thunder Angel, and sent him down armed with orders to destroy all the wicked. At once the angel came,

---

1 *Tok* Means favor, goodness, kindness.

and his view was, that all men were wicked, and to destroy them would be to wipe the flat earth clean. He looked over many nations, and went everywhere. At last, in the end of His journeyings, He came upon a single righteous man, out of the millions, one who had never sinned. The Thunder Angel looked upon him and loved him, as the one among ten thousand, the altogether lovely. What was he to do? to destroy all the others and save only this one ? After long thought the angel said, 'I am resolved what to do, I shall kill the one righteous man as a substitute for all the wicked, and so the thunderings and lightnings were hurled against the one whom the angel loved , and he died a substitute for all mankind. Thus it was by order of Hananim , who had sent the angel.'

So you see that our God is great, holy, just, omniscient, omnipotent, omnipresent, wonderful, terrible, inscrutable. But now the Christian teacher has come, and put a new meaning into the name of *Hananim*, and added to the little story that came to us in the night visions, saying to us what we never knew before, that 'God is love.'"

Chu had passed through many vicissitudes, and the dark eyes had looked hopelessly upon many a sorrow, but the story had been filled in to him, and Jesus was the One Righteous One in his mind, who had died a substitute for him and many others.

자료 출처

- John Ross, *History of Corea*, London: Elliot stock, 1891[1879].
- William Elliot Griffis, *Corea: The Hermit Nation*, 6th ed., New York: Charles Scribner's sons, 1902[1882].
- A. W. Douthwaite, *Notes on Corea*, Shanghai: Shanghai Mercury Office, 1884.
- William Elliot Griffis, *Corea, Without and Within*, 2nd ed., Philadelphia: Presbyterian board of publication, 1885.
- "The Hour for Korea", *The Foreign Missionary* 44, Sept., 1885, pp.153-56.
- J. R. Wolfe, "A Visit to Korea", *The Foreign Missionary* 44, 1885, pp.161-63.
- Percival Lowell, *Chosön, the Land of the Morning Calm: A Sketch of Korea*, Boston: Ticknor and U.E. company, 1886.
- John Ross, "Our Attitude toward Confucianism", *The Chinese Recorder* 18-1, Jan., 1887, pp.1-11.
- George Heber Jones, "The Religious Development of Korea", *Gospel in All Lands* 16, Sep., 1891.
- Daniel L. Gifford, "Ancestral Worship as Practiced in Korea", *Korea Repository* 1, 1892, pp.169-176.
- George W. Gilmore, *Korea from its Capital*, Philadelphia: Presbyterian Board of Publication and Sabbath-School Work, 1892, chap.10.
- Alexandis Poleaux, "Wayside Idols", *The Korean Repository* 2-4, April, 1895, pp.143-144.
- Louise Jordan Miln, *Quaint Korea*, New York: Scribner, 1895.
- H. S. Saunderson, "Notes on Corea and Its People", *The Journal of the Anthropological Institute of Great Britain and Ireland* 24, 1895, pp.299-316.
- E. B. Landis, "Notes on the Exorcism of Spirits in Korea", *The China Review* 21-6, 1895, pp.399-404.
- Horace N. Allen, "Some Korean Customs: Mootang", *The Korean Repository*

3, 1896, pp.163-65.

- R. A. Hardie, "Religion in Korea", *The Missionary Review of the World* 10-12, Dec., 1897, pp.926-31.

- "A Reversed Santa Claus", *The Korean Repository* 4, Dec., 1897, pp.456-457.

- James Scarth Gale, *Korean Sketches*, New York: Fleming H. Revell, 1898.

- M. F. Mrs. Scranton, "Grace's Wedding", *Korean Repository* 5, Aug., 1898, pp.295-297.

- James S. Gale, "Korean Beliefs", *Folklore* 11-3, Sep., 1900, pp.325-332.

- James S. Gale, "Korean Ideas of God", *The Missionary Review of the World*, Sep., 1900, pp.696-698.

찾아보기

방원일

서울대학교 종교학박사
서울대학교 종교학과, 치의학대학원 강사
현재 숭실대학교 한국기독교문화연구원 HK+연구교수

『메리 더글러스』, 『종교와 동물 그리고 윤리적 성찰』(공저), 『종교, 미디어, 감각』(공저), 『우리에게 종교란 무엇인가』(공저), 『한국의 과학과 종교』(공저), 『한국의 종교학: 종교, 종교들, 종교문화』(공저), 『자리 잡기: 의례 내의 이론을 찾아서』(번역), 『자연 상징: 우주론 탐구』(번역)

메타모포시스 번역총서 03

개신교 선교사들이 본 근대전환공간의 한국종교 I (1879~1900)

2021년 1월 30일 초판 1쇄 펴냄

지은이 방원일
발행인 김흥국
발행처 보고사

책임편집 이경민
표지디자인 손정자

등록 1990년 12월 13일 제6-0429호
주소 경기도 파주시 회동길 337-15 보고사
전화 031-955-9797(대표), 02-922-5120~1(편집), 02-922-2246(영업)
팩스 02-922-6990
메일 kanapub3@naver.com / bogosabooks@naver.com
http://www.bogosabooks.co.kr

ISBN 979-11-6587-146-8 94200
     979-11-6587-145-1 (세트)
ⓒ 방원일, 2021

정가 27,000원

이 저서는 2018년 대한민국 교육부와 한국연구재단의 지원을 받아 수행된 연구임(KRF-2018S1A6A3A01042723)